Walther Rohdich

Ein Mäusekrieg

Ein Tagebuchbericht von 1938 bis 1954

Walther Rohdich

Ein Mäusekrieg

Ein Tagebuchbericht von 1938 bis 1954

Rediroma-Verlag

Bibliografische Information der Deutschen Nationalbibliothek:
Die Deutsche Nationalbibliothek verzeichnet diese Publikation in der Deutschen Nationalbibliografie; detaillierte bibliografische Daten sind im Internet über http://dnb.ddb.de abrufbar.

ISBN 978-3-96103-219-8

Die meisten Abbildungen vom Verfasser oder aus dessen Archiv. Einige etwaige ältere Rechteinhaber waren nicht zu ermitteln.

www.rediroma-verlag.de
11,95 Euro (D)

Inhalt

Erstes Vorwort

Alfred Edward Brehm schrieb am 1. Januar 1865 unter anderem:

Die Hausmaus soll schon seit den ältesten Zeiten der treueste Genosse des Menschen gewesen sein. Bereits Aristoteles und Plinius thun ihrer Erwähnung, und Alberts Magnus kennt sie ganz genau. Gegewärtig ist sie über die ganze Erde verbreitet. Sie wanderte mit dem Menschen, sie folgte ihm bis in den höchsten Norden und bis in die höchstgelegenen Alphütten. Ihre Aufenthaltsorte sind alle Theile der menschlichen Wohnungen. Auf dem Lande haust sie sie zeitweilig auch im Freien im Garten oder in den nächsten Feldern und Wäldchen, in der Stadt beschränkt sie sich auf das Wohnhaus und seine Nebengebäude. Hier bietet ihr jede Ritze, jede Höhle, mit einem Worte jeder Winkel, wo sie sich verstecken kann, genügendes Obdach, und von hieraus unternimmt sie ihre Streifzüge.

Die Hausmaus ist ein anmuthiges, überaus behendes und bewegliches Thier. Mit größter Schnelligkeit rennt sie auf dem Boden dahin, klettert vortrefflich, springt ziemlich weit und hüpft oft längere Zeit nacheinander in kurzen Sätzen fort...

Die Hausmaus vermehrt sich außerordentlich stark. Sie wirft 22 bis 24 Tage nach der Paarung 4 bis 6, nicht selten auch acht Junge und in Jahresfrist sicherlich fünf- bis sechsmal, so dass die unmittelbare und reelle Nachkommenschaft eines Jahres mindestens dreißig Köpfe zählt.

Bild 1: „Um faule und eitle Katzen tanzen die Mäuse"
(Asiatisches Sprichwort)

Der Schaden, welchen die Hausmaus durch Wegfressen verschiedener Speisereste anrichtet, ist im ganzen gering: ihre hauptsächliche Schädlichkeit beruht in dem abscheulichen Zernagen werthvoller Gegenstände. In Bücher- und anderen Sammlungen hausen die Mäuse auf die verderblichste Weise und können ganz unschätzbaren Schaden anrichten...

Zweites Vorwort

Förster *Block* schrieb damals ein Mäuseerlebnis auf:
Etwa im Jahr 1843 wurde ich einmal beim Schreiben durch ein Geräusch gestört und erblickte eine Maus, welche an den glatten Füßen eines Tischchens emporkletterte. Bald war sie oben und suchte emsig nach den Brosamen, welche auf dem Frühstücksteller lagen. In der Mitte des Tellers stand ein ganz leichtes, glockenförmiges Schnapsgläschen, zur Hälfte mit Kümmel gefüllt. Mit einem Sprung saß das Mäuschen oben auf dem Glase, bog sich vorn über und leckte eifrig und sprang herunter; nahm aber noch eine Gabe des süßen Giftes zu sich...

Drittes Vorwort

1979/1980 ließ Bernhard Grzimek in *Grzimeks Tierleben* schreiben:
Seit Jahrtausenden hängt die Geschichte der Hausmaus mit der Menschheitsgeschichte zusammen. Als Feld-, Vorrats- und Materialschädlinge wirken die kleinen grauen Flitzer vielleicht schon, seit es Menschen gibt. Auch an menschlichen Krankheiten hatten sie stets ihren Anteil... Aber im Altertum spielten sie auch eine segensreiche Rolle...Die alten Ägypter glaubten, die Sonnenglut der heißen Monate erzeuge im Schlamm des Nilstromes Mäuse; der griechische Philosoph Aristoteles meinte, Mäuse entstünden aus dem Schmutz in Häusern und Schiffen...

Wirklich segensreich für uns Menschen aber wurde die Hausmaus in der Neuzeit. Um die Mitte des 19. Jahrhunderts gelangte sie als zahmes Laboratoriumstier aus Japan...nach Europa; und seither hat sie in der Medizin und der Vererbungsforschung millionenfache Dienste geleistet...

Viertes Vorwort

Ich selbst eröffnete den Mäusekrieg im Jahr 1943 anlässlich des letzten Ferienaufenthalts des Krieges in der Urlaubsstadt Blomberg. Damals unterschied ich nicht, - und mit mir kaum ein weiterer Reichsbürger -, unter den verschiedenen Mäusearten: Hausmaus, Feldmaus, Waldmaus, Wühlmaus, Zwergmaus und so weiter, denn Maus war Maus, wie für jede Katze auch, und in Zeiten, wo menschliche Lebensmittel rationiert oder knapp wurden, wurde jeder Mitesser erbarmungslos verfolgt. Doch das kümmerte mich 1943 wenig, es ging ums Merkantile allein, wie ich im Weiteren berichten werde.

Erst 1945, nach der endlichen Heimkehr aus der bayerischen Kinderlandverschickung und in der Landwirtschaft gestrandet und zum Mäusekiller mutiert, begann ich das Mäusekriegtagebuch zu führen und ein echter Wissenschaftler im Fallenfang der Mäuse in Haus und Garten, Feld und Wald zu werden. Obwohl ich sie morden musste, wuchsen mir die „kleinen grauen Flitzer“ ans Herz – so wie Justizbeamte für lebenslang eingesperrte Täter Sympathien aufbauen konnten.

Im Mäusetagebuch, das in der Hauptsache von 1945 bis 1948 reicht, ist jeder Leichnam akribisch aufgelistet, von welcher der drei verwendeten Fallen er auch hingerichtet, unter welchem Stiefel er zertreten oder wie auch der derbe Knüppel aussah, der ihn erschlug. In meiner landwirtschaftlichen Tätigkeit blieb es nicht aus, dass ich Mäusebeobachtungen machen konnte, die gestandenen, lebenslang wirkenden Naturwissenschaftlern, zum Beispiel dem erwähnten Bernhard Grzimek, versagt geblieben sind – ich werde über sie noch ausführlich berichten.

* * * * *

Bild 2: Die Hausmaus *(Mus musculus domesticus)*

Hausmaus und Co.

„Mäusearten“ – ich habe den Begriff schon erwähnt. Ich werde sie hier kurz und knapp vorstellen und beschreiben. Erstens die Hausmaus *(Mus musculus)*: Sie ist für uns Menschen der Urtyp von Maus überhaupt! Sie ist heute weltweit verbreitet, scheint aber doch ursprünglich aus Indien zu stammen. Von dort gelangte sie auf allerlei Wegen und Möglichkeiten nach Mitteleuropa, was Berichte über sie aus der Antike eindeutig belegen. Sie scheint von Anfang an nichts gegen die menschliche Gesellschaft einzuwenden gehabt zu haben: Denn trotz aller sehr schweren Verfolgungen, Nachstellungen und Ausrottungsversuche durch viele Zwei- und Vierbeiner, gefiederte, behaarte, beschuppte und bestachelte Verfolger, heute auch „Fressfeinde“ genannt, lebt sie ihr gefahrvolles, von Nachkommenschaft geprägtes Dasein unter ihnen „munter“ weiter. Und wird wohl unter jene Lebewesen zu rechnen sein, die bei einem Erduntergang, neben den Ratten selbstverständlich, zum auserwählten Volk zu rechnen sind. Man sagt über sie und ihresgleichen:

„Wenn Mäuse einmal hungern sollten, ist ‚der Dampfer Menschheit’ längst untergegangen!“

Und in der Tat: Es ist äußerst schwierig, auf unserer Erde einen Ort, eine Stelle auszumachen, wo eine Hausmaus vor Hunger eingehen und sie die Fortpflanzung einstellen müsste. Nur ein paar Beispiele hier, wo man ihre Nester mit den so entzückenden Mäusebabies fand: In Kühlschränken und Gefrierräumen, in Fernsehern und Radios, in Betten und Särgen, im Brotschrank und Weinkeller, in Mützen und Unterhosen, Kleiderschränken und Reitstiefeln, auf Kirchtürmen und in Kavernen, auf Schlacht- und Segelschiffen, im Kindbett und Babybett – einmal muss diese Aufzählung beendet werden!

Hätten Hausmäuse keine Fress- und Gesundheitsfeinde – wären alle anderen Lebewesen dieser belebten und fruchtbaren Erde, - Ausnahmen mögen die ständigen Wasserbewohner bilden -, von ihnen längst ausgerottet oder zu Dienstgesinde degradiert worden. Doch Evolution und Natur wissen sich zu wehren und Überhebliche in ihre Möglichkeiten und Schranken zu verweisen. Zum Beispiel: Droht eine Überbevölkerung, - ich werde auf eine sehr lokale noch ausführlicher verweisen -, und damit eine Stresssituation, dann erkalten die Lustgefühle von Mäuseweiblein und –männchen wie verboten, und wenn das nicht hilft, setzt Kannibalismus ein und führt die Bevölkerungszahl zu einer für alle anderen Tierarten Erträglichkeit zurück.

Bis zu acht Würfe mit drei bis acht Jungen sind pro Jahr für ein fruchtbares und fleißiges Weibchen möglich. Die Mäusemännchen gelten als vorbildlich im weiten Tierreich, was die ehelichen Pflichten angeht. Denn kaum hat ein Weibchen seine nacktrosa Säuglinge schlüpfen lassen, da steht schon ein Mäusemann auf der Matte, sie zu beglücken – ein Vorgang, der als „historische Kürze“ im Tierreich bezeichnet werden kann. Kein Wunder das! Denn nur der Bruchteil einer Sekunde Unaufmerksamkeit kann in freier Natur das Ende aller Lebensfreude sein! Die Jungtiere werden nackt, blind und taub geboren und wiegen weniger als ein Gramm. Nach zehn Tagen setzen sie einen weichen Flaum an und erst nach etwa einer Woche öffnen sich die Augen. Drei Wochen säugt die Mutter sie, dann haben sie ein Gewicht von sechs Gramm erreicht. Noch drei Wochen weiter, ihre Mutter ist dann gewiss schon wieder hochschwanger, sind sie dann geschlechtsreif. Jeder Mensch, der einen Computer bedienen kann, mag selbst hochrechnen lassen, wie hoch die jährliche Nachkommenschaft eines Hausmauspaares sein könnte – wenn, ja, wenn nicht die genannten Fressfeinde, Wild-, Haus- und Hofkatzen voran, sie so unwahrscheinlich lecker finden würden.

Bild 3: Die Waldmaus *(Apodemus sylvaticus)*

Bild 4: Die Feldmaus *(Microtus arvalis)*

Hausmäuse leben auch, ihrem Namen zum Trotz, in der freien Wildbahn, bevorzugt im Umfeld der Bauernhöfe und auch von Eigenheimen und Schrebergärten, und gelten, weil sie Allesfresser sind, noch immer als Schädlinge. Doch ihren Schrecken als Getreideschädlinge haben sie verloren, seit sie an das reife Getreide kaum noch herankommen können: Es wird nicht mehr in Garben gebunden und aufgestellt, sondern mähgedroschen und sofort weiterverarbeitet. Ich werde für alle Leser, die von früher keine Vorstellung mehr haben, auf jene Getreideverarbeitung eingehen, die noch in den 50er-Jahren des vorigen Jahrhunderts in kleinen und mittleren Bauernhöfen gang und gäbe war.

Heute überlebt unsere Hausmaus in domestizierter Form als Haus- und Futtertier und dient der medizinischen Forschung wie ihre größere Kollegin Hausratte in Versuchslaboren zum Segen ihrer früheren Verfolger. Die Fallen, in denen man sie zu Hause tot oder lebendig fangen kann, stelle ich später in Bild und Text vor.

Zweitens die Feldmaus *(Microtus arvalis):* Sie gehört in die Unterfamilie der Wühlmäuse und ist, - das muss gesagt werden -, nicht halb so niedlich anzusehen wie die Hausmaus. Ihr fehlt das nette Mäusegesicht mit großen Ohren und die Knopfaugen gibt es auch nicht. Sie ist Laien und Liebhabern von Mäusen weniger bekannt als die Hausmaus, hauptsächlich, weil sie sich vom Menschen fernhält. Denn sie bewohnt vor allem offene Landschaften, gerne landwirtschaftlich genutzte, weil es dort stets Nahrung zu finden gibt, so Äcker, vom Vieh abgegraste Wiesen und Weiden und auch sandige Waldränder mit trockenem Boden und viel Kiefern- und Tannenzapfen. Eigentlich jede landschaftsform, die Nahrung liefert, einschließlich der Insel- und Festlanddünen.

Die Feldmaus ist kein Allesfresser wie die Hausmaus, sondern vornehmlich Vegetarier und mag am liebsten Gras, trocken und frisch, Sämereien und vor allem Getreide vom Mais- bis zum Haferkorn. Diese Vorliebe macht sie schädlicher als die Hausmaus, weil sie vorwiegend unterirdisch ihr Unwesen treibt und so große Erdbauen anlegen kann, dass die Kulturpflanzen darunter leiden müssen. Auf festen lehmhaltigen Böden kann nach längeren Trockenzeiten gut erkennen, wo die Ein- und Ausgänge der miteinander verbundenen Mäusewohnungen liegen und die Laufgänge sich befinden. Dort kann sie nur ein tierischer Fressfeind verfolgen, welcher genauso schlank wie sie ist: das Wiesel, bevorzugt das kleine Mauswiesel. Hat es sich einmal auf die Verfolgung gemacht, ist die Maus verloren.

Bei kaum einem anderen Kleinsäuger schwanken die Bestände der Einwohnerschaft auf einem Hektar Bodenfläche so wie bei der Feldmaus. Die Natur greift hier rigoros ein, wenn die Bevölkerungsdichte zum Beispiel Nahrungsmangel verursacht, und dann brechen die Bestände auf eine minimale Dichte zusammen – die dann Zeit und Gelegenheit hat, sich wieder zu erholen. Ich werde auf einige derartige Auswüchse, die ich selbst beobachtet habe, noch zurückkommen. Feldmäuse legen richtige Nestkammern an, die man bei Ausgrabungen studieren kann. Sind alle Lebensbedingungen optimal, passen sich diese Mäuse so gekonnt und rationell an, dass es zu Würfen von bis zu 13 Jungen kommen kann, dass eine extrem frühe Geschlechtsreife eintritt, dass es Gemeinschaften zur Jungenaufzucht gibt und Vermehrung gar im Winter stattfindet.

Ich zitiere aus einem Buch, das mir 1940 in die Hand fiel, dessen Titel ich vergessen habe und dessen Autor natürlich auch:

„Niemand weiß, wieviele Milliarden Mäuse es auf der Erde gibt, ihre Zahl lässt sich weder schätzen noch einigermaßen genau registrieren. Dass ihre Anzahl trotz aller mechanischen und tierischen Verfolgungen mit der Zahl der Menschen anwächst, scheint unumstößlich zu sein. Die Scheunen sind voll von ihnen, Felder und Wälder auch. In New York leben nach kürzlichen Schätzungen mehr Mäuse als Menschen...“

Bild 5: Die Rötelmaus *(Clethrionomys giareolus)*

Bild 6: Die Zwergmaus *(Micromys minutus)*

Damit ist klar, dass sich an einem solch reichlich gedeckten Tisch viele Mitesser einfinden. Jeder Naturbeobachter wird schon den Turmfalken beobachtet haben, der im Rüttelflug über einem Acker steht und plötzlich wie ein Stein zu Boden fällt – dann hat er in den allermeisten Fällen eine Feldmaus gegriffen. Das Wiesel habe ich schon genannt. Zu diesem gesellen sich Fuchs, Marder und Dachs, auch Bauernkatzen gehen auf solche Felder, aus der Luft lauern verschiedene Eulenarten. Wenn Hochwasser eintreten, kann es für alle Bodenbewohner zur Katastrophe kommen – Feldmäuse haben eine Methode entwickelt, auch hierbei zu überleben; ich werde sie vorstellen.

Die Feldmaus bildet bei großem Befall den bedeutendsten Schädling in Landwirtschaft und Gartenbau. Beim heute üblichen Tiefpflügen durch moderne Fünfschaarpflüge hinter schweren Traktoren, - diese Maschinen sind überdies drei- bis viermal schneller unterwegs als „der frühere brave Landmann hinter zwei Ackergäulen -, haben Feldmaussiedlungen kaum noch eine Bestandschance. Und wenne sie dabei bloßgelegt werden, warten oben oft Krähen- und Möwenschwärme, um sich kalorienreiche Happen einzuverleiben.

Eine mehr faire Verfolgungsart ist das Aufstellen von Sitzmöglichkeiten für Greifvögel, die uns auch anzeigen können, ob ein Mäusebefall bedeutungslos oder groß ist. Meine versuchsweise am Abend aufgestellten Lebend- und Totfangfallen hatten jede Nacht zugeschlagen. Ich werde in der Folge noch darüber berichten, wie ich als landwirtschaftlicher Arbeitnehmer mit Hilfe so genannter Legeflinten versucht habe, einen ganzen Acker von einem Hektar mäusefrei zu machen.

Drittens die Waldmaus (*Apodemus sylvaticus).* Sie ist ein Mitglied der Familie der Langschwanzmäuse. Mit ihr lernen wir eine der lebhaftesten und uns sympathisch erscheinenden Mäuse kennen. Sie ist nicht leicht von der Hausmaus zu unterscheiden, vor allem in Jugendstadium sind Verwechslungen möglich. Zumal die Waldmaus, kaum ihrem deutschen Namen entsprechend, weniger in Wäldern vorkommt als in menschlichen Regionen wie Vorgärten, Schrebergärten, umfangreichen Nutz- und Blumengärten und sich nicht scheut, im Winter in ebenerdige Wohnungen einzubrechen und sich dort in Gemeinschaft mit Hausmäusen des Lebens zu erfreuen. Stellt man ab Herbst in Kellern und Vorratsräumen Fallen auf, wird leicht eine von ihnen gefangen werden können.

Die Waldmaus wird mancherorts volkstümlich auch „Springmaus“ genannt, weil sie bei schneller Flucht auf den Hinterbeinen hüpft und gut vorankommt. Um das zu testen habe ich einmal ein Exemplar auf einem frisch gemähten Fußballfeld freigelassen, wo kein Versteck wie ein Mauseloch oder dergleichen vorhanden war. Die Maus legte sofort ein Tempo vor, das für einen unerfahrenen Laien „blitzschnell“ aussah, aber von mir in normaler Gangart geschafft werden konnte. Als ich ihr ganz nahe gekommen war, legte sie den Hüpfgang ein, dem auch ich im Gehen folgte, bis sie nach etwa zwanzig Sprüngen total erschöpft sitzenblieb und sich von mir hochnehmen ließ – ihr Herzchen pumpte auf Hochtouren und beruhigte sich erst nach fünf Minuten wieder. Es war mit klargeworden, dass solch ein Tempo keinen Verfolger abschütteln kann und dass alles im Leben einer Maus davon abhängt, ob sie rechtzeitig ihr oder ein anderes Versteck erreichen kann. Wenn Mäuse auf bedecktem Boden zwischen Sträuchern und Zweigen umherhuschen, erwecken sie den Eindruck „höchster“ Geschwindigkeit.

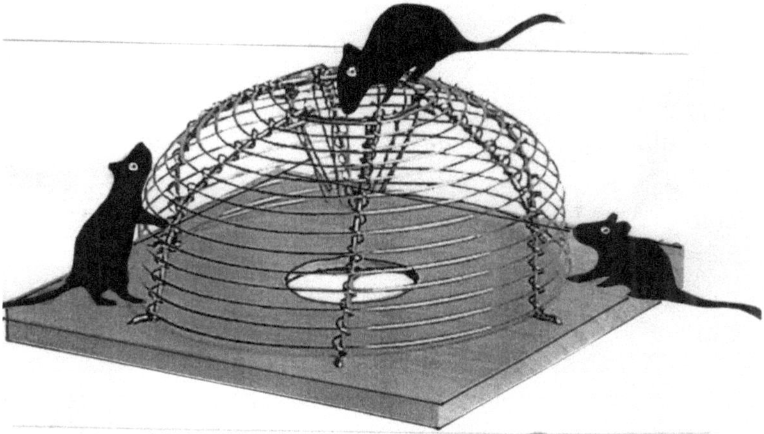

Bild 7: Die Korbfalle mit oberem und unterem Einschlupf

Bild 8: Die Korbfalle mit zwei Einschlupfen und einer Öffnung

Ihre Lebhaftigkeit und ihr Temperament lernt man kennen, wenn man sie eine Weile in geeigneter Gefangenschaft hält. Man kann sie dann mit allem füttern, was ewig hungrige Mäuse so mögen: Mäikäfer der Saison, ihre fetten Engerlinge, Grashüpfer und große grüne Heuschrecken, eingefangene Brummer, aber auch mit menschlichen Leckereien wie Obst, Erdbeeren, Weintrauben, Mettwurst, Rührei und Salmiakpastillen. Bei der Haltung in lichten, versteckreichen und trockenen Terrarien werden sie bald zahm bis handzahm, aber Vorsicht: Eine Unachtsamkeit im Öffenen und Schließen, ein Schlitz nur im Türchen oder Deckel, und husch, ein Einmetersprung und die flotten Burschen sind draußen und rennen in gehetzten Sprüngen und gewagten Kapriolen der Freiheit entgegen – man lasse sie laufen!

Das Verbreitungsgebiet der Waldmäuse erstreckt sich über ganz Europa bis nach Island und auf die nördlichen Randgebiete Afrikas. Sie sind überwiegend nachtaktiv und klettern wie die Weltmeister. Ihre Erdbaue ähneln denen größerer Erdbewohner, haben Ein- und Ausgang und Nest- und Vorratskammer. Im Winter leben mehrere Familien zusammen. Wie die Hausmäuse sind Waldmäuse in freier Natur Allesfresser und lieben vor allem das Knabbern an Fallobst, Eicheln, Nüssen, Bucheckern, Beeren und Pilzen und sie fangen gern kleinere Insekten wie Käfer und auch junge Eidechsen und Erdkröten.

Im Winter ruht die Vermehrung. Danach sind drei Würfe mit 5 bis 6 Jungen die Regel, deren Augen sich nach 12 bis 14 Tagen öffnen. Die Weibchen des ersten Wurfes, im März geboren, werden noch bis Ende der Saison geschlechtsreif. Und selbst bei den seltenen bestmöglichen Lebensverhältnissen können Waldmäuse uns Menschen keinen rechten Schaden anrichten.

Viertens die Zwergmaus (*Micromys minutus*). Diese 5 bis 7 Gramm leichte Maus kann sich in Löcher zwängen, die einen Durchmesser von einem Zentimeter haben. Niedlicher ist nur noch die Haselmaus, die jedoch gar keine Maus ist. Die Zwergmaus kann mit weiten Steppenflächen und freien Fluren wenig anfangen, was sie zum Leben braucht, sind Wohngebiete mit hoher Vegetation, wie zeitweise reifende Getreidefelder, Schilfbestände, Hecken und Büsche in Mannshöhe. In denen sie turnen, krabbeln und ihre Sommernester, an Zweigen befestigt, anbringen kann. Ihr „affenartigr" Greifschwanz hilft ihr, sich sicher im Geflecht von Halmen und Zweigen zurechtzufinden. Als äußerst ängstliche und in der freien Natur tatsächlich sehr gefährdete Kleinsäuger bevorzugen sie das Nachtleben, doch kann man sie in der Fortpflanzungszeit in Roggenbeständen auch tags beim Nestbau beobachten. Dieser wird sehr gründlich, wie bei manchen Vögeln, und intensiv betrieben, dauert er doch manchmal, wohl von Regenschauern unterbrochen, mehr als eine Woche.

Diese netten ewig aufgeregten Kleinnager leben im Prinzip als Einzelgänger, die Paare kommen nur zum Nestbau zueinander und finden sich in strengen Wintern oftmals zu Hunderten und Tausenden zusammen – sofern sie wie früher die Getreidespeicher auch finden können. Aber alte, baufällige, abbruchreife Ställe, Schuppen und Scheunen finden sich neuerdings auf den großen Bauernhöfen genug, jagende Katzen weniger, Hunde mit Mäuseappetit noch seltener, und da glückt es diesen großen Mäusevölkern heute wieder häufiger, über die kalte Jahreszeit zu kommen.

Die Fortpflanzung beginnt erst im April oder Mai und kann je nach Wetterlage und nasskaltem oder warmem Sommer bis in den September anhalten. Rein rechnerisch könnten die Weibchen in dieser Zeitspanne sechsmal mit je 3 bis 8 Jungen werfen, aber ihre natürliche Lebenszeit ist sehr kurz, so dass sie gar nicht dazu kommen können. Neugeborene wiegen ein Gramm und damit ist klar, dass sie sofort sterben müssen, wenn ihrer Mutter „draußen“ etwas passiert. Für viele Mäusearten, das sei hier kurz nebenher angeführt, gelten in freier Natur nicht jene Altersgrenzen, die sie in Gefangenhaltung erreichen können. Die Zwergmaus ist bei passender Gelegenheit durchaus ein Fleischesser, nämlich dann, wenn sie bei ihren Turnereien in Kornfeldern und Gebüschen Vogelnester mit Eiern und noch zarten Jungen entdeckt.

Mein Großvater, der Revierförster in Eicklingen bei Celle war, hat eine der seltenen Zwergmauskolonien, in einem Roggenschlag angelegt, an einem Abend studieren und eine Stunde lang beobachten können.

„Da war ein stetes Kommen und Gehen, Klettern und Hangeln, Springen und Sichfallenlassen, also eine so rege Betriebsamkeit, wie es eine menschliche Gesellschaft kaum fertigbringt. Durch meine Taschenlampe, die ich beim Dunkelwerden einschalten musste, ließen sich diese putzigen Tierchen nicht stören, sie bauten an Nestern und anderen Behausungen fleißig weiter. Aus einigen älteren Kugelnestern krochen bereits halbwüchsige Junge, die neugierig in die Welt äugten und alles ihren Eltern nachmachen wollten, So lernten sie, wie man Insekten fängt, die durch mein Lampemlicht angelockt wurden und den Altmäusen direkt in die Pfoten fielen. Obwohl überall Jungtiere auszumachen waren, fand eine Hochzeit nach der anderen statt, und weil eine alte Höhle nicht ein zweites Mal benutzt werden konnte, mussten immer wieder neue angelegt werden. Ich weiß nicht, wo diese Mäuse, die ja in freier Natur kaum zwei Jahre alt werden, geblieben sind, denn zwei Tage später wurde das Roggenfeld abgeerntet und diese hübsche Mäusestadt natürlich dem Erdboden gleichgemacht...“

Bild 9: Die Drahtkastenfalle für Lebendfang

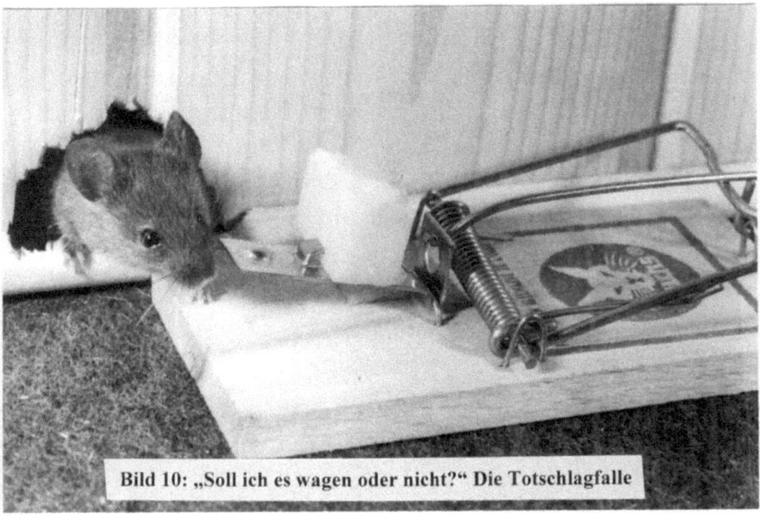

Bild 10: „Soll ich es wagen oder nicht?“ Die Totschlagfalle

Fünftens die Rötelmaus (*Myodes glareolus*). Sie wird auch Waldwühlmaus genannt und zählt zu den häufigsten Säugetieren Europas. „Wald“ bedeutet bei ihr nicht unbedingt dieses Habitat, aber sie liebt dessen schattige und trockene Ränder und weiß sie für eine äußerst erfolgreiche Vermehrung zu nutzen: Buchen- und Mischwälder, Hecken, dichte Gebüsche, häufig in der Nähe kleiner Bäche und Tümpel. Sie ist es, die am meisten die schon von mir erwähnten älteren und verfallenden Gebäude in freier Landschaft oder Dorfnähe aufsucht und dort Nistmaterial wie Laub, trockenes Moos und kleine Zweige einträgt – damit verrät sie sich dem Kenner.

Ähnlich der Feldmaus legt die Rötelmaus ihre Nester und Baue unterirdisch an, jedoch weniger tief, mehr unter der Oberfläche des Bodens hinführend. Besonders bei lockeren Schneedecken ist der Verlauf der Gänge gut zu erkennen, eine Tatsache, die der schlaue Fuchs sich zunutze macht, denn er kann beim Hinhorchen die unterirdischen Aktivitäten diese seine bevorzugten Beutetiere einwandfrei orten und dann zupacken.

Weil Rötelmäuse Gruppentiere sind, benehmen sie sich, besonders bei drohender Übervölkerung, gegen Artgenossen ziemlich ruppig, die Weibchen sind nicht zimperlich, wenn sie ihren Rang und ihre unterirdischen Reviere gegen Konkurrentinnen verteidigen müssen. Auch die Männchen sind ortsansässig und haben während ihres Lebens nichts anderes – außer Fressen natürlich – im Sinn als kopulieren. Die Weibchen werfen im gefährlichen Freiland nur bis dreimal, dann hat sie ein Fressfeind erwischt. Die drei bis sieben Jungen kommen nach einer Tragzeit von etwa zwanzig Tagen zur Welt, von der Mutter entwöhnt sind sie nach 20 bis 25 Tagen. Bemerkenswert im Sinn einer raffinierten Arterhaltung ist der Umstand, dass die weiblichen Jungtiere bereits nach vier Wochen, die männlichen jedoch erst nach acht Wochen fortpflanzungsfähig sind. Das könnte man ein gelungenes Matriarchat nennen!

Waldbesitzer und Forstleute, die im allgemeinen ein normales Verhältnis zur Welt der Mäuse haben, können jedoch über Rötelmäuse in Rage geraten: Denn diese werden im Winter, wenn andere Nahrung knapp geworden ist, Laub- und Nadelbäume bis zu mehreren Metern Höhe entrinden, weil Baumrinde gut ernährt und im Revier jederzeit zur Verfügung steht. Die derart entrindeten Stämme und Jungbäume leuchten dann weiß auf und sind natürlich im Wachstum stark behindert. Dass Rötelmäuse für viele Fressfeinde die Hauptbeute darstellen, braucht hier wohl nicht sonderlich erwähnt zu werden

Es gibt noch einige Mäusearten mehr, weltweit beinahe unzählbare, aber wir bleiben ja in Mitteleuropa und zählen noch Brandmaus und Gelbhalsmaus zu unseren Favoriten; weil ich im Sinn meiner Berichterstattung mit ihnen nicht in Kontakt gekommen bin, sollen sie hier nur namentlich erwähnt werden. Grundsätzlich ist es schwierig, sich in der Bestimmung freilebender Mäuse zurechtzufinden, denn es gibt Überschneidungen und zahlreiche Vermischungen der Arten untereinander und regionale Abweichungen.

* * * * *

Mäuse populär

Über den Begriff „paradox" informiert ein Internet-Lexikon so:

„Ein Paradoxon (Plural Paradoxa), auch paradox oder Paradoxie...wider Erwarten, wider der gewöhnlichen Meinung, unerwartet, unglaublich ist ein Befund, eine Aussage oder Erscheinung, die das allgemeine Erwarten, die herr-

schende Meinung oder Ähnlichem auf unerwartete Weise zuwiderläuft oder beim üblichen Verständnis der betroffenen Gegenstände bzw. Begriffe zu einem Widerspruch führt...“

In meinem Fall dieses Berichtes hier kurz, knapp und verständlich gesagt:

„Ich mochte Mäuse gern und habe doch Krieg gegen sie geführt.“

Klar, denn das Eine schließt das Andere nicht aus!

Über die zahlreiche Mäuseliteratur, die weltweit oder auch nur im Deutschen erschienen ist, kann ich mich hier nicht ausbreiten. Es sind viele Fachbücher dabei, Dissertationen und andere wissenschaftliche Abhandlungen, die beweisen, wie groß das Interesse der Menschheit an den kleinen Nagetieren stets gewesen ist. Schließlich ging es auch immer um ihre Bekämpfung und örtliche Ausrottung dort, wo sie Schäden angerichtet haben, die auch bei großen Sympathien nicht toleriert werden konnten.

Doch ein paar Reime, Sprüche, Aphorismen und andere Auslassungen möchte ich doch bringen, um zu beweisen, dass auch die übrige Menschheit neben meiner Wenigkeit zahlreiche Sympathien für die kleinen, grauen, braunen und mischgefärbten Nager aufgebracht hat. Neben den Wildmäusen sollten wir auch die gezüchteten, meist weißen oder schwarzen und mischgefärbten Mäuse, würdigen und anerkennen, die Liebhabern ihr Leben verdanken, ihnen viel Freude bereitet haben und bereiten und der ewig hungrigen Wissenschaft zur Verfügung stehen und ihr geopfert werden.

Bild 11: Eine moderne Kunststoff-Totschlagfalle

Bild 12: Mäuse können durch kleine Spalten überall eindringen

Dass sich soviele namhafte Autoren und auch zahlreiche Hobbypoeten der Maus angenommen haben beweist, wie populär sie seit Urzeiten gewesen ist. Und das trotz der immerhin riesiegen Schäden, welche sie den darbenden Menschen zufügten – Schäden, auf deren Bedeutung ich noch zurückkommen werde. Auch als Zubrotnahrung sollen Hausmäuse gedient haben. (Nur nebenher möchte ich erwähnen, dass eine Zeitlang „mit Apfelkompott gefüllte Ratten" als Leckerbissen im fernen Osten galten.

Jetzt lasse ich zuerst Christian Morgenstern zu Wort kommen, nach ihm Wilhelm Busch und danach James Krüss:

Die Mausefalle

Palmström hat nicht Speck im Haus, dahingegen eine Maus.
Korf, bewegt von seinem Jammer, baut im eine Gitterkammer.
Und mit einer Geige fein setzt er seinen Freund hinein.
Nacht ist's, und die Steren funkeln, Palmström musiziert im Dunkeln.
Und derweil er konzertiert, kommt die Maus hereinspaziert
Hinter ihr, geheimerweise, fällt die Pforte leicht und leise.
Vor ihr sinkt in Schlaf alsbald, Palmströms schweigende Gestalt.
Morgens kommt v. Korf und lädt das so nützliche Gerät
in den nächsten sozusagen mittelgroßen Möbelwagen,
den ein starkes Ross beschwingt nach der fernen Waldung bringt,
wo in tiefer Einsamkeit er das seltne Paar befreit.
Erst spaziert die Maus heraus und dann Palmström nach der Maus.
Froh genießt das Tier der neuen Heimat, ohne sich zu scheuen.
Während Palmström, glückverklärt, mit v. Korf nach Hause fährt.

Der Sack und die Maus

Ein dicker Sack von Weizen stand auf einem Speicher an der Wand –
Da kam das scheue Volk der Mäuse und pfiff ihn an in dieser Weise:
„Oh, du da in der Ecke, Großgemächtigster der Säcke!
Du bist ja der Gescheiteste, der dickste und der Breiteste!
Respekt und Referenz vor Eurer Exzellenz!“
Mit innigem Behagen hört der Sack, dass man ihn so verehrt.
Ein Mäuslein hat ihm unterdessen ganz unbemerkt ein Loch gefressen.
Es rinnt das Korn in leisem Lauf, die Mäuse knuspern’s emsig auf.
Schon wird er faltig, krumm und matt. Die Mäuse werden fett und glatt.
Zuletzt, man kennt ihn kaum noch mehr, ist er kaputt und hohl und leer.
Erst ziehn sie ihn von seinem Thron; ein jedes Mäuslein spricht ihm hohn;
und jedes, wie es geht, so spricht’s: „Empfehle mich, Herr Habenichts!“

Die Weihnachtsmaus

Die Weihnachtsmaus ist sonderbar (sogar für die Gelehrten).
Denn einmal nur im ganzen Jahr entdeckt man ihre Fährten.
Mit Fallen und mit Rattengift kann man die Maus nicht fangen.
Sie ist, was diesen Punkt betrifft, noch nie ins Garn gegangen.
Das ganze Jahr macht diese Maus den Menschen keine Plage.

Doch plötzlich aus dem Loch heraus kriecht sie am Weihnachtstage.
Zum Beispiel war am Festgebäck, da Mutter gut verborgen,
mit einem Mal das Beste weg am ersten Weihnachtsmorgen.
Da sagte jeder rundheraus: Ich hab es nicht genommen!
Es war bestimmt die Weihnachtsmaus, die über Nacht gekommen.
Ein andres Mal verschwand sogar das Marzipan von Peter.
Was seltsam und erstaunlich war. Denn niemand fand es später.
Der Christian rief rundheraus: ich hab es nicht genommen!
Es war bestimmt die Weihnachtsmaus, die über Nacht gekommen!
Ein drittes Mal verschwand vom Baum, an dem die Kugeln hingen,
ein Weihnachtsmann aus Eierschaum nebst andern leck'ren Dingen.
Die Nelly sagte rundheraus: Ich habe nichts genommen!
Es war bestimmt die Weihnachtsmaus, die über Nacht gekommen!
Und Ernst und Hans und der Papa, die riefen: welche Plage!
Die böse Maus ist wieder da und just am Feiertage!
Nur Mutter sprach kein Klagewort. Sie sagte umumwunden:
Sind erst die Süßigkeiten fort, ist auch die Maus verschwunden!
Und wirklich wahr: Die Maus blieb weg, sobald der Baum geleert war,
sobald das letzte Festgebäck gegessen und verzehrt war.
Sagt jemand nun, bei ihm zu Haus, - bei Fritzchen oder Lieschen –

Da gäb es keine Weihnachtsmaus, dann zweifle ich ein bisschen!
Doch sag ich nichts, was jemand kränkt! Das könnte euch so passen!
Was man von Weihnachtsmäusen denkt, bleibt jedem überlassen.

Franz Kafka meinte: *„Du musst nur die Laufrichtung ändern, sagte die Katze zur Maus und fraß sie."*
Benjamin Franklin sagte: *„Eine Katze in Handschuhen fängt keine Mäuse."*
Ambrose Bierce folgerte *„Die Maus ist ein Tier, dessen Pfad mit in Ohnmacht fallender Frauen übersät ist."*
George Bernard Shaw behauptete: *„Die Frau ist die einzige Mausefalle, der die Maus nachläuft."*

Zitate

Beißt die Maus einmal am Käse, so kommt sie wieder.
Wenn die Maus satt ist, schmeckt das Mehl bitter.
Die Maus soll das Loch suchen, nicht das Loch die Maus.
Es ist eine schlechte Maus, die nur ein Loch weiß.
In leere Scheuern (Scheunen) kriecht keine Maus.
Hat die Maus einmal den Speck gekostet, so kommt sie wieder.
Es ist kein Haus – ohn eine Maus.
Was dir nicht gehört, das streift eine Maus mit dem Schwanz weg.
Den Schuldigen schreckt keine Maus.
Der Katzen Scherz ist der Mäuse Tod.
Keine Maus erstickt unter einem Fuder Heu.

* * * * *

Bild 13: Einen „alten" Kinderwagen können Mäuse nicht erklettern

Bild 14: Ein Schlaraffenland für freilebende Mäuse: Das ungedroschene Getreide in Garben gebündelt

Mäuseschäden heute

Ich habe schon angedeutet, dass mitteleuropäische Landwirte nicht mehr unter Mäuseschäden zu leiden haben. Weltweit allerdings gilt das nicht. Es gibt noch viele landwirtschaftliche Flächen auf dieser Erde, die „wie früher“ bearbeitet werden, deren Mengen, besonders beim Getreide, sowieso bei den Hektarerträgen soweit zurückbeiben, dass jede Art von Minderung infolge Naturereignissen, die ja nicht abzuwenden sind, und zusätzlichem Mäusefraß zu Hungersnöten führen kann. Laut WHO sollen durch Nager 25% der Erträge schon vor der Ernte verlorengehen, dazu ginge bei der meist unsachgemäßen Lagerung durch Verkotung und Urinieren der Mäuse noch einmal ein paar Prozent verloren. Scheinbar hat niemand errechnet, wieviel Schäden durch Mäusefraß den Hobby- und Schrebergärtnern hierzulande entstehen.

„Wieviel alte Bausubstanz geht Hausbesitzern durch das Einnisten von Haus- und Waldmäusen zugrunde?“, fragt die Redaktion einer Häuslebauer-Zeitung ihre Leser.

„Wer einen Garten besitzt“, rät eine Gartenbau-Zeitschrift, „sieht Wühlmäuse nicht gerne. Denn vertreiben und bekämpfen Sie die kleinen Nager nicht, kann der ganze Gemüseanbau zerstört werden. Besonders die Zwiebeln und die neuen Ableger der Pflanzen werden von den Mäusen am liebsten angesteuert.“

Es gibt Ratschläge genug, wie man wertvolle und junge Pflanzen vor Mäusen schützen kann, sie können hier nicht aufgeführt werden. Auch gibt es Gartengewächse wie Knoblauch und Kaiserkrone, vor deren Duft die Mäuse scheuen. Lärmgeräte nützen nur kurzzeitig, wie man beim Studium der Maulwurftätigkeit einwandfrei feststellen kann: Halten sich doch inzwischen ganze Maulwurfpopulationen in Randstreifen von Autobahnen und Bundesstraßen auf!

In den heutigen sterilen Neubauwohnungen kann keine Maus mehr leben, ist mal eine ebenerdig hineingerutscht, sollte man sie mit einer gur beköderten Lebendfalle erwischen und ins Freie entlassen. Bei Dachböden freilich sieht es anders aus: Auf ihnen liegt häufig ziemlich viel Gerümpel aus Pappe, Papier, Plastik und Leder herum – ein Eldorado für die Waldmaus zum Beispiel! Ist durch Ritzen, Lücken und Sprünge im Holz- und Mauerwerk die Verbindung nach draußen hergestellt, kann ein lustiges Treiben losgehen. Dort oben einer fleißigen Katze zeitweise eine Heimstatt zu gewähren, kann sich lohnen, sonst müssen Fallen aufgestellt werden. Zu beachten ist, dass Nagetiere vor nichts haltmachen, das sich benagen lässt, wozu auch Steckdosen und Stromkabel gehören – Vertreter von diversen Feuerversicherungen wissen ein Liedlein von Bränden zu singen, welche durch Mäuse und Ratten verursacht wurden.

Der Handel bietet Ultraschallgeräte an, deren Töne sollen nur unsere Plagegeister hören können, aber sie sind ebenso fraglich wie jene Geräte, welche Maulwürfe im Garten vergrämen und zum Umzug bewegen sollen – ich kenne von früher her Handwerker-Werkstätten mit zwölf Stunden Dauerlärm: Mäuse fühlten sich sehr wohl hier und vermehren sich normal. Führen wir uns auch vor Augen und Ohren, dass Mäuse heute noch im Inneren großer Schiffe leben, deren Motorenlärm für ihre kleinen Öhrchen unerträglich sein müsste.

* * * * *

Die Mausefallen und ihre Beschickung

Ich werde hier keine Produktschau veranstalten! Zumal ich während des bald näher zu erwähnenden Mäusekrieges nur drei Produkte zur Verfügung hatte: Die allbekannte noch heute meistbenutzte hölzerne Totschlagfalle, die runde

Drahtfalle zum Lebendfang und die Zuschlagfalle ebenfalls zum Lebendfang. Die beiden Letztgenannten habe ich erst benutzt, als ich näher in die Wissenschaft der Mäuseartigen eingestiegen war und mir jene Kenntnisse angeeignet hatte, die jeder echte Mäuseverfolger, heute auch Kammerjäger genannt, wissen sollte.

Also die Erkenntnis, dass Maus nicht gleich Maus ist und man nur dann Tiere töten sollte, wenn es unumgänglich erscheint. Das war im Krieg natürlich der Fall, denn nichts schreckte damals den Normalbürger mehr, als seine knappe Nahrung mit wilden Tieren teilen zu müssen. Die erwähnte Totschlagfalle gehört in jene Kategorie Kleingeräte, die allzeit und unter allen Bedingungen zuverlässig arbeiten. Abermillionen Mäuse haben weltweit von ihr jenen Genickschlag bekommen, der ihnen nach Ansicht der Fallensteller zustand. Dabei, ich werde noch näher darauf eingehen, gab es Kuriositäten wie Fuß- und Schwanzabschläge, Halbtreffer, welche es der Maus erlaubten, mit der Falle noch ein wenig umherzuwandern, und auch Doppelvolltreffer, in der Jägersprache Doubletten genannt.

Ich gehöre zu den wenigen Menschen, die life beobachtet haben, wie Hausmäuse, durch meine Tätigkeit misstrauisch geworden, um eine verlockend duftende Falle herumstrichen „wie eine Katze um den heißen Brei“, oder denkend „soll ich oder soll ich nicht“, also unentschlossen waren und doch begierig auf den angebotenen Köder. Ich kann bezeugen, dass solche Beobachtungen spannender und lehrreicher sind als jeder Fernseh- oder Fußballkrimi. Die hier beschriebene Hausmaus ging vorerst in Wartestellung, putzte sich ausgiebig, was für das Mäusewohlsein sehr wichtig ist, und äugte immer wieder angestrengt auf mein Angebot. So dass ich vor Sympathie schwach zu werden begann und beschloss, dem tödlichen Spiel ein Ende zu bereiten.

Just in diesem Moment ging die Maus zur Falle, trat auf den tödlichen Auslösemechanismus, ehe sie nur einen Happen vom gebratenen Speck kosten konnte, und starb wie ein Franzose unter der Guillotine. Das geschieht kurz und schmerzlos, wie man so lapidar sagt. Nur der Vollständigkeit halber stelle ich im Bild eine der neuen schwarzen Schlagfallen aus Kunsstoff vor, die nicht umständlich fängisch gemacht werden müssen und noch präziser arbeiten. Die beiden vorgestellten Lebendfangfallen sind für Mäuse freilich auch kein Pappenstiel, denn sie verursachen eine so gehörige Portion Angst, bis der Mensch kommt und wenn er kommt, dass man schon von Tierquälerei reden kann. Die runde besitzt ein sich verengendes Drahtschlupfloch, das zwar Einlass, aber keinen Auslass bietet. Die Drahtkastenfalle entspricht en miniature den großen Fallen, in denen Katzen, Hunde und allerlei Wildarten gefangen werden können. Innen ist ein Köder aufgehängt, der, wenn an ihm gezogen wird, die Eingangstür zufallen lässt. Ich habe Freilandmäuse in ihnen gesehen, die, als ich herantrat, Wutanfälle und in ihrer Raserei einen Herzschlag bekamen.

Als ich 1945 meinen Mäusekrieg begann, konnte ich für die Köder nur aufs „Landesübliche“ zurückgreifen: Speck natur oder leicht angebraten, kleine Häppchen gekochten Hühnerfleisches, eine dünne Mettwurstscheibe, weit duftenden Harzer Käse, Brotrinde, angegammelten Fischschwanz, Pell- und Bratkartoffel. Das ergab ungeheure Erfolge, weil es den Mäusen unbekannte Leckereien waren – Getreide hatten sie ja rundherum genug, Obst, Gemüse und Regenwürmer im Garten ebenfalls!

„Sie sind halt kleine Genießer“, dachte ich laut.

Und spendierte dann aus meinem Hosentaschenfundus: Lakritzstücke aus Stangen oder Rollen, Salmiakpstillen, Karamellbonbons und Weihnachten Marzipan und Mutters

Honigkuchen – alles natürlich in Miniportionen speziell für naschhafte Hausmäuse. Der Erfolg war bombastisch! Hätte der inzwischen verblichene Kriegsverursacher A. H. solche Erfolge gehabt – hätte er seinen Krieg glattweg gewonnen...

Die in den genannten zwei Fallen gefangenen Haus-, Feld- und Wühlmäuse übergab ich, übergaben meine Arbeitgeber Bauer nebst seiner Bäuerin den Jungkatzen zur Ausbildung und dem Hofschäferhund *Blondi* zur Leibspeise – so schloss sich ein Kreis der Evolution, wie er seit Jahrmilliarden wohl schon gut funktionierend bestand!

* * * * *

Der erste Mäusefeldzug

Wie lebensecht schlau doch die Generation meiner Eltern im seligen 20. Jahrhundert war: Sie bevorzugten und kauften einen „mäusesicheren" Kinderwagen für mich. Denn als viertes Kind kam ich in den Genuss, im nun vorhandenen Garten mitten in der Großstadt tagsüber im Kinderwagen schlafen und dösen zu dürfen. Mäuse gab's natürlich auch in den Gärten der Stadt und es soll vorgekommen sein, dass Kinder der reichen Leute, die sich modern aufgestylte Kinderwagen leisten konnten, von Mäusen überfallen und angeknabbert worden waren – diese waren einfach am nicht mäusegerechten Gestänge des Wagens emporgeklettert. Diese Erzählungen haben in unserer Familie und natürlich auch anderswo, in den Medien und in Kaffeekränzchen der Mütter und Hausfrauen die Runde gemacht – das geht heute noch so und muss nicht jedes Mal den Tatsachen entsprechen.

Bild 15: Eine Mini-Guillotine fürs Zigarrenschneiden und zum Mäuseköpfen

Nun, der Familiensaga nach soll ich mich früh für Tiere interessiert haben, was sich zum Beispiel darin äußerte, dass unser Kindermädchen bei der Revision meiner Hosen in den Taschen vertrocknete Kleintiere wie eben Mäuse, aber auch Frösche und Fische fand. Aber ich möchte hier nur von Mäusen berichten, und mein allererster Kleinkrieg mit ihnen fand schon vor dem großen Krieg der Menschen statt. Im Garten war für uns Kinder ein so genanntes Planschbecken angelegt worden, ein auszementiertes Bad mit Zu-und Ablauf fürs Wasser, fünf Meter lang, drei Meter breit und fünfzig Zentimeter tief – just passabel für Kinder von 6 bis 12. Weil es von uns nicht angenommen wurde, konfiszierte ich es ab 8 und machte ein Aqua-Terrarium daraus: für Erdkröten, Unken, Gras- und Wasserfrösche und Waldeidechsen, die in der Nähe vorkamen und eingefangen wurden. Diese Eidechsen sind hier in Mitteleuropa die einzigen, welche ihre Eier nicht in der Erde vergraben sondern solange mit sich herumtragen, - die Weibchen natürlich nur -, bis die Jungen ausgeformt sind. Dann schlüpfen sie aus der Mutter, stoßen durch die dünne Eihaut, warten ab, trocknen und sind dann auf sich allein gestellt – das nennt man lateinisch *vivipara*, zu Deutsch „lebendgebärend“, darum heißen diese Eidechsen auch international *Lacerta vivipara.*

Diese Kinder waren und sind unverschämt niedliche Gesellen und leben unter großer Gefahr, ehe sie einigermaßen herangewachsen sind – so ist nun einmal die Natur! Doch konnte ich es zulassen, dass ausgerechnet unsere Gartenmäuse, die rundumzu ein reichliches Fressfeld zur Verfügung hatten, junge Eidechsen zu essen wünschten? Mein ältester Bruder hatte den ersten Mord beobachtet, mir gemeldet und geraten, mit dem Luftgewehr die bösen Mäuse standrechtlich zu erschießen. Ein paar Probeschüsse auf die Scheibe, dabei Zehner, Elfer und Zwölfer und ab zum

Ansitz, - wie der Jäger sagt -, aufs abschussfreie Wild! Wenn die Mäuse die kleinen wachsamen Eidechsen nicht packen konnten, vergriffen sie sich an Erdkröten- und Froschkinder; auch dies war nicht erlaubt.

Nun konnte ich, ehe ich zu Schuss kam, beobachten, dass die unseren Garten bewohnenden Waldmäuse (*Apodemus sylvaticus)* das Terrarium sowohl betreten als auch verlassen konnten: Sie sprangen einfach hoch genug, um die fünfzig Zentimeter zu überwinden. Die Feldmäuse, gar etwas dümmer, konnten nur reinspringen, dann war für sie der Ofen aus. Saßen sie nur weniger als eine Minute mucksmäuschenstill, dann erwischte sie die Bleikugel des Gewehrs und hops waren sie. Die Waldmäuse waren insgesamt flinker und ruheloser und hockten nur dann still da, wenn sie eine Beute, sie mit den niedlich kleinen Vorderpfoten haltend, verzehrten – es war regelmäßig ihre letzte Mahlzeit!

So betrug die Jagdstrecke (ein Jägerwort) nach einer Woche 25 Stücke (ein Jägerwort) und ließ mangels Schussmöglichkeiten merklich nach. Um „Nägel mit Köpfen“ zu machen, wie mein Bruder sagte, sollte ich mich weiterhin im Garten auf die Lauer legen oder nebenan im Geschäft Mausefallen kaufen:
„Hier haste ne Mark!“
Dafür bekam ich, wenn ich mich recht erinnere, fünf Schlagfallen. Mit diesen fing ich an versteckten Stellen des Gartens bis Anfang Oktober 50 Mäuse, die ich allesamt für Nachbars verfressenen aber faulen Kater *Felix* auf dessen Futterplatz legte – „Guten Appetit!“

Das war in Jahr 1938 mein erster Mäusefeldzug mit einem für einen nur erst 8-jährigen Stadtjungen beachtlichen Ergebnis. Ich habe ihn aus der Erinnerung rekonstruiert.

* * * * *

Der zweite Mäusefeldzug

Er fand ein Jahr später statt, kurz vor dem Beginn des wirklichen Krieges und weiter im Osten, fast da, wo der begann: in Sellin auf der Insel Rügen. Unser letzter Familienferienaufenthalt im Frieden. Heute kann sich kein Mensch mehr vorstellen, dass sie hier am Ostseestrand alle ahnungslos waren, die Urlauber und ihre Wirte, die Werbeflieger überm Strand, die Agfa-Reklame und Sparta-Holzschwerter abwarfen, die Eisverkäufer und Flirter beiderlei Geschlechts. Das Familienhotel warb mit gemütlichen Zimmern im grünen Garten, Ruhe, natürlicher Stille und nächtlichem Schweigen, wenn nicht gerade das Meer aufgewühlt sei.

Naja, dieses nächtliche Schweigen im grünen Garten? Es entstand erst, als die vier urlaubenden Söhne in drei Abenden und Nächten bis 12 Uhr alle männlichen und zirpenden Grünen Heupferde (*Tettigonia viridissima*) mit den Holzschwertern erschlagen hatten.

Naja, die gemütlichen Zimmer? Als ich mein Bett aufschlug fetzte eine Hausmaus darunter her und schnell in ein Loch, das sie sich durch das Linoleum und die Bodenbretter genagt hatte. Ich sagte nichts, um unser schreckhaftes Kindermädchen Auguste nicht zu verschrecken und kaufte noch am selben Abend in der Drogerie zwei Mausefallen. Der Hotelier bemerkte das und wurde neugierig.

„Wir haben Mäuse in den Zimmern“, sagte ich, „wenn Sie mir für jede Gefangene einen Groschen (zehn Pfennig) geben, sage ich nichts. Sonst ziehen wir sofort aus.“

Er war einverstanden und bezahlte mir vorerst die beiden Fallen.

„Geben Sie mir“, schob ich nach, „noch ein paar Stücke Harzer und Holländer Käse und etwas Schinken.“

Ehe ich die Fallen aufstellte, schlenderte ich durch unsere anderen Zimmer und hielt unauffälig Ausschau nach Mäusekütteln. Sie sind ein eindeutiges und unverwechselbares Indiz für das Vorhandensein von Zimmermäusen. Ich entdeckte sie.

In meinem Zimmer, das ich mit meinem jüngsten Bruder, 6, teilte, stellte ich die erste Falle, mit Harzer Käse bestückt, so auf, dass die Maus, wollte sie aus dem Loch kommen, in sie hineinstolpern musste. Das geschah gegen Mitternacht und wurde von mir verschlafen. Die zweite platzierte ich im Garten, ohne vom Hotelpersonal beobachtet zu werden, unter einem Stachelbeerstrauch, band sie fest und beköderte sie mit Gouda-Käse. So fing ich dort eine junge Waldmaus, die sich für einen Laien in Nichts von einer Hausmaus unterscheidet. Ungeniert präsentierte ich unauffällig meine Beute am nächsten Morgen dem Direktor und kassierte die zwanzig Pfennig.

Derart spitzbübisch und wie ein gefuchster Bankmann verfuhr ich über den ganzen Urlaub. Haus und Garten wurden, als wir am 1. September 1939 eiligst abfuhren, von mir als mäusefrei deklariert: Stimmte wohl nicht ganz, obwohl genau 70 Mäuse meinen Ferienaufenthalt nicht überlebt hatten. Sieben Mark stellten damals für einen 9-jährigen Jungen ein gehöriges, beinahe unanständiges Tachengeld dar. Und 70 Mäuse waren für das Katzenpaar des Hotels, mit dem wir ausgiebig spielten, ein ordentliches Zubrot...

Eine neue, für später wertvolle Erfahrung machte ich mit dem Aufstellen von Schlagfallen im Freien: Es gerieten drei Spitzmäuse hinein! In meines Bruders Biologiebuch des Schillergymnysiums machte ich mich schlau, dass Spitzmäuse nicht zu Mäusen zählen, sehr nützlich und geschützt sind und zudem als eines der aufgeregtesten Kleintiere unserer Heimat es keine Stunde ohne Nahrungsaufnahme aushält; dann ist sie mausetot. So beschloss ich noch 1940, im Freien keine Totschlagfallen mehr aufzustellen. Ich teile vorab mit, dass ich im Lauf der Jahre bis

1954 Hunderte Spitzmäuse, die in die anderen Fallen geraten sind, freigelassen habe.

* * * * *

Noch Allerlei über Mäuse

Dieses Kapitel behandelt meinen fortgesetzten aber eben etwas locker gewordenen Mäusekrieg zwischen 1940 und 1943; in Kriegszeiten also. Ortsgruppenleiter, Gauleiter und andere Nazigrößen belobten mich in dieser Zeit als „Kämpfer in der Volksversorgung“ und äußerten sich so und zeitgemäß:

„...er verfolgt diese vierbeinigen Fresser wie Volksfeinde, die auch unters Beil gehören. Er kennt ihre Listen und Tücken in- und auswendig und wie unsere äußeren Feinde haben sie keine Chance, ihm zu entkommen, er stöbert sie auf wie unsere Soldaten die Partisanen, die man auch Ratten- und Mäusevölker nennen könnte...“

Diese so genannte „öffentliche Hand“ blieb aber sparsam oder geizig wie immer und gewährte mir weder ein paar Groschen als Betriebskosten noch Sachleistungen wie Extraspeck oder Sonderrationen wie Käse und Schokolade. Einzig der Pedell des Schillergymnasiums, ein alter SPD-Hase, wie man munkelte, schenkte mir fünf seiner alten Schlagfallen – weil seine Finger so fingerig geworden waren, dass er sie nicht mehr spannen konnte.

„Ich habe den Direx gebeten“, erzählte er, „mir ein paar Lebendfangfallen zu spendieren, damit ich die Mäuse aus dem Vorratskeller meiner Wohnung, eine Dienstwohnung nur, wegfangen könne – abgelehnt!“

Bild 16: Am „Mäusegalgen“ lernen Jungkatzen das Fangen

Nun denn, das war mein Tätigkeitsfeld! Inzwischen war ich schon in der Lage, Mäusebefall zu riechen, denn Mäusepinkel, so wenig eine einzelne Maus ablassen mag, läppert sich zusammen und stinkt süffisanter als Babypipi. In einer Woche hatten meine fünf eingesetzten Fallen 26 Mäusen des Pedells die obligate Kopfnuss verpasst und auf Rat des so Befreiten verkaufte ich sie für fünf Pfennig das Stück einem Zoofachgeschäft zur Fütterung an Riesengürtelschwänze, Warane, exotische Schlangen und Schildkröten (!).

Die Bekanntschaft mit dem Tierhändler verschaffte mir 1940 neue „Kunden":
„Chemiekalienhändler XXY hat viele Mäuse im Lager", -
„Bäckermeister Schulze klagt über Mäusekot im Mehl", -
„Am botanischen Institut im Schlossgarten haben sich Gartenmäuse eingenistet" und „In Frau Professors Lustgarten fressen Mäuse die Dicken Bohnen weg."
Der Tierhändler entpuppte sich als Lausebengel, der einem Bengel wie mir glaubte die Ohren langziehen zu können:
„Wir können monatlich abrechnen, wegen der Steuern, weißt du."
Wusste ich nicht.
„Es gibt noch einige Tiergeschäfte in der Stadt", antwortete ich.
Nun spielte ich den Lausebengel. Auf Vorschlag meines ältesten Bruders, der in diesem Jahr die Wehrmachtsuniform übergestülpt bekam, drehte ich dem Tierhändler auch alle jene Mäuse an, die ich woanders, im eigenen Garten und auf Ödstellen am Stadtrand erbeutet hatte, darunter auch einige Spitzmäuse, die ich nicht mehr hatte freilassen können. Um den Händler nicht zu vergrellen, gab ich ihm von den zwanzig Mäusen, über die ich plötzlich verfügen konnte, nur zehn, den Rest deponierte ich geruchssicher in eine Blechschachtel verpackt, im Eisfach unseres neuen Kühlschranks. (Wenn Kindermädchen und Haushaltshilfe

Auguste das gewusst hätte, wäre sie entweder in Ohnmacht gefallen oder mit ihrem neuen Schwarm, auch der ein Gefreiter, wohl durchgebrannt.) Bis zum Herbst 1940 verkaufte ich dem Händler etwa 200 tote Mäuse à 5 Pfennig, dann hatte dieser alle Mäusefresser verkauft und schaffte wegen der Kälte und des teuren Heizens bis zum Frühjahr keine Reptilien mehr an. Wir blieben in der bewährten Handelsbeziehung:
„Gut Maus bis zum nächsten Jahr!“
„Dann hamwer Friede, weil der Führer die Tommies zur Schnecke macht!“

Zu Weihnachten 1940 wünschte ich mir nicht den obligaten Matador-Baukasten, sondern den Aus- und Umbau des Terrariums im Garten.
„Die Kanten etwa zwei Ziegelsteine höher gemauert und das ganze Becken mit einem verschiebbaren transparenten Dach versehen.“
Das wurde von den Eltern akzeptiert, obwohl es teurer war als die sonst gemachten Geschenke. Alle glaubten, ich wollte ab Frühjahr wieder Reptilien und Amphibien halten. Doch mein innerlich entwickelter und äußerlich gehüteter Plan sah folgendes vor: den Aufbau einer Mäuse-City! Wenn das Becken fertig ausgebaut ist, werde ich eine richtige unter- und überirdische Mäusestadt darin errichten, mit Höhlengängen aus Tonröhren, Nisthöhlen, Vorratskammern und dergleichen Mäuseutensilien mehr, und wenn alles fertig ist, fange ich draußen die zukünftigen Bewohner und lasse sie wurschteln wie sie wollen – hauptsächlich werden sie neben Fressen eine umfangreiche Vermehrung betreiben.

Das Wetter war nach Neujahr warm genug, dass ein paar der Familie befreundete Handwerker die Maurerarbeiten erledigen konnten. Noch gab es Steine und Zement zu kaufen, obwohl, wie man erfuhr, für den Bau des Atlantikwalls Unmengen davon gebraucht wurden. Noch auch waren in der Stadt nur einige Häuser von den Engländern gebombt worden, mehr würden es, so der allgemeine Tenor, nicht werden. Oberhalb der aufgesetzten Ziegelsteine wurde eine Rolle Hühnerdraht rundum gelegt, damit Katzen und Ratten nicht in die Stadt eindringen konnten. Als das verschiebbare Plexiglasdach aufgesetzt war, sah die ganze Konstruktion aus wie ein gärtnerisches Frühbeet, richtig schnuckelig und heimelig. Aus dem Rest Ziegelsteine baute ich eine Art von Unterkünften, die mit vom Maurer organisoierten Drainageröhren als Laufgänge verbunden waren. An einem mit Zement geformten Tümpel konnten die neuen Mieter ihren Durst löschen.

Nachdem ich in einem Eisenwaren-Fachgeschäft die letzten drei Rund- und die vorletzten zwei Kastenfallen gekauft hatte, - es war inzwischen Ostern 1941 geworden -, stellte ich je eine davon versuchsweise und zum Auslüften im Garten fängisch auf, bestückt mit Lakritz, das auch bald knapp werden würde. Am anderen Morgen, ich hatte vor Aufregung kaum geschlafen und mich beim Hellwerden nur notdürftig gewaschen, stürmte ich in den Garten und stellte begeistert fest, dass ich drei Mäuse gefangen hatte: zwei Wühlmäuse in der Rundfalle, eine Hausmaus in der Kastenfalle. Sie wurden die ersten Bewohner von Maus-City und ich hoffte, dass beide Geschlechter vertreten sein würden.

In der Zwischenzeit hatte ich gelernt, was jeder Fallensteller wissen muss, ist er nun Amateur wie ich, oder ein echter zugelassener Grünrock oder Trapper in Nordamerika: Dass man nur Fallen aufstellen darf, wenn man in der Lage ist, sie jeden Tag gründlich zu kontrollieren. Für meine Mäusejagd gilt demnach, dass, kontrolliere ich die Lebendfangfallen nicht regelmäßig, das Opfer sich in ihnen totrennt oder sonstwie vor Angst stirbt. In diesen Zusammenhang passt ein Vorfall, mit dem ich bei höchster Fantasie nicht gerechnet hätte. Ich stieg aufs Fahrrad, um meine Fallen in einem trockenen Lärchengehölz am Stadtrand zu kontrollieren, als ich schon hörte und bald sah, dass da irgendwie der Teufel los war. Und tatsächlich: Eine Waldmaus hatte sich in der Kastenfalle gefangen, war aber bereits entdeckt worden, und zwar von ihrem Todfeind, einem Wiesel.

Dieses bemerkte nun mein behutsames Hinzutreten gar nicht, so groß waren Mordlust oder Schmacht auf den sonntäglichen Mäusebraten, und es gebärdete sich derart aufgeregt, ja überkandidelt, dass ich um seine Gesundheit fürchten musste; alle Marderartigen außer dem Dachs, der zu ihnen gehört, können sich vor Todesangst, in Fallen zum Beispiel, so aufregen, dass ihr Herzchen nicht weiter mitmacht und sie auf der Stelle tot umkippen. Dieses Wiesel, es war nicht das kleinere Mauswiesel, befand sich also in Raserei. Es beachtete mich gar nicht, schnaufte wütend, quiekte wie ein Ferkel und spielte mit der eckigen Falle Fuß- und Handball. Wenn es gar einmal meinte, mit Ruhe, Gelassenheit und Tricks besser zum Ziel zu gelangen, kauerte es entweder geduckt vor der Falle oder versuchte jene Lücke im Drahtgeflecht zu finden, in welche vielleicht sein kleines dünnes Vorderpfötchen hineinpasste – nichts gelang!

Und die tapfere *Apodemus sylvaticus*? Sie war nicht nur tapfer, sondern auch außerordentlich clever, wie man damals noch nicht formulierte, also klug und weise und ließ sich nicht provozieren, aus der hintersten Ecke der Falle hervorzukommen. Als das Wiesel in plötzlich aufflammender Wut sein kleines aber scharfes Gebiss in das Drahgeflecht „donnerte“, beschloss ich, dieser beiderseitigen Tortur ein Ende zu bereiten: Ich machte mich laut raschelnd bemerkbar, was nichts nützte, und trat so nah heran, dass ich das Wiesel mit dem Fuß wegschubsen konnte – es entfloh laut keckernd ins Gebüsch. Weil durch dieses

Abenteuer meine tierfreundliche Gesinnung angesprochen worden war, entließ ich „meine brave Maus“ mit den besten Grüßen in die Freiheit – vielleicht wäre sie in meiner Mäuse-Stadt besser aufgehoben gewesen!

Ein ähnliches Erlebnis möchte ich sogleich folgen lassen. Wieder hatte sich, diesmal eine Hausmaus, nicht davon abhalten lassen, durch die enge Drahtröhre der Rundfalle in diese hineinzukriechen, denn ein winziges Stück Vollmilchschokolade hatte wohl ihre feinen Geschmacksnerven derart gekitzelt, dass jeder Gefahreninstinkt ausgeschaltet wurde. Da hockte sie nun, zwar noch den feinen Geschmack zwischen den Nagezähnchen, aber nach Hause, zu ihren rosa Babies, konnte sie nicht mehr gelangen. Zudem bekam sie Besuch aus Nachbars Garten, nämlich vom schon erwähnten Kater. Der sich freilich nicht so tölpelhaft benahm wie das Wiesel, aber gewiss ebenso hungrig und beutegierig war. So beobachtete ich eine Viertelstunde lang folgendes, wörtlich zu nehmendes Still-Leben: Der Kater hockte wie ein steinernes Monument fünfzig Zentimeter vor der Falle, die Maus innen ebenso bewegungslos, und beide trennte das unüberwindliche Drahtgeflecht der Falle – wessen Herzchen galoppierte wohl am schnellsten? Die Maus fand als erste die Situation wenig bedrohlich und frönte ihrem Reinlichkeitsfimmel, indem sie ihr Fell beleckte und mit den Fingern kämmte, so, als ginge es zum Sonntagsspaziergang. Dabei näherte sie sich leichtsinnig der Drahtwand, und schon schlug der Kater zu und erwischte die Maus mit den ausgefahrenen Krallen seiner Rechten – ein Streifschuss nur sozusagen, etwas Blutaustritt, der von der Maus abgeschleckt wurde. Auch hier rührte sich mein angeborenes Mitleidsempfinden, ich nahm die Falle hoch, ging zehn Meter weit fort und entließ das arme Tier in unmittelbarer Nähe eines Erdhöhleneingangs – schwuppdiwupp huschte sie ohne Danksagung hinein und hinterließ einen Beutegreifer, der sich enttäuscht abwandte und anderswo sein Glück versuchen musste.

Mitte Mai 1941 war meine Mäuseentführungsaktion so weit gediehen, dass sich die Einwohnerzahl von Maus-City auf dreißig Mäusebürger erhöht hatte: Haus- und Waldmäuse, Feld- und Rötelmäuse. Und schwangere Mäusedamen darunter, denn schon nach vier Tagen gab es die ersten Mäusekinder. Von nun an ging es zu wie bei einer Inflation: Jeden Tag eine höhere Anzahl Mäuse, so dass ich anfangen konnte, einige Exemplare, vornehmlich Mäuseböcke, in einer neuen Geschäftbeziehung an den Zoologischen Garten für einen Groschen das Stück zu liefern. Zusätzlich bekam ich für die hundertste Futtermaus eine Familien-Jahreskarte für den Zoo geschenkt.
„Die Sache fängt an sich zu lohnen."
Sagten auch meine Eltern und Brüder und sie halfen wo sie konnten. Aber die ganze Sache mit der Mäuse-City ging dennoch in die Hose.

Vorher durfte ich meine Kenntnisse in der Wissenschaft der Mäuse noch einmal unter Beweis stellen. Das kam so. Jede Stadtverwaltung bekommt „rote Köpfe", wenn wieder einmal das Schwarzfahren in der Straßenbahn überhand nimmt. So selten ich mit ihr fuhr, höchstens bei Glatteis im Winter oder bei Dauerregen zum Schulweg, so wurde ich doch Zeuge einer Schwarzfahrt. Der Schwarzfahrer namens *Mus musculus* war so gefühllos, sich einer an chronischer Hysterie leidenden Hausfrau zu zeigen, völlig nackt sozusagen, nur mit einem Fell bekleidet, aber höflich Männchen machend – denn diese Dame futterte gerade an ihrem Frühstücksbrot herum. Das fiel bei ihrem Mordsschreckenschrei natürlich zu Boden, was Mus nun als Liebesgabe auffasste und es zu beknabbern begann.

Flugs, - das Angstgeschrei setzte sich im Waggon fort -, war der Fahrer drei Sekunden unaufmerksam und stieß mit

einem von dicken und fetten Kaltblütern bespannten Möbelwagen zusammen. Da hatte ich schon meine Mütze über die Maus geworfen und sie damit verhaftet. Unter die Mütze greifen, den Mauseschwanz packen und deren Besitzerin hochhalten war das Werk von Sekunden. Madam Hysteria war inzwischen zu sich gekommen und zischte mich an:
„Du wirst das arme Wesen doch nicht totmachen!“
„Nein, bestimmt nicht. Ich gebe die Maus im Zoo ab.“
„Du bist ein guter Junge, mein Junge. Willste mich mal zu Hause in meinem Zuhause besuchen?“
„Gerne, wenn Sie Grießschnitten mit Zimt und Zucker backen können.“
Konnte sie.
„Wie heißt du Mäusefänger denn?“
„Walther, mit th.”
„Ich heiße Cilly Meyer mit ey, Jüdefelder Straße 12.”
„Abgemacht, ich komme.“

Die Maus wurde Mitbewohnerin von Maus-City und fand dort ihr klägliches und unverdientes Ende. Darüber bald mehr. „Tante Cillys“ Haus lag in einer wenig belebten Straße jener Art, welche später die Nachkriegsstadtväter zu der bösen Bemerkung hinriss, „gut, dass die Engländer diese Straße wegradiert haben“. Als ich direkt von der genannten Straße her in Cillys Küche trat, nahm ich als erstes den mir von zu Hause her unbekannten Kohl- und dann den unverhohlenen Mäusegeruch wahr. Diese Atmosphäre pflegte mein ältester Bruder als „Mief der kleinen Leute“ zu bezeichnen, „weil sie immer nur Weiß-, Sauer-, Rot-, Grün-, Rosen- und Wirsingkohl essen, tag aus, tagein und sie dann pupen können, dass die Heide wackelt“. Nun, das ist wohl etwas arrogant gesagt, aber den Hausmäusen schien es hier ebenso zu gefallen wie Frau Cilly auch. Wenn ich unauffällig schärfer hinschaute, sah ich überall

die kleinen schwarzen Küttel herumliegen, auch im Wohn- und Schlafzimmer und in der Abstellkammer.
„Ich wundere mich“, sagte ich vorsichtig zu Beginn, „dass Sie Angst vor Mäusen haben.“
„Es war das erste Mal“, antwortete sie, „dass ich eine gesehen habe, und das in der Straßenbahn.“
Sie kramte Butterkuchen aus einer Anrichte, der im Teig viele kleine Punkte aufwies, und die dargereichte Milch sah wie mit Mäusepinkel angereichert aus und duftete auch so.
„Ich esse und trinke nichts bei Ihnen“, sagte ich bestimmt.
„Warum nicht? Jetzt im Krieg sollte man nicht zimperlich sein, wenn einem etwas Leckeres angeboten wird.“
„Leckeres! Da ist überall Mäusekacke drin!“

Und das musste ich ihr erklären, denn sie war kurzsichtiger als ein Halbblinder. Sie berichtete mir, sich immer schon gewundert zu haben, dass Krümel, andere Essensreste und Obststücke, die sie nach dem Abendessen und vorm Schlafengehen auf Tisch und Teller liegenließ, am anderen Morgen wie von Geisterhand abgeräumt waren. Hier war meine Wenigkeit wohl gefragt, ich konnte diese nette Tuta doch nicht einfach in ihrer Wohnung verkommen lassen!

So rückte ich anderntags, nachdem ich meine Eltern darum gebeten hatte, mit zehn Schlagfallen bei Cilly an, erklärte ihr meinen Feldzugplan und stellte diese Fallen so auf, dass sie, Cilly, beim Zubettgehen nicht in sie tappsen konnte: Unterm Bett, in der Anrichte, neben dem Stangenherd, in der Abstellkammer und auf dem für Mäuse erklimmbaren Küchenschrank; zehn tödlich lauernde Geräte, zum ersten Mal versuchsweise mit kostbaren und auch für mich leckeren Nougatbrocken beködert – diesen Tipp hatte mir der Zoodirektor gegeben:
„Mäuse sind nicht nur naschhaft, sondern auch neugierig. Auch sie lieben wie wir Abwechslung beim Essen, sie werden deine Fallen stürmen.“

Am anderen Morgen, es war ein Sonntag und Cilly war in die Kirche gegangen, mir freien Eintritt in ihre Wohnung gewährend, fummelte ich zehn erschlagene Mäuse aus den Fallen und stellte diese erneut fängisch. Sonderbar war, dass bei allen Fallen das Nougat aufgefressen worden war. Dies ließ den Schluss zu, dass Mäuse es nach dem Totschlag ihrer Kollegen noch aufgefressen hatten. Also: Sie waren noch nicht ausgerottet und mussten weiter bekämpft werden.

Ich möchte hier noch einige Sätze über meine Köder sagen. Heute kann man ja alles, was geeignet ist, preiswert und massenhaft in den Märkten kaufen; die Auswahl ist so riesig, dass sie bereits schwerfällt. Für uns Kinder war damals eine Tafel Schokolade, die Tante Gertrud, Tante Margarethe oder Onkel Max bei ihrer Ankunft spendierten, eine sensationelle Zugabe zum Naschen und sofortigem Verputzen. Bonbons wurden zehnpfennigweise gekauft und durften sich sofort weggelutscht werden. Jede Art von Kuchen, ob selbstgebacken oder vom Bäcker, war Luxus. Ebenso ganz normale Brötchen, die es nur sonn- oder festtags gab. Von diesen ganzen Sachen nun den Mäusen etwas abzutreten, statt es selbst zu essen, war schon eine große Herausforderung an einen Jungen, der immerzu Schmacht hatte und selbst gebratene Mäuse gegessen hätte, wenn's nötig gewesen wäre.

Bild 17: Zwei Fotos dem eigenen Erleben nachgestellt:

oben quert eine „Mäusekolonne“ einen Bach auf einer Brücke, unten flüchtet ein so genannter „Mäuseteppich“ vor dem Hochwasser, siehe Text!

Wegen der Schule konnte ich Cilly erst wieder am Montagnachmittag besuchen. Alle Fallen hatten wieder je eine Maus erledigt, so dass ich mit denen vom Sonntag zwanzig Stück zum Zoo liefern konnte.
„Sie sollten sich eine Katze anschaffen“, riet ich Cilly, „dann sind Sie nicht mehr allein und sie wird Ihnen die Mäuse wegfangen. Ich kann Ihnen eine vom Tierheim besorgen. Einverstanden?“
Sie war es. Im Aufenthalt bei ihr hatte ich meine Augen im Wohnzimmer kreisen lassen und festgestellt, dass sie gar kein armes Muttchen war wie zuerst von mir gedacht. Da standen im uralten Bücherschrank „antike Kostbarkeiten“ in Reih und Glied, nach denen mein Vater sich die Hände lecken würde, und daneben mit „Briefmarken“ gekennzeichnete Alben. Ich zog eines heraus und wurde leichenblass: Marken aus Altbayern, von den britischen Inseln, aus ehemals deutschen Kolonien und Mauricius – „verdammt und zugenäht“, dachte ich, „wenn hier mal Feuer ausbricht oder eine Brandbombe reinfällt, gehen Vermögen verloren“. Einige dieser edlen Kostbarkeiten waren schon von Mäusen angenagt.
„Sammelst du Briefmarken?“

Diese einfache Frage, einfach vorgetragen, hatte für mich weitreichende Folgen. Doch erst weiter zu den Mäusen. Wieder wurden zehn exekutiert. Dann tanzte ich bei Cilly mit *Mieze* an, ein halbjähriges Schmusetier mit Samt- und Krallenpfoten, das seine neue Besitzerin sogleich umschnurrte und aus der Hand aß. Dann kamen die Osterferien, in denen unsere Familie zur Erholung ins Sauerland fuhr. Ich hatte vorher einen Klassenkameraden gewinnen können, für die Ernährung meiner City-Mäuse zu sorgen, weil ich gar nicht soviel Futter in die Stadt schütten mochte, dass die Tiere sich nicht vor Hunger auffraßen. Auch beim Urlaub in Laasphe ließen mich Mäuse nicht los: In

Küche und Vorratskeller fiepten und piepten die Hausmäuse lustig vor sich hin, weil der Hotelbesitzer Bibelforscher war und behauptete:
„Sie sind alle Gottes Geschöpfe!"
Doch das wussten Sauerland-Mäuse nicht, auch hatte sich mein schlechter Ruf in Mäusekreisen bis hierher noch nicht ausgebreitet, die Frau des Besitzers war ganz normale Christin, sah die Welt in dem Bibelspruch von „machet sie euch untertan" und gab mir freie Mäusemörderhand: In einer Woche befreite ich ihren Arbeitsplatzt von 100 Haus- und Feldmäusen, die in ihrem Garten zwecks „natürlicher Düngung" beigesetzt wurden.

In den nächsten Tagen zeigte mir ein freundlicher Nachbar, der von meinem Mäuseeifer gehört hatte, das Vorratslager einer Mäusefamilie in seinem Gerätehaus im Garten. Da lagen ganze Haufen von Wal- und Haselnüssen aufgeschichtet in einer Zimmerecke, auch Bucheckern dabei und Eicheln, wo es weit und breit keine Eichenbäume gab. Diese Vorräte waren gemischt mit Stoff- und Papierresten, Hobelspänen und Sägemehl. Ich mochte mir erst nicht vorstellen, dass dieses Werk von Mäusen vollbracht sein könnte, doch die überall herumliegenden schwarzen Küttel und ihr typischer Geruch auch nach feuchter Pinkel bewies es.

Derselbe Nachbar zeigte mir wenig später noch eine Besonderheit in Sachen Mäuse: Ein Nest mit der Mäusemutter und ihren acht Kindern, die halberwachsen und mit erstem zarten Fell bedeckt waren. Die Mäusemutter schaute uns an, als wenn wir harmlose Zeitgenossen und keine Mäusejäger wären, floh nicht und kuschelte ihre Kinderschar um ihren Leib. Der Nachbar nahm eine breite Gartenschippe, schob diese unter das Nest, hob sie hoch und trug die ganze Bagage in den Garten. Jetzt hätte die tapfere Mäusemutter noch fliehen können, ein Sprung von der

Schippe und fort wäre sie. Tat sie aber nicht! Ich wäre ausnahmsweise mit ihrem und ihrer Kinder Entkommen einverstanden gewesen – der Nachbar hatte anderes vor: Draußen im Garten auf dem glatten Pflaster wartete seine Katze mit ihren drei Kindern. Sie durften sich nun über die armen Mäuse hermachen und sie zum eigenen Vergnügen erst totspielen und dann aufessen.

* * * * *

Zu Hause in der Jüdefelder Straße war Cilly eine Woche ohne mich ausgekommen, aber als Ersatz war ja Mieze ins Haus aufgenommen worden und hatte sich als Mäusejäger und treuer Lebensgefährte Cillys bewährt. Dieser Umstand aktivierte ein Geheimfach ihres Gehirns: Dort, wo der Begriff „Dankbarkeit" untergebracht ist.

„Hier", begrüßte sie mich, „für den größten Mäusefänger und besten Philantropen vor dem Herrn!"

„Was ist ein Filantrop?", fragte ich.

„Einer wie du", antwortete sie freundlich und nahm mich in ihre wuchtigen Arme, „und darum schenke ich dir die Markensammlung unserer Familie."

Mit einem Pappkarton voller Alben trabte ich nach Hause und präsentierte meine Beute meinem Herrn, Vater natürlich, der ein großer Philatelist war.

„Vati, was ist ein Filatelist?"

„Einer, der Briefmarken sammelt."

„Dann bin ich jetzt einer geworden."

Die Augen quollen ihm über, Mutter und die Brüder machten richtige Wasserfroschglotzaugen.

„Das können wir nicht annehmen", behauptete Mutter schamhaft, „für ein paar Dutzend Mäuse totmachen."

Sie machte sich selbst zur Jüdefelder Straße 12 auf und kam, in der Sache unverrichtet, stolz auf ihren vierten Sohn zurück:

„Du darfst die Briefmarken behalten..."
Damit schließe ich das Kapitel Cilly Meyer vorerst ab, in dem ich gut gezählt 50 Mäuse abgemurkst habe, und kehre zur Mäuse-City zurück.

Diese gedieh wie anno dazumal die ersten weißen Ansiedlungen in Nordamerika. Die Gefahren einer Überpopulation, damals so wie heute, waren mir nicht geläufig, wenn auch mein Freund der Zoodirektor, als er von Mäuse-City erfuhr, gewarnt hatte, dass Kannibalismus bei Mäusen noch nicht ausgerottet sei. So fing ich ein Dutzend Jungmäuse, die sehr zartfleischig und schmackhaft sein sollen, für ihn heraus und durfte eines Juniabends nach Schließung des Zoos zusehen, wie sie von Kreuzottern, Sandvipern, Klapperschlangen und Waranen verschlungen wurden.
„Diese Fütterung mit Lebendtieren ist für Giftschlangen lebenswichtig, denn nur die von ihnen durch Giftbiss getöteten Mäuse können sie auch verdauen."
„Weil solche Fütterungen tierquälerisch, jedenfalls unappetitlich aussehen", fügte der Zoodirektor hinzu, „können wir sie nicht vorm Publikum durchführen."
Und er zahlte mir meinen Monatslohn „Mai 1941" von 3 RM für 30 gelieferte Mäuse aus. Obwohl oder weil den Engländern die Invasion drohte, begannen sie nun verstärkt H.s Deutschland zu bombardieren. Auch unsere Stadt kam an die Reihe, wohl weil sie Generalkommando war und die Briten starke militärsche Kräfte in der Stadt vermuteten. Vater entschied, dass heuer auf Ferienaufenthalt verzichtet werden sollte, auch, weil ihm zugemunkelt worden war, aus dem Osten drohten Gefahren. Meine Brüder und ich, wir blieben gern zu Hause, weil wir uns beschäftigen und mit dem Fahrrad Ausflüge aufs Land machen konnten. Dort gab es bei Bauern immer ordentlich etwas zu futtern; ohne Marken, vesteht sich, wenn man als Gegenleistung einige Arbeiten verrichtete: im Garten Unkraut jäten, Hüh-

nerstall ausmisten, Erbsen pulen, Stachelbeeren pflücken, Eier suchen und, wie ich, „Mäuse wegfangen". In Bauernhäusern war es für Hausmäuse üblich, aus Ställen und Lagern ins Wohnhaus überzusiedeln, dort war es wärmer, waren weniger Katzen anzutreffen und ehe die Leute etwas merkten, waren richtige Mäusepopulationen entstanden. Auf den Bauernhöfen machte sich bereits Personalnot bemerkbar, denn Gevatter Krieg in Personalunion mit A. H. brauchte immer mehr Männer zwischen 18 und 55. Hofbesitzer und ihre Erben waren vom Kriegsdienst freigestellt, aber die Zwei- und Drittsöhne und die meisten Knechte im „Mannesalter" ließ dieser Führer antreten.

Ich versorgte meine Mäusestadt, stellte sie unter Obhut von Vater und Onkel Max, der für eine Woche zu Besuch kam und ging anfangs der Sommerferien 1941 zur Bauer H. in Kattenvenne in Vollpension. (Einer seiner Söhne war bei Vater in der Lehre.) Dort sollte ich, weil ich „ziemlich schmächtig" aussah, nicht nur füttern sondern auch futtern. Schon damals glaubte ich, als ich diesen Hof per Fahrrad erreichte, solch ein Besitz voller Menschen, Tiere und Gewächse könnte mein Lebensinhalt werden, aber es kam anders. Zunächst musste ich ein Tier töten und nicht andere pflegen: Denn Haus- und Hofmaus *Isidor,* laut Aussage der Hofbevölkerung bisher jeder Verfolgung durch Kater *Felix*, Hofhund *Nelli*, Truthahn *Moritz* und Pfauhahn *Strunzi* entkommen, lief mir so vors Vorderrad, dass er plattgewalzt wurde. Das fing ja gut an!

* * * * *

Der dritte Mäusefeldzug

Diese eine Woche Hofleben war für mich der Vorhof zum Paradies, für die Mäuse jedoch das Vorzimmer zur Hölle. So etwas, schätze ich, hat dieses Nagervolk noch nicht erlebt! Zwar hat es bisher nicht in Ruhe und Frieden hausen und schmausen können, denn die vier genannten Mäusejäger Felix, Nelli, Moritz und Strunzi hatten auch munter unter ihnen aufgeräumt, aber nur zum Zeitvertreib und nicht aus Passion. In den acht Tagen konnte ich natürlich nicht Ratzeputz und Tabularasa machen, mich aber doch für spätere Feldzüge schlau und scharf machen – ich konnte ja nicht ahnen, dass ich 1945 hier als der Mäusejäger des Jahrhunderts tätig werden würde.

Zunächst der Garten. Ihn hatte Microtus arvalis so unterminiert, dass ich auch in den derben Holzklotschen, in denen ich zu Fuß war, auf Schritt und Tritt in den Erdboden einbrach. Altbauer August, schon 75, wusste schon lange Rat, hatte jedoch wegen Podagra (Gliederreißen) nicht einschreiten können:
„Hol dir den Wasserschlauch und lass Wasser in die Löcher. Du wirst sehen, wie die Feldmäuse ans Tageslicht kommen. Mit einer flachen Schippe, kein Spaten, kannst du sie am besten erschlagen.“
Was für eine Mörderei hob an! Die wasserscheuen Mäuse kamen in Scharen, mit Sack und Pack, Kind und Kegel aus ihren Wohnhöhlen und Schlaflöchern, wurden von mir erschlagen und sogleich wieder im Garten vergraben – hier auf dem Hof wohnte niemand, der solche Portionen essen konnte: Es waren 75 Mäuse, meist Feldmäuse, die hier ihr Grab fanden. Damit hatte ich mir mein erstes Abendessen wohlverdient: Gebratenes Wurstebrot mit Schinkenspeck und Vollmilch „direkt vom Euter“, Spiegeleier und als Abschluss oder Nachtisch, - ein Wort, das man hier nicht kannte -, Dickmilch aus Vollmilch mit Zucker bestreut, diese gemeinsam mit einem Suppenlöffel aus einer Schüssel geschlabbert. Hier lebte niemand von Lebensmittelmarken!

Am nächsten Tag vergiftete ich in Begleitung von Fitten, der Jungbauer und 35 alt war, ein Brachfeld von einem Morgen (2.500 Quadratmeter), das von Rötelmäusen übervölkert war - eine mühselige den Rücken strapazierende Arbeit. Denn wir kippten mittels eines Löffels immer eine Portion Giftweizen in ein Loch und mussten uns dabei bücken. (Zehn Jahre später machte ich diese Arbeit mit Hilfe einer so genannten Legeflinte, die ich noch beschreiben werde.) Das Ergebnis dieser Arbeit kann man nur schätzen, weil keine Maus zum Sterben an die Oberfläche kommt – ich habe die möglichen Opfer, tausend oder gar mehr, nicht in mein Tagebuch aufgenommen. Am Abend diese Tages, als mein Rücken schmerzte, als hätten hundert Hornissen ihn bestochen, stellte ich meine zehn Schlagfallen auf, fünf davon in meiner fensterlosen Schlafkammer, welche direkt neben dem Kornboden im ersten Obergeschoss lag. Sie waren alle mit Lakritz bestückt, denn ich glaubte, dass hiesige Mäuse davon noch nie so etwas gekostet hätten. Das stimmte haargenau: zehn erschlagene Hausmäuse, keine meiner fünf Fallen hatte ich gehört, denn bäuerlicher Tiefschlaf geht so tief, dass man selbst erschlagen werden könnte, ohne aufzuwachen...

Fitten besaß ein Kleinkalibergewehr:
„Kannste schießen?“
„Einer Maus das Hühnerauge aus!“
Aber es ging auf Ratten. Die Hausratte (*Rattus rattus*) stand damals noch nicht auf der Roten Liste und verursachte an Ernten und Bauwerken beträchtliche Schäden. Fitten zeigte mir einen ihrer Laufwege im Schuppen, auf dem sie vom Dachboden zum Hühnerstall gelangen konnten. Ich belegte diesen Holzbalken mit einem gekauten Brei aus Salmiakpastillen und Lakritz: Ihn mussten die Ratten ablecken und konnten ihn nicht wie Körner, Speckstücke oder Brotkrumen forttragen. Das war eine richtige Jagd! Vaters Arzt, ein grüner Waidmann vor dem Herrn, hat bestimmt nicht so etwas Spannendes auf der Jagd nach wilden Schweinen und kapitalen Reh- und Hirschböcken erlebt!

Ich saß bequem auf einem Stuhl und hatte das Gewehr schon in Richtung der Ratten aufgelegt, so brauchte ich es kaum noch auszurichten, wenn sie kamen. Und sie kamen. Erst eine, die stutzte, erst leckte, dann schmatzte. Ich ließ sie gewähren, denn ich wusste, was kommen musste: Sie ging gewiss bald nach Hause, um ihrer Familie den leckeren Fund mitzuteilen. Das geschah. Fünf Hausratten, vielleicht eine komplette Familie, hockten friedlich beieinander und labten sich sehr manierlich mit Mäulchen und Pfoten abwischen. Bis mein Gewehr „Peng" machte und eine Ratte zu Boden fiel. Die anderen stutzten, beruhigten sich und rückten zusammen. So gelang es mir, man mag mir glauben oder nicht, diese Familie auszurotten. Innerhalb einer Stunde schien es sich unter den Ratten herumgesprochen zu haben, dass es hier Leckeres aufzuschlecken gebe, neue Tiere kamen herangewatschelt, schwangere Rattendamen darunter, aber ich durfte keine Rücksicht nehmen: Ratten gelten in allen Kriegen der Erde als Staatsfeinde Nummer eins.

Fitten war sehr zufrieden, als er den Friedhof der abgestürzten Ratten inspizierte und nahm sie mit. Ich fragte nicht nach. Später erzählte mir sein Vater, dass die Ratten „im Ganzen" im Schweinekessel gekocht wurden und ein hervorragendes Mastfutter für Schweine abgaben. Nun, mittags gab's für uns Hühnersuppe, Bratkartoffeln mit Gulasch und Möhrengemüse, als Nachtisch auf meine Bitte hin Vanillepudding mit Himbeersaft eigener Herstellung. Am Nachmittag folgte ich Fittens Pferdegespann beim Pflügen, um vom Pflug bloßgelegte Engerlinge und Jungmäuse aufzusammeln, die sonst im Ruckzuck auf dem Feld untergetaucht wären: So konnte ich 34 Jungmäuse in einen Eimer sammeln und später dem Geflügel zum Fraß vorwerfen. Sie starben keinen netten Tod, diese kleinen Kerlchen, denn es dauerte einige satte Schnabelhiebe von Henne, Hahn und Puter, bis sie ihren kargen Geist aufgaben und im Hals der Vögel verschwanden.

In den nächsten Tagen vor meiner Abreise fing in ich den Schlagfallen noch zwei Dutzend Haus- und Feldmäuse, stellte dann über Nacht die beiden mitgebrachten Kasten- und Korbfallen auf. Der Familie erklärte ich, dass ich zu Hause eine Mäusestadt aufgebaut habe und es gut finde, frisches Blut in die Mäusefamilien zu bringen, ehe die Inzucht Schaden anrichte. Zwei Hausmäuse und eine Waldmaus fing ich ein und transportierte sie auf dem Fahrrad heim. Geld gab's diesmal nicht für meine nützliche Arbeit, das kam nicht in Frage, aber ein dickes Fresspaket für zu Hause „mit Dank und Grüße" und die Zusage, im nächsten Jahr wiederzukommen und der Kattenvenner Mäusewelt das Fürchten zu lehren...

* * * * *

Eine Mäusekatastrophe

Als ich durch die Garageneinfahrt auf unser Grundstück einbog, sah ich ein paar Leute vor meiner Mäuse-City stehen und lebhaft debattieren. Es war sogar der Zoodirektor unter ihnen! Die debattieren nicht, argwöhnte ich besorgt, über den inzwischen ausgebrochenen Russlandkrieg, denn der verlief so im Sinn des A. H., dass außer begeisterter Begeisterung nichts hervorzubringen war. Meine Mäusestadt!

„Es lebt nur noch ein Pärchen", sagte Vater.

„Sie haben sich tatsächlich gegenseitig aufgefressen", sagte Zoodirektor Heinz Randow, „und du kannst du und Heinz zu mir sagen."

Das war eine große Ehre für mich. Und er versuchte mir die Begriffe *Infantizid* und *Kronismus* zu erklären:

„Du hast, wie ich dich warnte, zuviel Mäuse hier auf einem Haufen angesammelt. Auch wir Menschen bekommen einen Rappel, wenn wir zu lange zuviel aufeinanderhocken müssen. Das ist hier mit den Mäusen geschehen, ein ganz natürlicher Vorgang, der in der freien Natur öfter vorkommt als wir beobachten können. Infantizid bedeutet soviel wie Kannibalismus, mit Kronismus bezeichnet man das Aufessen der eigenen Kinder. Das beides ist hier passiert. Ein Mäusepärchen lebt noch, es kann den neuen Anfang bilden."

Ich holte meine drei mitgebrachten Mäuse herbei und ließ sie in der leer gewordenen Mäusestadt frei.

„Nimm immer", riet Heinz, „genug der Neugeborenen heraus und ersetze sie durch Neufänge, dann kann so eine Metzelei nicht noch einmal passieren. Wenn du mal längere Zeit verhindert bist, durch Ferien, Urlaub oder auch Krankheit, dann gib mir Bescheid – ich lasse dann alle Mäuse abholen und nur einige hier, klar?"

„Ja, Heinz", antwortete ich und kam mir sehr kleinlaut vor.

Er versicherte Vater und mir noch, dass der Zoo auf den Nachschub toter und lebender Mäuse angewiesen sei. Dann gab er noch den Tipp, ein paarmal dem Tierheim, das immer in finanziellen Nöten und auf der Suche nach Futterspendern sei, von den gefangenen Mäusen einige abzugeben.

„Jetzt", sagte er, „wo der Führer die Fleischmarken noch einmal hat kürzen lassen, bringen die Leute weniger davon in den Zoo und in die Tierheime."

„Das ist ein guter Rat, Heinz", dachte ich.

Als ich wieder allein war, stieg ich behutsam in die Stadt hinab und machte mich wie ein echter Archäologe bei Ausgrabungen auf die Suche nach Überresten wie Knochen, winzige Wirbelsäulen, Gebisse und Gebeine – nichts dergleichen! Über hundert Mäusekörper waren mirnichtsdirnichts aus der Welt verschwunden. Meine jugendliche Fantasie schuf Bilder wie in Kinofilmen, von ungeheuren

Gemetzeln, Duellen und Massenkämpfen wie auf den antiken Schlachtfeldern der Römer und Germanen. Und von diesen kriegerischen Herrschaften sind doch massenhaft Gebeine gefunden worden! Kannibalismus? Davon hatte ich über Forschungsreisen früherer Entdecker Afrikas und der Fidschi-Inseln gelesen. Die eigenen Kinder aufessen?
„Kronismus?“, sagte mein schlauer ältester Bruder, der das humanistische Gymnasium schon hinter sich und griechische Geschichte gelesen hatte, „das Wort stammt vom alten Titanengott Kronos, der tatsächlich seine eigenen Kinder verputzt haben soll – Kinderfleisch soll sehr delikat und zarter als Wiener Kalbsschnitzel sein.“
Er hatte gut spotten!

* * * * *

Mäuse-Abenteuer 1941 bis 1943

Weil bei dieser Mäusekatastrophe durch mich etwa 120 Tiere gestorben waren, trug ich diese Anzahl in mein vorläufiges Tage- und Abschussbuch ein. Dort hatte sich bis jetzt, Mitte 1941, die Beuteliste auf 899 Stück erhöht.

Es ging nun an den Aufbau einer neuen Mäusepopulation. Ich kaufte noch einmal eine Ladung Korbfallen, den Restbestand des Geschäfts, und fuhr übers nächste Wochenende zu Fitten, nur um die Fallen auf dem Kornboden, im Garten und im Keller aufzustellen. In ein Roggenfeld stellte ich zehn Schlagfallen auf, die ich in origineller Art und Weise mit Erdbeerstückchen beködert hatte.
„Die enthalten viel Vitamin C“, verriet mein zweitältester Bruder, der schon zwei Jahre später „Hs. Rock“ würde anziehen müssen, „das auch Mäuse munter machen wird.“
Tatsächlich, meine Brüder waren mindestens so schlau wie Mäuse: In allen Schlagfallen fingen sich fette Feldmäuse, ihre spitzen Mäusezähnchen noch in der Erdbeere verkrallt, und ich erwischte einige ihrer Artgenossen, die den toten

Kameraden noch die letzten Fruchtreste aus den Zähnen klaubten.

Gerade wollte ich mit meiner Beute, also zehn tote und zwölf lebende Mäuse schon auf dem Gepäckträger, nach Hause radeln, als ein Kollege von Fitten auf den Hof radelte und speziell mich, „den lütten Mäusekieker", zu sprechen wünschte. Er hieß Tepen Hinnerk, sprach ein schauderhaftes Kauderwelsch, das er „Plattdütsch" nannte, kaute und rotzte Kautabak, stank demnach aus allen Nähten und forderte mich auf, ihm zu folgen. Seine Worte und Sätze versuche ich hier hör- und lesbar zu machen:

„Wirst deine Kieker uffreißen, wenne meine Mäusken sehen tust."

Das trat ich dann auch: Er hatte eine Mausefalle konstruiert, eine regelrechte Fallgrube, nämlich eine alte Öltonne so hergerichtet und aufgestellt, dass oben ein spiegelblanker und aalglatter Blechkranz umlief, auf dem keine Maus, und hätte sie die klebrigsten Pfötchen der Welt, sich würde halten können – wenn sie, so Hinnerks hinterlistige Absicht, an die Köder unten am Boden der Tonne heranwollte.

„Steht sonne Tonne", sagte Hinnerk, „in son richtikes Mausparadies, haste in ein Tach nen Dutzend drinne."

Er blinzelte mich an wie Till Eulenspiegel die Ratsherren von Schilda damals, und sprach etwas wie „pinke-pinke?" Aha, natürlich war Knete gemeint, auch Moneten nannte man Mäuse.

„Wat kriegste denn for ne dote Mus?"

„Fünf Pfennig", log ich dreist.

Denn vom Zoo und dem Tierheim bekam ich ja bereits zehn Pfennig pro Leichnam, und lebte dieser noch, gab's manchmal fürs Ganze einen Groschen dazu. Hinnerk tat im Gehabe wie ein armer Schlucker, aber weil er einen eigenen Hof besaß, - Hofbesitzer wurden ja von A.H. ziemlich hoch verehrt -, schummelte er wohl ein wenig. So einigten wir uns auf drei Pfennig für ihn, wenn er es schaffte, mir jedes Wochenende hundert Stück zu liefern –„ne Kleinigkeit, Jungchen." Ehe ich mir Gedanken gemacht hatte, wie er denn am Montag gefangene Mäuse bis Sonntag frischhalten wollte, erklärte er, eine Eiskuhle zu besitzen. Die sollte ich mir anschauen.

Dieses mir Städter völlig unbekannte Ding war eine in die Erde gegrabene Höhle, zwei Meter hoch, drei breit und zehn lang, in die man im Winter Eisbrocken brachte, welche – Donner und Doria, verflixt und zugenäht! – bis in den nächsten Sommer kaum auftauten: ein riesiger, unelektrischer Kühlschrank sozusagen, wo sich Kartoffeln, Gemüse, Eier, Geräuchertes sehr lange und rohes Fleisch ein paar Tage hielten.

„Hier kümmt de dote Müs inne Kiste", sagte Tepen Hinnerk, „un annen Sonndag kümmste se tu holen."

Ich Jungkapitalist willigte ein, konnte aber für den Winter nicht zusagen, jeden Sonntag herzukommen. Dann, meinte Hinnerk sinngemäß, sind die Mäuse sowieso eingefroren. Ich teile hier vorgreifend mit, dass Tepen Hinnerk bis Jahresende, als ich „Inventur" machte, 500 Mäuse lieferte.

1941, auf Dekret des A.H., begann das neue Schuljahr im September; diese Regelung wurde erst nach dem Krieg aufgehoben. 1941 fand dann auch die allererste Kinderlandverschickung (KLV) statt, zwar noch auf freiwilliger Basis, aber wohl als Vorübung für schlimmere Zeiten gedacht. Mir schwante, dass ich spätestens 1943 mit von der Partie sein würde. Meine Eltern schnürten meine Mäuse-Ambitionen etwas ab, weil meine Schulleistungen in keinem guten Verhältnis zu meinen Nebenleistungen standen. So hieß es ab September 1941 „Erst die Schule – dann die Mäuse!" und „Erst die Schularbeiten – dann die Mäuse!"

Doch Fallen im eigenen Garten und Nachbars Betriebsgelände aufstellen und täglich kontrollieren konnte ich mit

linker Hand machen, während die rechte Aufsätze schrieb und Geometrie betrieb. Im Deutschunterricht befahl Studienrat Dr. Jakobus Meinertz am Freitag:
„Bis Mittwoch einen Aufsatz von drei bis fünf Seiten ‚Was habe ich am Wochenende gemacht'".
Er war ein Erznazi und erwartete von uns, das Mitmachen als Pimpfe in Hs. Jugend zu schildern. Da kam er bei mir ziemlich schlecht an. Ich schrieb wahrheitsgemäß über die Tätigkeit mit „meinen Mäusen" und zitierte am Schluss des Aufsatzes Heinz Randows letzte Bemerkung über mich:
„Er müsste vom Führer mindestens das EK II bekommen".

Dr. Meinertz war nicht nur braun, sondern auch „link", wie man heute sagt. Seine Fragen fingen von hinten an:
„Wer ist dieser Heinz Randow?"
„Der hiesige Zoodirektor."
„Was ist das EK II?"
„Das Eiserne Kreuz zweiter Klasse."
„Hat es der Führer gestiftet?"
„Nein. Der König."
„Welcher König, der Mausekönig?"
„Nein. Friedrich Wilhelm III., ein Preußenkönig."
Die Klasse, beziehungsweise ihre Schüler, konnte das Lachen kaum noch unterdrücken. Dr. Meinertz bohrte weiter:
„Und warum sollte das Abmurksen der kleinen niedlichen Mäuse mit einem Orden bedacht werden?"
Diese blöde Frage hätte er nicht stellen dürfen. Ich setzte ihm und der Klasse auseinander, dass Mäuse der stolzen nationalsozialistischen Bewegung große Schäden anrichteten, indem sie zum Beispiel im Feld den Soldaten die Knobelbecher anknabberten, das Essen stahlen oder verdarben, schlimme Krankheiten verbreiteten und damit Kriegsverbrecher und Volksschädlinge seien, die, so unser Führer, ausgerottet werden müssten. Nun, damit war die Deutschstunde vergangen, die Arbeitshefte zurückgegeben und nur ein einziger Aufsatz hatte eine Eins bekommen...

Direx Dr. Stäffan hatte Wind von der Sache bekommen und rief mich in sein Büro. Er war schon vor 1933 Chef des Gymnasiums geworden und Nachrücker warteten auf sein Ableben oder Ausscheiden.

„In meinem Garten direkt hinterm Haus hausen die Mäuse“, klagte er, „dass der Erdboden sich zu bewegen scheint. Was kann man da machen?“

„Ich kann ihnen an den Wickel gehen, Herr Direktor“, antwortete ich, „wenn Sie mir für jede gefangene Maus zwanzig Pfennig geben.“

„Das ist viel Geld“, klagte er.

„Ich habe Unkosten“, sagte ich, „meine neue Falle, eine Weltneuheit, hat beim Handwerker 5 Mark gekostet – viel Geld für einen Schüler.“

Ich wollte ihn über den Löffel balbieren und ihn auch für Mäuse, die ich woanders gefangen hatte, bezahlen lassen. Er enthob mich dieses Manövers:

„Hier sind 10 Mark für dich, fang sie weg!“

Hinnerks Mäusetonne, auf die ja kein Patent bestand, hatte ich vom Betrieb nebenan, der genug leere Fässer übrig hatte, nachbauen lassen. Sie hatte sich im Garten schon bewährt und Mäuse, Frösche, Kröten und Molche gefangen – so hatte ich bewiesen, dass diese Amphibien bei uns vorkamen. Die Tonne fing in einer Woche, in der ich den Direx täglich besuchte, 120 Mäuse, die ich für einen Groschen das Stück an den Zoo verkaufte.

* * * * *

So wurde es Winter 1941 und Weihnachten. Mäuse halten, wie ich nachgelesen hatte, keinen Winterschlaf. Aber ich musste einmal eine Verschnaufpause machen und hielt Burgfrieden mit den Mäusen, nachdem ich Mäuse-City mäusefrei gemacht hatte.

„Zu Weihnachten braucht ihr euch nichts zu wünschen“, verkündeten die Eltern, „denn es gibt nichts“.
Das akzeptierten wir, nachdem überall, auf der Schule, in der Straßenbahn und in den wenigen Cafés und Kinos heimlich durchgesickert war, dass es an der Ostfront winterlich sehr schlecht stand.
„Da haben die Soldaten nicht mal Mäuse zu fressen!“
Wer das laut sagte und denunziert wurde, den fraßen bald die Mäuse. Was viel schlimmer war und auch nicht gesagt werden durfte, war die Tatsache, dass H. im Juli gesagt haben soll, „wenn Russland nicht im ersten Ansturm fällt, ist der Krieg verloren“. Tatsache war auch, dass britische Bomber doch, entgegen den Behauptungen H.Gs., bis Berlin vordringen und dort Bomben werfen konnten. Eine Bescherung hatte A.H. sich für den Advent 1941 aufgespart: seine Kriegserklärung an die Vereinigten Staaten von Amerika.

Als ich Vater einmal in die Stadt begleitete und wir an den verbrannten und eingestürzten Häusern vorbeikamen, konnte ich eine Frage nicht länger unterdrücken:
„Wenn Häuser brennen und einstürzen, kommen dann auch die Mäuse ums Leben?“
„Wenn Häuser plötzlich nach einem Bombenvolltreffer einstürzen“, sagte Vater, „werden sie wohl alle von den Trümmern erschlagen. Bei sich langsamer verbreitenden Bränden haben sie die Chance zum Entkommen.“

Fliegeralarm gab es jetzt, Anfang 1942, fast jede Nacht, aber das Ruhrgebiet und Städte wie Dortmund und Hamm wurden bevorzugt angegriffen. Zoodirektor Heinz Randow wurde von einer Tageszeitung angegangen, einen Artikel über „Ratten und Mäuse im Krieg“ zu schreiben. Er lehnte aus Zeitgründen ab und empfahl der Redaktion mich als Kapazität und ließ mir das telefonsisch mitteilen, „damit du vorbereitet bist“. Der Redakteur kam ins Haus und erwartete, ganz natürlich, nicht einen bald zwölfjährigen Knirps.

(Knirps laut Internet-Lexikon: „So viel wie ‚kleiner Bursche' oder auch ‚kleines Kind'.") Dieser Bursche hier wusste von Mäusen und Ratten mehr als zehn Redakteure und schwadronierte nun los, (aus dem Gedächtnis rekonstruiert):
„Bei Ratten hat schon der vorige Krieg gezeigt, dass sie Erfahrungen sammeln und sich Warnzeichen merken können. Auch jetzt haben mir Leute erzählt, dass sie sich beim Ertönen der Sirenen in den hintersten Winkel von Kellern verkriechen, wo auch Menschen oft dichtgedrängt ängstlich sitzen. Ein Mäusezüchter hat mir berichtet, dass seine weißen, grauen und schwarzen Mäuse, alles Abkömmlinge der Hausmaus und längst der Natur entwöhnt, nicht beim Sirenenton verstummmen und verharren, sondern erst beim Dröhnen der näherkommemden Motoren. Ihr Besitzer richtet sich nach ihnen. Ich habe hier in der Innenstadt im Luftschutzkeller beobachtet, dass Mäuse, die scheinbar ganz vertraut um uns wuselten und sich an unserer manchmal lustigen Unterhaltung nicht störten, wie zu Figuren versteinerten, wenn auch wir wegen dröhnender Einschläge zu Salzsäulen wurden. Da habe ich einmal eine hochgenommen und sie blieb still auf meiner flachen Hand hocken."
Der Zeitungsmann schrieb sich den Bleistift heiß, die Finger wund und bekam rote Ohren.
„Hast du das alles selbst erlebt?"
„Klar doch. Habe schon, in meinem Tagebuch steht's notiert, beinahe 2.000 Mäuse totgemacht."
Ich zeigte ihm meine Fallensammlung, nicht jedoch die Mäusetonne. Er machte ein paar Aufnahmen und wollte sich verabschieden.
„Gibt's kein Honorar von der Zeitung?"
„Ach ja, entschuldige bitte."
Ein Zehner sollte den Besitzer wechseln.
„Der Zoodirektor hat mir gesagt", sagte ich, „dass wenigstens ein Zwanziger herausspringen sollte. Er hätte be-

stimmt so viel gefordert und wohl auch bekommen, oder etwa nicht?“

Der zweite Zehner folgte dem ersten in meine Hosentasche. Von dort ging alles aufs Sparbuch, das Vater für mich angelegt hatte und verwahrte.

„Kann sein“, verriet der Reporter, „dass wir noch einmal eine ganze Seite über dich machen. Einverstanden?“

„Einverstanden.“

Der Zeitungsartikel hatte nur mäßige Resonanz, gegen echte Berichte von der Front konnte er nicht ankommen. Immerhin: In der Zeitung gestanden, selbst etwas gesagt zu haben und in einem Foto dargestellt zu werden – das hob Ansehen und Respekt. So besuchten mich, und nicht den Reporter, Leute, um mir ihre kleinen Abenteuer mit Mäusen mitzuteilen.

„...und da hab ich mir endlich einmal einen Hamburger auf Marken gegönnt, und was find ich mittendrin: einen Mäuseschwanz!“

„Wenn Weizenmehl schon knapp ist, obwohl wir die Ukraine den Russen abgenommen haben, so sehe ich nicht ein, dass im Weißbrot eine ganze Maus mitgebacken wird.“

„Mäuse sind ja wohl Allesfresser, wenn wir dem Biologiebuch vertrauen wollen, aber ich glaube nicht, dass sie Sauerkraut so gern mögen, dass sie sich zu ihm in die Tonne legen...“

Drei Kommentare nur, und nicht einmal sauertöpferische, der Humor triumphierte.

Vom Januar bis April 1942 fing ich im Garten und angrenzenden Grundstück nur 50 Mäuse, mehr gab es wohl gar nicht mehr hier, die ich dem Tierheim überließ, das auch weniger Bedarf hatte, weil die Bürger, die Hunde und Katzen nicht mit in die Luftschutzkeller nehmen durften, auf diese dann bis zum Endsieg verzichteten. Im Zoo waren die Reptilien auf Winterschlaf gesetzt worden und brauchten nichts zum Futtern. Weil es in Russland und sogar in Afrika militärisch wieder voranging, hob sich die Stimmung der Bevölkerung vorerst – bis ihr klar wurde, dass Großbritannien von A. H. links liegengelassen wurde, so dass es die Bombardierung deutscher Städte gewaltig ausdehnen konnte.

Ehe unsere Familie zum vorletzten gemeinsamen Ferienaufenthalt nochmals nach Laasphe abreiste, wurde mir ein Mäuseerlebnis beschert, das es bisher auf unserer Erde vermutlich noch nicht gegeben hat und geben wird. Initiator war Hinnerk Teepe, der über Bauer Fitten mitteilen ließ, er habe etwas „Dunnerlittkes" und „auf Teufel-komm-raus-Einmaliges" aufgetan, „dat uns dusende (Tausende) Müsli (Mäuschen) innen Büdel (Geldbeutel?) drinpacken würde. Weil auch mein jüngster Bruder, geboren 1934, nicht mehr an den Osterhasen glaubte und deshalb die Eiersucherei im Garten eingestellt worden war, begab ich mich Karfreitag per Fahrrad nach Kattenvenne und radelte sofort zu Hinnerks Hofstelle durch.

Er und seine Frau Mathilde bewirteten und beköstigten mich noch reichhaltiger als Fittens Frau Lina, die leicht angeknickert wurde, wenn ich meinen städtischen Heißhunger an ihrem Tisch stillen wollte. Es kommt bei allen nicht geizigen Landleuten immer gut an, wenn man rechtzeitig und hungrig zur Tischzeit aufkreuzte.

„Sett di hin annen Disk, du lütten Kierl!"

Karfreitag gab's bei uns zu Hause stets und immer Fisch, Rotbarsch mit feinem Kartoffelsalat, Goldbarsch mit Bratkartoffeln oder Heilbutt mit Speck in Kartoffelpüree – nicht jedermanns von 6 bis 14 Sache, aber es soll protestantische Tradition seit Dr. M.Ls. Seitensprung vom Papst sein. Bei Teepens gab's heute Hahn-Senior, denn Hahn-Junior wurde nie geschlachtet, solange er noch Hennen treten konnte. Dazu Salzkartoffeln mit Soße und eingelegten Honigbirnen, eine Essenkombination, die ich noch nicht kannte.

Nach dem Essen, draußen unter einer alten frisch belaubten Eiche, aus der uns immer wieder kleine grüne Raupen (vom Eichenwickler, einer Motte), Hinnerk ins Bier und mir in den Brombeersaft fielen, informierte er mich über sein „Dunnerlittken“ – hier von mir ins Hochdeutsche übersetzt:
„Unser junger Förster Werner Grünmann, der das staatliche Revier Klosterholz verwaltet und hegt, hat einen jungen Dachs ausgegraben, hochgepäppelt, dadurch gezähmt und ihn animiert, mit ihm auf Wühlmausjagd zu gehen. Der gräbt mit seinen Vordertatzen und sticht mit seiner spitzen Schnauze so in den Boden hinein, dass die Heide wackelt und alle Mäuse des Reviers das Muffensausen bekommen.“
„Dunnerlittken!“, rief ich begeistert.
Vater hatte mir eine Kühlbox geschenkt, welche durch Eisstücke zehn bis zwanzig Stunden kalt gehalten und in meiner Gepäckträgertasche untergebracht werden konnte. Wenn ich heute eine Ladung toter Mäuse hineintat, konnte ich sie morgen, am Samstag, noch ziemlich frisch zum Zoo bringen. Der Direktor hatte mir sagen lassen, dass sie viele ganz junge Mäuse, noch rosa und unbehaart, gebrauchen könnten: Zur Fütterung von Perleidechsen, Geckos, Gürtelschweifen, Agamen und Waranen. In der Woche nach Ostern durfte ich abends zusehen, wie sie, die Wärter, das machten: Mit einer langen Pinzette wurde das tote Mäuslein so lange vor dem Maul der Tiere hin und herbewegt, bis sie glaubten, das sei Lebendiges und gierig zuschnappten.

Am Nachmittag kam der Förster mit *Daxi* an der Leine, ein durchaus nicht verschlafener Bursche in Grau, Schwarz und Weiß und sehr verspielt, solange er kein Mauseloch

vor sich sah oder roch. Wir gingen zu einem trockenen sandigen Waldstück auf einer Böschung, das von Rötelmäusen sehr besetzt schien, und Daxi bedurfte keines Kommandos, um eifrig und schnaufend zu buddeln.
„Hier ist ein derber Prügelstock“, sagte Förster Werner zu mir, „mit dem du die erwachsenen Mäuse totschlagen kannst, die Daxi aus dem Boden jagt. Er frisst immer erst eine Maus, ehe er weitermacht, in der Zeit können wir das Nest bloßlegen und die jungen Mäuse in den Eimer werfen.“
Daxis überaus feine Nase, die er suchend und stochernd in den Boden stieß, irrte sich selten. Stieg Mäuseduft in diese Nase, arbeiteten seine Pranken wie im Raserei-Akkord, dass die Fetzen hinter ihn flogen und die Mäuseeltern, durchaus nicht feige und sehr verteidigungebereit, mitflogen und von mir massakriert wurden. Aber Daxi war kein geborener Erdarbeiter. Wenn er auch als Erwachsener große Erdbaue anzulegen verstand, so verabscheute er wie jedes Wildtier regelmäßige Arbeit – Pausen zum Ausruhen und um vom Förster geliebkost zu werden, waren ihm wichtiger; klar doch!

Klar auch, dass seine und unsere Beute sich sehen lassen konnte: 30 von mir erschlagene Alttiere, zehn geleerte Nester mit 60 Jungtieren; insgesamt zehn Mäuse hatte Daxi gegessen, machte *summa summarum*, sagte der Lateiner, 100 Stück. Der Förster wollte wissen, ob die Jungen lebend an die Reptilien verfüttert werden müssten:
„Dann solltest du jetzt losfahren und sie hinbringen.“
Ich klärte ihn entsprechend auf, worüber er und Hinnerk froh waren:
„Dann kannst du uns nach dem Abendessen viel aus der Stadt erzählen.“
„Du kannst auch bei uns schlafen“, sagte Hinnerk.

Nachdem ich versichert hatte, das vom Zoo kassierte Honorar mit ihnen beim nächsten Mal zu teilen, stand einer echten Männerfreundschaft nichts mehr im Weg.

* * * * *

Das Abendessen nach Art Mathildes war eine Wucht und jede Anfahrt aus der Stadt wert! Über ihr, der Stadt, brummten nach dem Dunkelwerden feindliche Flugzeuge, warfen aber ihre Bomben im Ruhrgebiet ab, auf Krupp wahrscheinlich. Zuerst gab es klare Hühnersuppe, in der Fettaugen wie Quallen schwammen und Eierstich wie kleine Eisberge aussehend. Danach Rührei mit Schinkenstücken drin, die dufteten, dass Daxi nebenan auf seiner Schlafmatte erwachte und zu belfern anfing. Eine derbe Portion beruhigte ihn augenblicklich. Als Nachspeise hatte Mathilde Magerquark zu einer Art von schneeweißem Pudding verrührt, in den wir Zwieback brockten und roten dicken Saft schütteten.

Mathilde, diese gute Seele von Mensch, freute sich wie eine Schneekönigin bei Dauerfrost, als ich wie ein Berserker altrömischer Schule oder wie ein Scheunendrescher nach einem 24-Stunden-Tag alles in mich schlang und dann noch zum Abschluss fromm „Unser heutiges Brot gib uns täglich“ sang. Um die Pflicht nicht zu kurz kommen zu lassen, stellte ich in Hinnerks Haus alle meine mitgebrachten Mäusefallen in die raffiniertesten Ecken und Winkel, die Mäuse lieben – „Wohl bekomm's!“

„Ach, wie war in Kattenvenne vordem,
den Mäusen dieses und jedes bequem!
Da kam von der großen Stadt heran
voll Mörderdrang ein junger Mann
und stellte seine Fallen auf:
Da gingen viele von uns drauf!“

Diese Einleitung in ein „Mäusetrauerspiel für öffentliche Bühnen“ blieb das Einzige, was ich theatralisch zustandebrachte – „zum Glück“, sagte mein ältester Bruder. Im Zoo freute man sich tierisch über meine Lieferungen an toten aber frischen Mäusen und schrieb das Gedeihen der gefütterten Tiere mir zu. Die merkantile Belohnung blieb nicht aus und Hinnerk und Mathilde freuten sich bei meinem nächsten Besuch übers Bargeld, das bei Landleuten je bekanntlich sehr knapp ist. Meine Mutter aber schickte mich auf die Waage und konstatierte mir eine tolle Gewichtszunahme von einem Pfund pro Kattenvenne-Besuch.
„Du gehörst zu den wenigen Menschen“, sagte Vater, „die während dieses Krieges zunehmen.“
„Ich kenne noch einen“, antwortete ich geheimnisvoll und verriet nicht einmal seine Initialen H.G., „er ist auch ein Jäger!“
Ich füge der Vollständigkeit halber hinzu, dass dieser H.G. damals noch in der Bevölkerung sehr beliebt war uns dass sich für die Allgemeinheit erst in Nürnberg herausstellte, welch ausgemachter Nazischurke er gewesen ist!

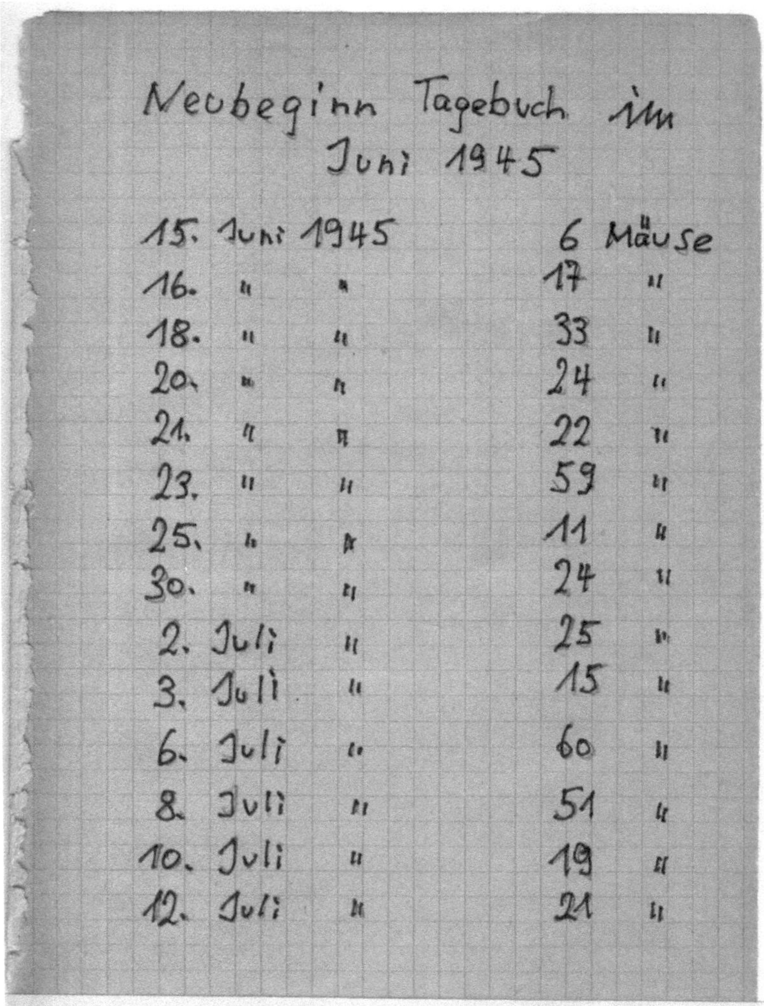

Neubeginn Tagebuch im
Juni 1945

15. Juni 1945	6 Mäuse
16. 〃 〃	17 〃
18. 〃 〃	33 〃
20. 〃 〃	24 〃
21. 〃 〃	22 〃
23. 〃 〃	59 〃
25. 〃 〃	11 〃
30. 〃 〃	24 〃
2. Juli 〃	25 〃
3. Juli 〃	15 〃
6. Juli 〃	60 〃
8. Juli 〃	51 〃
10. Juli 〃	19 〃
12. Juli 〃	21 〃

Bild 18: Eine Seite des Mäuse-Tagebuchs vom Sommer 1945

Bei unserem Aufenthalt im Sauerland entwickelte ich ein neues Hobby, wie man heute sagt, ohne das alte aus den Augen zu lassen. Zunächst aber mussten meine Fallen das Gasthaus mäusefrei machen. Das war sehr nötig, nachdem beim Stuten-mit-Sirup-Essen folgender hochnotpeinlicher Vorfall eingetreten war: Die Bedienung füllte aus einem Ein-Liter-Blecheimer Rübenkraut nach, das wir seit ein paar Tagen zur Lieblingssüßigkeit erkoren hatten: Es war selbstgemacht aus Sauerländer Zuckerrüben, schmeckte sehr vollmundig, glatt und vor allem zuckersüß, eine Geschmacksrichtung, welche A.H. nicht sonderlich behagte und die somit auch von seinen Leuten nicht bevorzugt zugeteilt wurde.

Bernsteinbraun floss das Sirup in unsere Schale auf dem Tisch, doch plötzlich machte es „plopp“ und ein ungewisses Etwas flutschte über die Schale hinweg auf den Tisch. Es war eine Maus, wie ich sofort bestimmte, und sie war so tot, wie man nach tage- oder wochenlangem Baden in Sirup nur sein konnte. Wieder wurde mir bestätigt, dass Mäuse mein Schicksal waren, denn außer mir kreischte, zeterte, lamentierte und kotzte jedermann am Tisch. Ich sorgte für eine ordentliche Mausbeerdigung im Garten und machte dann eine Inspektion des Gasthauses. Überall, selbst in den Gästezimmern, Schlafzimmern der Besitzer und Jungfrauenbudiken im obersten Stockwerk – man fürchtete natürlich ein Donnerwetter von Vaters und Mutters Seite; das ausblieb. Vater war ein geborener Kavalier und wollte, vor allem jetzt im Krieg, keinen Rabatz machen.

Meine Inspektionen ergaben, dass Mäuse im Haus waren, aber keine Katzen, die man aus Gründen der Sparsamkeit und wegen Allergien nicht halten mochte. Mein Vorschlag war: Kauf von Fallen unter meiner Beratung und Erlernen derselben durch praktische Vorführungen wie Aufstellung und Bestückung. Hier machte ich den ersten

Versuch einer Mäuseanlockung, der weltweit einmalig war und auch, so viel ich weiß, nie wieder angewandt worden ist; klar, dass ich ihn hiermit als Premiere der Öffentlichkeit vorführe: als Köder eine Tablette *Mixtura solvens*! Diese etwas scharf nach Lakritz, Salmiak und anderen Gewürzen schmeckenden Tabletten gegen Halsschmerzen, Heiserkeit und Husten waren inzwischen meine liebste Schlickerei geworden, - in einer Zeit, da Süßigkeiten immer knapper und miserabler wurden -, und immer trug ich eine Schachtel mit mir herum.

Ich lehrte die Wirtsleute also das Aufstellen der Schlagfallen und die Verwendung von Ködern. Wir machten Versuche: je drei Fallen wurden mit Schinkenwürfeln, Stücken gekochter Eier und angelutschten und aufgeklebten Tabletten Mixtura solvens bestückt. Gibt es viel zu raten, wie der Erfolg ausfiel? Um 21 Uhr, als es im Haus ruhiger geworden war, hatten wir die Fallen aufgestellt. Um 23 Uhr, als alle Bewohner zu Bett gegangen waren, kontrollierte ich die drei Mixtura-solvens-Fallen, welche im Flur, im Lagerraum und in der Küche standen – alle zugeklappt und der Bügel war den Naschmäusen exakt von oben ins Genick gefahren! Also die kleinen Leichname eingesammelt und die Fallen neu fängisch gestellt. Am anderen Morgen hatten dann alle neun Fallen auch zugeschlagen.

Der indirekte Erfolg meiner Tätigkeit zeigte sich darin, dass unsere Familie die restlichen zehn Tage des Urlaubs von den Wirtsleuten und deren Personal in einer Art und Weise bedient und hofiert wurde, als wären wir A.Hs. Familie höchstselbst. Das passte uns gar nicht, gibt es doch immer und überall Neider und Missgönner; außerdem war klar, dass A.H. hier in der ländlichen Gegend nie richtig geliebt und jetzt, wegen der Verlängerung des Krieges und drohender Niederlagen, ein Zacken nach dem anderen aus seiner unsichtbaren Krone gebrochen wurde. Aber Vater und Mutter gefiel doch, dass unsere Essensportionen von

jetzt an reichlicher und schmackhafter ausfielen als vorher – ohne dass mehr Marken vorgelegt werden mussten.
„Ja-ja", sinnierte Mutter versonen, „was unser Mäusejäger doch alles mit seinem Wirken zustandebringt!"
Bis zur Abreise mit dem Zug, - Vater hatte sein Auto abgeben müssen -, fingen meine Fallen, die ich hier vor Ort ließ, noch 40 Mäuse auf dem Anwesen, so dass ich hier insgesamt 52 auf mein Tagebuch gutschreiben konnte.

Wie schon angedeutet, hatte ich mir in Laasphe ein neues Hobby zugelegt: Schmetterlinge botanisieren. Auf den ziemlich der Natur überlassenen Wiesen und Weiden des Sauerlandes tummelten sich damals Schmetterlinge in solchen Mengen und Arten, dass man von ihnen bei Sonnenschein regelrecht umflattert wurde. Doch sie lebendig in die Botanisiertrommel stecken, das kam nicht in Frage. So setzte ich mich lieber ins Gras, auf eine Bank oder lümmelte mich auf einen Hochsitz, um dort die aktuellen „Förstergeschichten" zu lesen, Mixtura solvens zu lutschen, in Ferne und Nähe zu schauen, Butterbrote zu mampfen und dann gemächlich einzuduseln. Ja, ich war ein Sinnierer geworden, wie meine Familie meinte, doch ich betrachtete mich mehr als Beobachter und Interessierter am „öffentlichen Leben in freier Natur".

Der Hochsitz knarrte und schwankte leicht, ich beachtete es nicht und beobachtete lieber eine Haselmaus (keine echte Maus!), die hinter mir den Hochsitz bestieg. Plötzlich:
„Machste noch ein bisserl Platz für mich und Senta?"
Zweibeiner Förster Joachim von Bredo und Vierbeiner Senta von der Aar waren lautlos den Hochsitz hinaufgekommen. Ich kannte beide vom Gasthaus her und auch Senta erkannte mich wieder als einen Jungen, der Hunde zu streicheln, zu kraulen und mit ihnen zu reden wusste. Jetzt legte sie sich, ein Deutsch-Kurzhaar, vor meine Füße und beäugte mich unentwegt.

„Bist halt a Tierfreund“, sagte Joachim, „das merkt sie, und ein guter Mensch dazu.“
„Der“, antwortete ich, „schon 1.798 Mäuse um die Ecke gebracht hat:“
„Haste sie gezählt?“
„Ja, ich führe ein Tagebuch darüber.“
„Kannst du die wichtigsten Arten auseinanderhalten. Ich bin dafür, dass die Waldmaus nicht verfolgt wird, denn sie hilft uns Forstleuten bei der Vertilgung von Waldschädlingen.“
„Ja, das weiß ich. Wenn ich sie in Korb- und Kastenfallen fange, lasse ich sie wieder frei.“
Joachim schien, wie seine Senta, von mir ganz begeistert zu sein und ließ sich meinen Werdegang als Stadtjunge und Mäusefänger genau schildern.
„Hast du Lust, mich und meine Frau in unserem Forsthaus zu besuchen? Ich könnte dich mit dem Pferdewagen abholen und wieder heimbringen.“
Hatte ich, natürlich.

Nachdem meine Eltern auch nichts dagegen einzuwenden hatten, stieg ich am nächsten Morgen vor dem Forsthaus aus dem Landauer. (Vierrädrige, viersitzige, meist zweispännig gezogene Kutsche.) Dem Pferd *Arabella* spendierte ich eine Mixtura, worüber es außer sich geriet und die Tablette eine Viertelstunde lang genüsslich lutschte – wieder hatte ich einen Freund gefunden. Dem nächsten, eine Freundin gar, brauchte ich keine Mixtura zu geben: Försterin Elvira von Bredo, eine grüne Schönheit voller Lebenslust und rustikalem Temperament, sperrte mich so in ihre Arme, wie Frauen das eigentlich nur bei ihren Geliebten tun sollten – so meine wenig bedeutsame Meinung damals!

Zunächst musste ich Senta in ihrem Zwinger besuchen, die sich und mich vor lauter Wiedersehensfreude bepinkelte. Dann war da noch Dackel (Rauhaar) Bodo vom Bodo-

hof, der mir seinen durchbissenen Tennisball vor die Füße legte – das hieß, wie ich ahnte: „Komm, spiel mit mir!" Das famose Försterehepaar war perplex, wie ich mit Tieren umging, wie sie mich mochten.
„Was willste mal werden?"
„Förster natürlich."
Dann sah ich die Wanderatte, welche eine Mülltonne beschnupperte. Einen Sauerlandkieselstein aufnehmen und hinschleudern, war die Tat von zwei Sekunden – die Ratte war an Schädelbruch gestorben; „gefallen", sagte man jetzt ja lieber.
„Wo Wanderratten sind", sagte ich, „kommen auch Mäuse vor."

Aber jetzt, zum zweiten Frühstück auf der Freiterrasse, war an eine Mäusejagd nicht zu denken, es sei denn, eine oder eine Rotte von ihnen machte sich über Bienenstich, Napfkuchen, Kakao, Schlagsahne und Zucker her, welche wie in Friedenszeiten hier aufgetürmt waren. (Man verzeihe mir, dass ich in diesen Zeiten, wo unsere Soldaten auf Stalingrad zumarschierten und in punkto Verpflegung gewiss nichts zu lachen hatten, stets und immer wieder von Mitmenschen zum friedensmäßigen Prassen eingeladen wurde! Wenn das A.H. wüsste!) Noch war ich nicht, wie später nach 1945 bei Bauer Fitten, in der Lage, fünfzehn Stücke Kuchen auf einen Rutsch hin zu verputzen. Aber fünf wurden es auch hier, worüber Elvira vor Freude fast vom Stuhl fiel.
„Was ist mit dieser netten Frau los?", fragte ich mich im Stillen.
Da stimmte doch etwas nicht! Später erfuhr ich es. Jetzt gab es noch ein Mäusetheater – dort, wo ich aufkreuzte, blieb es wohl nie aus. In diesem ländlich und forstlich einsam gelegenen Haus m u s s t e es Mäuse geben, das war klar wie Tinte. Aber warum fuhrwerkte eine bei meinem Besuch hier im gegenüberliegenden Wandregal? Sollte das

eine Mausprovokation sein? Ich erhob mich, schlich nach Katzenart langsam vorwärts und wollte, was mir bisher stets gelungen war, den Burschen überraschend packen. Ha, nur den Schwanz erwischte ich, der mir durch die Finger glitt, und die Maus selbst segelte wie ein Flughörnchen durch die Luft und landete mit einem Platsch in der Schlagsahneschüssel – zu ulkig das, und wir lachten lauthals.
„In solchen seltenen Fällen“, sagte ich gönnerisch, „wenn ich sozusagen zweiter Sieger werde, bin ich großzügig bis großherzoglich: Ich lasse Gnade walten für einen Sieg der Tüchtigkeit.“
So trug ich die Schüssel samt Maus, die in der Sahne rührte, auf den Hof, wo Bodo sie auszulecken begann, ohne der Maus auch nur ein Schnurrhaar zu krümmen, er schubste sie nur aus der Schüssel. Sie leckte sich selbst von der Sahne frei und – rannte unter mäuserischem Volldampf ins Haus.

Ich musste nun von meinen bisherigen Mäuseabenteuern berichten und Joachim gab zu, dass sie nicht weniger spannend waren als seine eigenen mit Hirschen, Böcken, Keilern (Ebern), Füchsen, Dachsen und Hasen. Als ich von meinen vier Brüdern sprach glitt ein dunkler Schatten, wie ich glaubte zu bemerken, über Elviras Gesicht.
„Alles Jungens“, sagte sie und ich ergänzte „von 1923 bis 1934,“ und sie fügte hinzu „die würd ich gern mal kennenlernen.“ Das war das Stichwort für den Abend! Kraft der Kenntnis meiner Eltern sagte ich:
„Kommen Sie doch heute Abend vorbei, uns zu besuchen und mit uns im Gasthaus zu essen.“
Um das perfekt zu machen, wollten sie mich gleich heimbringen, aber erst musste ich meine Fallen im Haus aufstellen, denn sie glaubten meiner Behauptung nicht, „dass es auch bei Ihnen im Haus Mäuse gibt“.

* * * * *

Ich weiß bis heute nicht genau, woran es liegt, dass alle Menschen nett zu mir sind. Vielleicht ist das der Ausgleich für mich, weil ich ein rabiater Mäusefeind bin! Der Abend mit den Försters war für alle ein Erlebnis. Es kann nicht nur am klassisch-echten Sauerländer „Mondscheinabend zum Heldenzeugen" gelegen haben, wie man hier unkte, auch daran nicht, dass ich zweimal aufspringen musste, um neugierige Nachtmäuse zu prügeln, nein, ich glaube, das war etwas anderes im Spiel, geheimnisvolles, wovon ein zwölfjähriger Junge nichts wissen konnte. Frau Förster starrte sekundenlang uns Jungens an, die von 1923 bis 1934, wie ich schon sagte, und wieder bemerkte ich ihre latente Wehmut.

Nach dem Abendessen vertrat man sich auf unterschiedliche Weise die Füße, Mutter bummelte mit Elvira in den Park von Laasphe, saß mit ihr eine halbe Stunde lang auf der Kurbank und sie redeten, redeten, quatschten und schwadronierten so, dass Vater und Förster von Bredo sie schließlich aufsuchten und an das Ende der Veranstaltung erinnern mussten. Herr Förster und Frau Försterin versprachen, mich morgen abzuholen, damit ich nach den Mausefallen gucken konnte. Während wir feierten, fingen sich im Försterhaus sechs kapitale Hausmäuse. Neun Monate später bekam Mutter eine Postkarte, die verkündete, „bin Mutter geworden, Ihre Sie hoch verehrende Elvira von Bredo!" Mein ältester Bruder, jetzt stets uniformiert, roch hellseherisch Lunte und fragte seine Mutter unverblümt:
„Was war das für ein Ratschlag, den du der Försterin gegeben hast?"
Mutter schwieg.

Nach dem Sommerurlaub ging ich daran, im Garten Mäuse-City wieder aufzubauen und zu bevölkern. Es war leicht, im nahen Schlossgarten die Korb- und Kastenfallen abends aufzustellen und morgens gefüllt wieder abzuholen. Der Schlossgartenaufseher kannte mich und sorgte dafür, dass Besucher meine Fallen nicht finden konnten. Es wurde mir in dieser Saison zur Regel, dass ich den Mäuseeltern ihre ein-, zwei- oder dreitägigen Babies wegnahm und sie sogleich, auch abends noch, lebend zum Zoo brachte: Direktor Randow hatte mir für jedes frische junge 15 Pfennig zugesagt. Das war freilich ein Geschäft und meine Brüder wurden neidisch, weil mein Sparbuch sich rascher füllte als die ihrigen. Bis zum Jahresabschluss 1942 hatte ich es auf 120 Jungmäuse gebracht. Die gelackmeierten Mauseltern konnten nicht anders reagieren, als immer wieder neue Kinder zu fabrizieren.

Nur nebenbei, weil es nicht zum Thema gehört, aber doch unser Volk zum ersten Mal erschütterte, kann ich das Drama „Stalingrad" erwähnen. Es brach dem A.H. weitere Zacken aus der Krone, und noch weitere, weil ganz offensichtlich sein zweiter Man H.G. gegen die Luftangriffe der Briten und Amerikaner machtlos war. Schlechte Stimmung der Eltern drückt automatisch die Laune ihrer Kinder. Schon schien sicher zu sein, dass ich das nächste Schuljahr, das dritte des Gymnasiums, in der KLV antreten würde.

Anfang 1943 ging die deutsche 6. Armee in Stalingrad verloren und Mahner und Propheten riefen aus ihren Verstecken „Menetekel-Menetekel" und erwarteten die Rote Armee zu Ostern in Deutschland. Dann wäre auch Rommels Afrika-Armee erledigt. Nun denn, es musste weitergehen! Meine Sorge blieb die Belieferung des Zoos und Tierheims mit Mäusen. Kürzungen der Lebensmittelrationen für Menschen standen an, da wurde immer weniger nach dem Wohlergehen von Katzen gefragt; Hunde hatten es etwas besser, weil diese Vierbeiner auch als Kriegsteilnehmer Verwendung fanden. Lebensmittelläden und Bäckereien klagten unter der Hand, dass Mäuse infolge Kateznmangels sich frech und dreist vermehrten und man gegen ihre Küttelei und Pinkelei nicht ankomme. Das interessierte die Braunhemden wie Ortsgruppenleiter und andere Goldfasane wenig, wenn sie nicht zufällig selbst betroffen wurden.

Zoodirektor Randow bat mich im März 1943, doch einmal im Haus des stellvertretenden Gauleiters S. nachzuschauen, dessen Frau sich weigere, noch länger zu bleiben, wenn Mäuse auf den Tischen tanzen und in den Betten nisten. Das war eine politische Sache und musste Vater vorgebracht werden.

„Fahr hin und mach das Beste draus!"

Machte ich, nachdem ich dem Gauleiter gesagt hatte, ich müsse hierfür eine Ladung Mausefallen nebst Ködern wie Mettwurst, Leberwurst, Edamer Käse und Walnüsse haben. Eine Kleinigkeit für ihn, der gewiss nicht nur von den Marken lebte. Ich muss jetzt kurz einfügen, dass ich den Sohn des Gauleiters S. in der KLV kennenlernte, denn er war Schüler des zweiten humanistischen Gymnasiums der Stadt.

Als ich ins Haus kam, war die stellvertretende Gauleiterin schon zum Skilaufen nach Südtirol gefahren, ihr Mann hatte Sitzung beim ersten Gauleiter und die Haushälterin, eine echte nordische Walküre, wollte just ein paar wunderbare Stiefel in die Mülltonne werfen. Als sie mich eintreten sah, kam ihr der Gedanke, dass ein kleiner Junge auch mal größer werden und solches Schuhwerk gebrauchen kann. Sie stellte die Stiefel neben das Essenspaket, das sie im Auftrag ihres Herrn schon für mich bereitgestellt hatte.

„Warum wollten Sie die Stiefel denn wegwerfen?"

„Weil", antwortete sie lachend, „im linken eine tote Maus lag und im rechten ein Mäusenest mit Jungen."

„Und wo sind sie geblieben?"

Sie zeigte auf die Toilette und lachte wieder. Dann zeigte sie mir die Stellen, an denen sie Mäuse, die sie gar niedlich fand und nicht fürchtete, beobachtet und gehört hatte.
„Sie piepsen ganz allerliebst, sage ich dir, und machen Männchen wie Osterhasen. Musst du sie totmachen?“
„Muss ich, ja.“
Zunächst musste ich wieder einmal mitessen. In der Küche war von Mangelwirtschaft nichts zu spüren: Da gab’s Apfelsinen aus Italien, Ananas auch Kreta, Weintrauben aus Frankreich, Zitronen aus Spanien, Butter aus Dänemark, Wein aus der Türkei und der Schweiz, Trockenfisch aus Norwegen, Pralinen aus Belgien und Käse aus Holland.
„Alles geraubt und geklaut“, sagte Haushälterin Marianne dreist.
Dann gab sie mir ein Original-Paket, das die Post gestern gebracht hatte: 50 der allbekannten Mausefallen aus Holz! Nun, dann konnte die Schlacht ja losgehen! Auch die von mir verlangten Köder lagen in solchen Mengen bereit, dass unser Haushalt wenigstens eine Woche von ihnen leben konnte.
„Beziehungen muss man haben“, kommentierte unsere Auguste, als ich die Sachen mitbrachte, „dann ist ein Krieg kein Problem.“

Eine Stunde dauerte es, bis ich das Anwesen soweit unter die Lupe genommen hatte, um beurteilen zu können, wie viel Fallen aufgestellt werden mussten und wo. Dann noch einmal eine Stunde Arbeit, um die Fallen mit den Leckerbissen zu beködern. Und dann war es Nachmittag geworden und damit Essenszeit.
„Was magste denn am liebsten?“
Marianne freute sich ganz offensichtlich, mich betüteln zu dürfen.
„Bienenstich“, antwortete ich aufs Geradewohl, „aber auch Butter- und Streuselkuchen, dazu warmen Kakao. Ich hab aber keine Marken mit.“

Marianne winkte freundlich ab.
„Brauchen wir hier nicht. Butterkuchen habe ich heute frisch gebacken, kannst dir dein Bäuchlein vollschlagen.“
Wir saßen am Tisch, aßen und tranken, sie erzählte von ihrem verkorksten Leben, seit „ich hier bei diesem Obernazzi in Stellung gegangen bin“, und fügte hinzu, wenn sie es nicht getan und stattdessen verheiratet wäre, „dann hätte ich jetzt einen Buben, wie du einer bist“.
„Kannste nachholen“, sagte ich, „nach dem Endsieg bestimmt...“
Eine Hausmaus fiepte unterm Tisch, wohl Kuchenkrümel erwartend. Ich gab ihr einen Tritt, dass sie zur Wand flog und sich an kostbaren Paneelen das Genick brach.
„...wenn dann mein Karle noch lebt“, ergänzte Marianne meinen abgebrochenen Satz, „und mich haben will.“
Eine zweite Maus, gewiss der Ehemann der ersten, kam aus einem verborgenen Loch hervor, sah seine Ehefrau da liegen und besprang sie sogleich – sein letztes Erdenwerk, denn ich warf das Kuchenmesser auf ihn.
„Du bist ja ein ganz gefährlicher Bursche“, sagte Marianne, „der Führer sollte dich gegen die Russen einsetzen.“
„Hat mein Hitlerjungen-Fähnleinführer auch schon vorgeschlagen“, stimmte ich zu, „dann hat man ihn, nicht mich, nach Kiew geschickt, wo er prompt gefallen ist.“

Unter derlei gemütlichen Gesprächen war die Zeit gekommen, den Mäusekrieg hier zu beginnen. Zwanzig Fallen konnte ich in in den Gebäuden unterbringen, zehn im Garten an den Mauern entlang, noch einmal zehn im Gartenhaus, das wie ein Liebesnest eingerichtet war – nun, die hier heimischen Mäuse haben Geschmack gehabt! Von den Ködern hatte ich nur ein Zehntel verbraucht, vielleicht gelang es mir, den größten Teil unbeschadet nach Hause zu bringen.
„Willste schon nach Hause?“
„Ja, muss noch Schularbeiten machen.“

„Das geht nicht“, bestimmte Marianne forsch, „der Herr... Gauleiter hat angerufen und möchte mit uns...mit dir zu Abend essen.“
„Dann müssen Sie zu Hause anrufen und bestellen, dass ich später kommen werde.“
„Peng“ machte es unterm Sofa. Die Todessinfonie der Mäuse hatte also schon begonnen.

Der Herr stellv. Gauleiter S., der seine Stellvertretung auch auf Marianne zu beziehen schien, - wie ich arglos argwöhnte -, war ein jovialer Mann der Art, wie A.H. sie gern um sich haben wollte: kleinbürgerlich, popelig, treu ergeben, kein Diadochentyp (Nachfolger) und fürs fünfte Kriegsjahr ziemlich vollgefressen.
„Heil H., mein Junge!“
Ich wollte auch „heil H.“ sagen, da sagte es „Peng“ unter der Kommode. S. ging ins Schlafzimmer, um seine braune Goldfasanenuniform gegen einen bunten und sehr lockeren Feierabendanzug zu tauschen, wo es auch wieder „Peng“ sagte, und schon setzten wir uns an den Tisch, den Marianne wie für einen orientalischen Pascha gedeckt hatte. (Ich erspare mir die Aufzählung der Kulinaritäten). Es wurde ein richtiges Arbeitsessen, kein Arbeiteressen natürlich, und ich musste, - was Mutter sicherlich zur Verzweiflung gebracht hätte, - meistens mit vollem Mund Rede und Antwort stehen: über mich, meine Schule, meine Ferienpläne, meine Familie und meine Mäuse.

„Peng“ machte es wieder in der Nähe. Später erfuhr ich von Marianne, dass S. durch seinen persönlichen Geheimdienst unsere Familie und mein Mäusetreiben längst observiert hatte.
„Mein Junge“, erzählte S., „der in deinem Alter ist, (Peng), wird im August nach Tegernsee fahren...“
„Ich auch, Herr Gauleiter.“

„...im Zuge der vom Führer angeordneten KLV. Sie ist dafür da, sagte der Führer unserem Gauleiter W., dass die Jugendlichen, die bald in seine HJ eintreten werden, einmal mehr von der Welt sehen als ihre Heimat.“
„Peng.“ (Diese Darlegung des Sinns der KLV war erstunken und erlogen). Sechs Hausmäuse waren also bereits hops, ehe eine rechte Mäusenacht angefangen hatte.

* * * * *

Als ich am nächsten Morgen, ein Sonntag, zum Kontrollieren der Fallen kam, waren S. und Marianne „ein wenig ausgegangen“, und ein Wachmann sagte mir, ich könne überall reingucken, „der Chef hats erlaubt“. Und „Donner und Doria“, „Sakramento“ und „Caracho“:
„So etwas hat die Welt noch nicht erlebt!“
Alle Fallen hatten zugeschlagen, die meisten wie üblich ins Genick, andere auf Mäusehände und Mäuschenfüße, so dass die Betroffenen mit der Falle als Anhängsel noch hatten wandern können; ich fand sie alle. Und warum ertönten meine eben erwähnten Ausrufe? Weil ich der Meinung war und heute noch bin, dass, wenn vierzig Fallen vierzig Mäuse fangen, ein Weltrekord aufgestellt worden ist! (Ich lasse mich gern gegenteilig belehren!)

Wieder war's eine Mordsarbeit, die Fallen zu leeren und neu fängisch zu stellen. Am Montagnachmittag würde ich zur Kontrolle wiederkommen. Dem Zoodirektor klappte die Kinnlade herunter, als ich meine Beute ablieferte.
„Hoffentlich zahlt der Mann auch“, sagte er, während er mich honorierte.
Keine Angst! Marianne zahlte mir am Montag, als sich nochmals 25 Mäuse gefangen hatten, „im Namen des Herrn 100 RM“ aus – da konnte man schon noch einmal „Donner und Doria“ sagen!

Nachdem ich ungewollt mitgehört hatte, wie Mutter zu Vater sagte, „er ist doch wohl nicht überkandidelt oder hyperaktiv“, da beschloss ich erst einmal im Lexikon nachzusehen und danach den eigenen Ofen etwas weniger anzuheizen. Das Lexikon verkündete:
„Hyperaktiv ist ein überaktiv bewertetes Verhalten.“
Ja, es stimmte etwas daran! Während meine Brüder, vom ersten als Soldaten abgesehen, ihre Freizeit mit der elektrischen Eisenbahn, dem Stabil-Baukasten, mit Karl-May-Lesen und Fußballspielen in aller Ruhe und Gelassenheit verbrachten, krauchte ich im Busch herum und spielte nicht oder selten mit meinesgleichen. Da mochten mich manche Leute freilich als komisch und abartig ansehen. Lassen wir sie gewähren!

Ich muss nun erwähnen, weil es für meinen vierten Mäusefeldzug unerlässlich ist, dass ich 1942 angefangen habe, gerne mucksmäuschenstill in der freien Natur oder Landschaft herumzusitzen und scheinbar zu dösen: Auf Hochsitzen vornehmlich, die von Jägern auch „Kanzeln“ genannt werden, in getarnten Bodenverstecken, die von Jägern auch „Schirme“ genannt werden, oder auch sonstwie frei in warmer Sonne oder vor kalten Winden geschützt; manchmal lesend. Natürlich hatte ich von Vater ein gutes Fernglas (Marke Hensoldt!) geschenkt bekommen. Ich beschloss jetzt, in den kommenden zwei Wochen Ferien in Blomberg „viel beobachtend herumzusitzen“.

Im Mai 1943 trat inmitten Deutschlands eine Katastrophe ein, welche unglaublich schien, eine britische Meisterleistung von Navigation war, etwa 1.600 Tote Zivilisten kostete, Millionen Fische und andere Wasserbewohner umbrachte und, - hier kommt mein Thema ins Spiel -, eine ganz und gar uneinschätzbare Anzahl tierischer unteridischer Bewohner zum Ersaufen, Ertrinken und natürlich ums Leben brachte: Ich bleibe beim Thema und nenne nur all jene Feld-, Wald-, Haus-, Zwerg- und Rötelmäuse, die im Tal der Möhne ihren Lebensunterhalt gefunden hatten.

In der Nacht vom 16. auf den 17, Mai des Jahres zerstörten britische Bomber, von der Insel herkommend, in einem überraschenden Luftangriff die Staumauer des Möhnesees. Eine fünf- bis siebenmeter hohe Flutwelle brach aus dem See und stürmte, nur langsam niedriger werdend, in Richtung Ruhrgebiet durch die Landschaft und verschiedene Flussläufe bis nach Duisburg hinüber. Normalen Überschwemmungen, die meist einen langsam steigenden Wasserstand aufweisen, können Erd- und Baubewohner wie Maulwurf, Dachs, Fuchs, Spitzmäuse, Bisams, Nutrias, Reptilien und echte Mäuse rechtzeitig laufend oder schwimmend ausweichen.

Als ich nach dem Eintreffen dieser Unglücksnachricht das Thema „Abermillionen Mäuse ertrunken“ in der Schule, nach der Schule, in der H.-Jugend, zu Hause, bei Cilly Meyer und im Zoo ansprach, schauten mich alle außer Vater und Mutter, Cilly und die Zooleute an, als sei ich von einem anderen Stern auf der Erde gelandet:

„Wie kannst du an Millionen Mäuse denken, wenn Tausende Menschen ertrunken sind!“

„Wie kaltschnäuzig von dir, hier an Mäuse zu denken.“

„Sollte man A.H. melden, dein Verhalten...“

Ich habe es hier der Ordnung halber dennoch nachträglich getan!

Anfang Juli 1943 bereitete ich Mäuse-City zur Auflösung vor. Alle Bewohner groß oder klein, Feld-, Haus- oder Wühlmaus, 35 an der Zahl, wurden dem Zoo übereignet. Von Teepen Hinnerk holte ich den eingefrorenen Mäusevorrat ab, insgesam 100 Stück, und überließ ihn dem Tierheim. Dann fuhren Mutter, mein jüngster Bruder und ich „zur Erholung“ nach Blomberg im Lipperland...

* * * * *

Der vierte Mäusefeldzug

Es wurde unser letzter halbgemeinsamer Ferienaufenthalt. Am blauen Julihimmel zogen Schwärme amerikanischer Tagbomber dahin, ohne von deutschen Abwehrjägern belästigt zu werden, am dunklen Nachthimmel waren es britische Bomber, welche ihren Inhalt über Deutschland abluden. Flakfeuer dröhnte auf, und wenn Dortmund bombardiert wurde, bebte hier der Boden und klirrten die Fenster des Gasthofes „Deutscher Hof". Eine Kuh starb unter himmlischem MG-Beschuss, eine Rathausuhr wurde auch getroffen.

Ich sonderte mich mehrmals für Stunden von Mutter und Bruder ab, um zu meditieren. Das sah dann so aus: Ich setzte mich im Halbschatten auf einen Fichtenknubben, der wie ein Schemel dastand, lehnte mich an den Fichtenstamm hinter mir, kramte Wegzehrung oder Geisteszehrung wie „Winnetou I" hervor und begann zu essen, zu lesen, zu dösen, auch meditieren genannt: Flugzeuge hin – Krieg her! Vielleicht würde ich Wild sehen und Auerhähne kullern hören. Doch Christian Morgenstern dichtete einmal aus Erfahrung:

„Ein nervöser Mensch auf einer Wiese wäre besser ohne sie daran..."

Hockt man im Sommer in trockener Gegend, kommen Blutsauger wie Bremsen, sitzt man in feuchter Gegend, kommen Blutsauger wie Mücken... Hier weckten mich meine Lieblinge: Mäuse. Ich bemerkte sie erst, als mein Butterbrotspapier raschelte und sich bewegte. Dann bewegte sich der Zipfel der Zervelatwurst, den ich fortgeworfen hatte, und als eine Jungmaus auf meinem Buch genau dort Pipi machte, wo „Old Shatterhands Faust schnellte vor" stand, wusste ich, dass der Mäusekrieg wieder eröffnet war.

Es war zu spät, in der Stadt Fallen zu kaufen. Darum begann ich das Gelände für die morgige Offensive einzuschätzen. Wo es mir gefiel, schien es auch Mäusen Vergnügen zu bereiten: Ein südlicher Hang, leicht der Sonne zugeneigt, trocken, viel Wurzelwerk für Verstecke, sandiger Boden zum Graben durch dünne Pfötchen geeignet, mittlerer aber verschieden gewachsener Pflanzenbestand – ein Mäuseparadies auf Erden. Feldmäuse und Rötelmäuse bildeten seine Bevölkerung, die offensichtlich bisher wenig Kontakt mit Menschen gehabt hat. Ich machte einen Test und opferte den letzten Rest meines Nachmittagbrotes – das fiel mir diesmal nicht leicht, weil die Verpflegung im Gasthaus, nur auf Marken, ziemlich mickerig für einen dreizehnjährigen Jungen war. Ich überlegte schon, ob ich den hangabwärts liegenden Bauern, der wohl der Inhaber der großen Himbeerfelder war, meine Dienste anbieten sollte – das erledigte sich übermorgen von selbst!

Meine Brotbröckchen wurden im Mäusehandumdrehen entdeckt, und wo eine Maus Beute macht, folgen ihre Kollegen nach; genau wie beim Menschen! Jungmäuse, die gestern oder heute ihr Nest verlassen hatten, wurden nach drei, vier Minuten so dreist, dass sie mir von den Fingern fraßen und in die Hosentaschen kriechen wollten. Dann legte ich eine Mixtura solvens aus und hätte, wäre ich mit einer Filmkamera bewaffnet gewesen, die tollsten Werbeaufnahmen machen können. Man stelle sich folgende Szene vor: Eine Maus hockt sich auf ihren niedlichen, beschwänzten Hintern, hält diese braune Tablette in den Pfoten und beginnt ekstatisch zu lecken und hingebungsvoll zu knabbern – da fehlt tatsächlich nur noch die Filmmusik!

Ich war nun sicher, morgen, wenn das Wetter gut blieb, einen Mäusekrieg eröffnen zu können, „der sich gewaschen hatte“ und so lief, dass dieses vertrauensvolle Mäusevolk vor meinen Augen in die Fallen tapsen würde. Jetzt hätte ich Dutzende erschlagen oder zertreten können, doch ich wollte einen fairen Krieg. Nicht nur ich wusste um diese Mäusekolonie Bescheid: Über mir rüttelten zwei Turmfalken und ließen sich nicht stören, im Sturzflug in das Volk zu stoßen und einen Bewohner rasch mit in die Lüfte zu nehmen. Hundert Schritt weiter saß ein Bussard im Baum, der sein Namensbeiwort „Mäuse“- rechtfertigen, aber meinen Abgang wohl abwarten wollte. Ein Hermelin war hier Stammgast und aß scheinbar Mäuse, nichts als Mäuse. Es war mir klar, dass Fressfeinde dieser Population niemals ein Ende bereiten konnten – da musste erst ein Mensch herkommen!

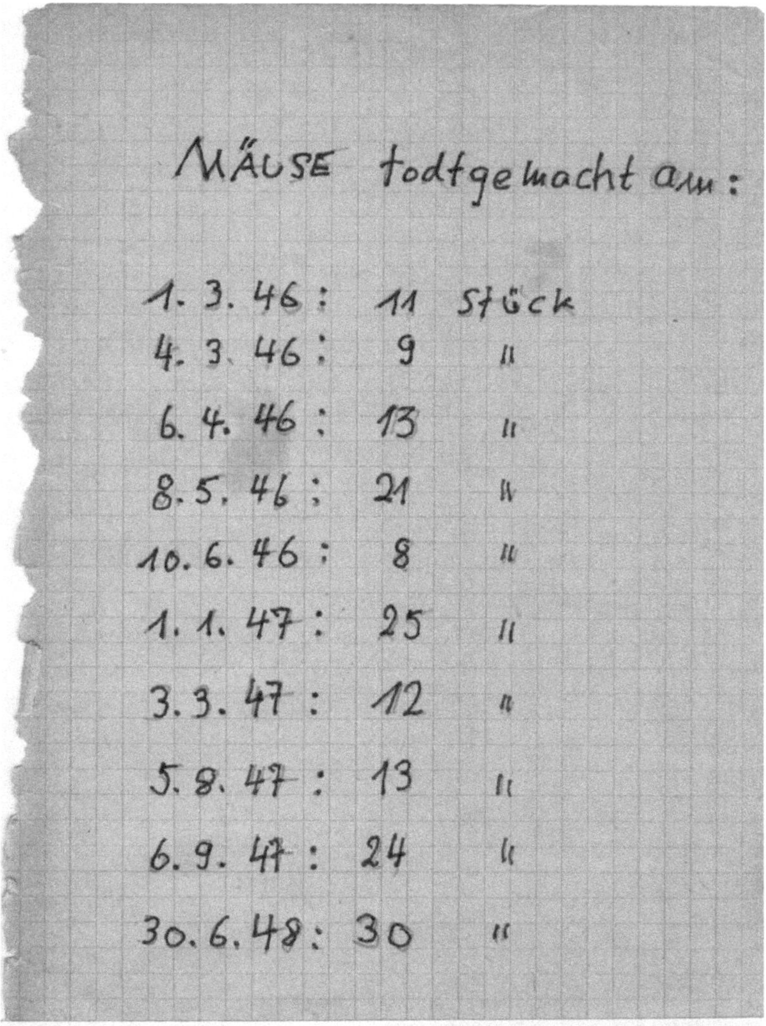

MÄUSE todtgemacht am:

1. 3. 46: 11 Stück
4. 3. 46: 9 "
6. 4. 46: 13 "
8. 5. 46: 21 "
10. 6. 46: 8 "
1. 1. 47: 25 "
3. 3. 47: 12 "
5. 8. 47: 13 "
6. 9. 47: 24 "
30. 6. 48: 30 "

Bild 19: Die Fortführung des Tagebuchs von 1946 bis 1948

Am nächsten Morgen kratzte ich mein Reisegeld zusammen, - Mutter war's ganz recht, wenn ich sie mit dem Jüngsten, im Dezember 9 werdend, allein ließ -, und kaufte im Sammelsuriumladen zehn Schlagfallen. Vom Frühstück her hatte ich mir das Morgenei eingesteckt, auch Salz in eine Schachtel getan und die Scheibe Brot, die mein Bruder übrigließ, in meinem Rucksack verstaut. Mutter spendierte dann noch drei „Kriegspralinen" und zwei Sommeräpfel dazu. Das Wetter stimmte, los ging's dem vierten Feldzug entgegen!

So etwas hatte ich noch nicht erlebt und vor mir gewiss noch kein Homo sapiens vom Steinzeitmenschen bis zum Zeitgenossen: Noch während des Fängischstellens der sparsam beköderten Fallen klatschten die ersten zu, ich konnte kaum nachkommen und verpasste so das Näherkommen von Bauer Ernst Niedringhaus, der mich vom Hoftor aus beobachtet und sich wie eine Schleichkatze angeschlichen hatte.

„So etwas habe ich noch nicht erlebt", sagte er in lippischplatt, das ich nicht niederschreiben kann, und er fügte hinzu, „morjen, junger Mann, was machste denn mit den toten Mäusen, haut deine Mutter sie in die Pfanne?"

Na, der hatte ja einen komischen Humor!

„Gibt's in Blomberg ein Tierheim?", fragte ich gegen.

„Ne, hier hat man keine herrenlosen Hunde, Katzen und Meerschweinchen wie in den Großstädten. Warum fragst du danach?"

Jetzt erklärte ich ihm, während immer wieder Mäuse in die Fallen gerieten, was ich zu Hause mit ihnen anfing und dass ich sie verkaufte.

„Gib mir alle", sagte er und reichte mit jetzt erst seine verschwielte Hand, „meine Haus- und Perlhühner fressen sie leidenschaftlich gern und ich gebe dir und deinen Eltern, - sie sind doch auch hier? -, was zu futtern mit, ohne Marken und so."

Wir mussten wegen der oben durchreisenden Amerikaner lauter reden. Die Mäuse störte das Dröhnen der Viermotorigen nicht. Ich erklärte mich einverstanden und versprach, am Nachmittag die Beute vorbeizubringen.
„Essen Ihre Hühner denn tote Mäuse?", fragte ich skeptisch.
„Ja, tun sie, aber am liebsten lebende. Kannste die auch kriegen?"
„Kann ich. Kaufe mir morgen Fallen zum Lebendfangen, da tappert alle fünf Minuten eine rein, wetten?"
Wetten kannte er nicht. Jetzt nahm er meine bisherige Beute mit, 22 tote Mäuse und bat mich, die übrigen gegen 17 Uhr vorbeizubringen.

* * * * *

Kaum war Ernst gegangen, tauchte neuer Besuch auf: Forstadjunkt, - so sagte man damals -, Horst Förster, (er hieß tatsächlich so!), mit seinem Jagdsetter „Pack vom Adlerhorst". Ehe der Grünrock etwas sagen konnte, war Pack bei mir und begrüßte mich wie ein Vater seinen in der Fremde seit Jahren vermissten Sohn es tun würde, so dass ich ihn umarmen musste, um seine unbändige Freude etwas zu zügeln – denn mich von Hunden abschlecken zu lassen, war nicht meine Leidenschaft. Unterdes begutachtete Horst meine in der Sonne ausgebreitete Beute, eine richtige Leichenschau war das!
„Was machst du hier, Junge?"
Immer dieses „Junge"!
„Ich bin amtlich bestellter Mäusejäger", schwindelte ich, „und fange hier die Überpopulation der Feld- und Wühlmäuse weg. Die Toten verkaufe ich an Bauer Niedringhaus da unten."
Er fühlte sich wohl etwas veräppelt. Dann musste ich ihm von mir und meiner Familie berichten, wo wir wohnten

und herkamen und wie ich dazu käme, mich derart mit Mäusen zu beschäftigen.
„Schon seit Kindesbeinen liebe ich die Kleinen“, sagte ich dichtend.
Pack wurde immer mehr seinem Herrn untreu und schaute mich so verliebt an, wie selbst Marianne, des Gauleiters Haushälterin, es nicht gewagt hätte. Inzwischen stelzte Ernst Niedringhaus noch einmal von unten heran:
„Hier bringe ich dir einen Eimer, mein Junge, wo du die lebenden Mäuse reintun kannst.“

Er kam gerade richtig zurecht, damit ich meine neueste Fangmethode ihm, Horst und Pack vorführen konnte. Denn eine Gruppe tollpatschiger Jungmäuse wuselte so um mich und meine Handvoll Lockspeisen herum, dass ich jedes einzelne Tier aufnehmen und in den Eimer Ernsts legen konnte – fürwahr eine Mäusejagd, wie sie die Erde noch nie geboten hatte! So brauchte ich die Mäusekinder nicht umzubringen, sie lebten noch solange, bis Ernst sie nach Hause mitnahm und sie seinem hungrigen Geflügel zum Fraß vorwarf – da freilich gab’s für sie nichts zu lachen: Wie das geschah, werde ich am Tagesende beschreiben.

Der gute und nette Ernst hatte mir auch ein Kochgeschirr voller Erbsensuppe samt Löffel mitgebracht, „und viele Grüße von meiner Frau und Guten Appetit“, welche ich unter den gierig-hungrigen Augen Packs soweit auslöffelte, dass für ihn, Pack, noch eine Handbreit übrigblieb. Ich wusste nicht, wie hungrig so ein Jagdhund um die Mittagszeit sein kann, aber Pack tat so, als habe er überhaupt in seinem Hundeleben noch nichts zu essen bekommen. Ernst trabte vondannen, mir einen neuen leeren Eimer für die Nachmittagsbeute zurücklassend.

Horst Förster schaute ganz perplex drein, wie ich mit erwachsenen Menschen und Hunden umgehen konnte. Wir machten es uns bequem, er rauchte Pfeife, ich machte mit

einem Grashalm Mäusefiepen nach, gemeinsam schimpften wir auf die fliegenden Amerikaner da oben und wurden besonders aufmerksam, als deutsche Jäger, (ich meine nicht Grünröcke wie Horst!), sondern Messerschmitts und Focke Wulfs aus H.Gs. Beständen, sich an die Viermotorigen heranmachten.
„Was uns heute geboten wird“, schwärmte Horst, „fehlt nur noch eine Bombe hier hinein oder eine Fallschirmlandung mitten unter die Mäuse.“
Etwas ähnliches geschah sogleich, aber weiter südlich, wo zwei Bomber in einem harten Luftgefecht abgeschossen wurden und einige Fallschirme zur Erde segelten.
„Welch ein Wahnsinn“, sagte Horst, „und ich muss ihn im nächsten Jahr mitmachen!“
Ich erzählte von meinem ältesten Bruder, der noch im September an die Ostfront müsste, und vom zweitältesten, der noch in der Ausbildung war. Ich merkte jedoch, dass Horst sich in seinen Äußerungen zurückhielt – wer traute heute noch jedem! Pack jedenfalls mir, und Horst hätte ihn, als er sich verabschiedete, bei mir lassen können.
„Bist du morgen auch wieder hier?“
„Ja, zweimal noch, dann geht's heimwärts.“
Ich fügte noch hinzu, dass ich in einer Woche zur KLV abgehen würde. Pack musste per Halsband mit sanfter Gewalt von Horst mit fortgezogen werden...

Ein paar Meter vom Mäuseschlachtfeld legte ich mich zu einem Nickerchen nieder. Ernsts Emailleeimer, in den ich mein eingewickeltes Butterbrot für den Nachmittag gelegt hatte, stand neben mir unter dem Holunderstrauch. Lass andere Kriege führen – ich wollte jetzt ins Reich der Träume gleiten. Das gelang wunderbar, denn meine Kampferschöpfung war groß und innig, und träumte ich nebenher von Mäusen, sollte es mir recht sein.

„Der Schlaf ist doch die köstlichste Erfindung!“

Sagte schon Heinrich Heine. Aber die Menschheit hat erfahren, dass des einen Schlaf des anderen Arbeit ist: Sonst würde es nicht so viele Diebstähle und andere Klauereien geben! Auch die Mäuse dieser Erde scheinen in Jahrmillionen die Erfahrung gemacht zu haben, dass ihrer Feinde Schlaf die Grundlage ihres erfolgreichen Überlebens ist.

Warum philosophiere ich hier auf der Waldlichtung? Weil ich beim Erwachen nach einer Stunde Tiefschlaf ohne Träume feststellen musste, dass Spitzbuben mich beklaut hatten! Vierbeinige! Freilebende! Von mir Verfolgte! Ja, im Eimer hockten zwei Waldmäuse (Apodemus) und ließen sich mein Kriegs-Nachmittagsbrot so herzhaft schmecken, dass sie mein Erwachen nicht bemerkten. Eine dritte Waldmaus, fein dunkel-hell gezeichnet, bekletterte soeben das Gezweig über dem Eimer und ließ sich in diesen fallen.

Ist es nicht natürlich, dass ich vor Erstaunen und Anerkennung solcher Leistung völlig perplex war? Dass ich als ausgemachter Tierfreund ein paar Tabletten Mixtura solvens in den Eimer fallen ließ? Sie wurden sofort hergenommen und halfen den Tieren wohl, ohne Erkältung über den Sommer zu kommen. Mein Magen knurrte. Das musste Herr Niedringhaus vernommen haben, denn plötzlich stand er vor mir, setzte sich und übergab mir „mit Grüßen meiner Frau“ eine Flasche Milch und zwei Stullen eines Weißbrots, das jede Sünde wert war. Er holte außerdem die tote und lebende Beute ab, außer den Waldmäusen, die, wie ich erläuterte, der Marschall H.G., ein Jäger und wie ich Tierfreund, unter A.Hs. Schutz gestellt hatte:

„Die dürfen nur von Amerikanern und Briten getötet werden.“

Irgendwo im Westen fielen Bomben, Flak belferte. Ernst sagte:

„In meinem großen Himbeerfeld unten tummeln sich auch viele Mäuse.“

Ich ließ sie mir beschreiben und antwortete:

„Das sind Zwergmäuse Micromys minutus..."
Er unterließ das Ziehen an der Pfeife, wegen der beiden Fremdwörter.
„...denn nur sie turnen so behende in den Zweigen rum und bauen kugelige Nester. Auch sie hat H.G. unter Schutz gestellt."
Ich wusste nicht genau, ob das stimmte, wollte aber nicht, dass er mich auf sie hetzte.
„Heute Abend", sagte er und nahm den Mäuseeimer in die Hand, einen neuen leeren an seine Stelle setzend, „kannst du bei uns essen, sagt meine Frau, denn du hättest ja nix auf den Ringsten (Rippen)".
„Danke, ich komme so um 6 Uhr und bringe die letzten Mäuse mit."

* * * * *

Vor dem Essen steht die Pflicht, das ist sowohl bei Diktaturen wie in Demokratien so: Hier galt dieser Grundsatz dem Füttern des Geflügels. Was ich nun sah, hätte jeden Vegetarier in Raserei gebracht! Ernst schüttete zuerst meine toten Mäuse aufs Pflaster vor dem Hoftor, welche vom Hühnervolk mühsam in schnabelgerechte Stücke gehackt und in den senkrecht nach oben gerichteten Schlund befördert wurden. Derweil schaute Hofkater *Mucki* gelangweilt abwartend zu, desgleichen Puter *Lux* oder *Luchs* und dessen drei Haremsdamen, Puten genannt. *(Puta,* erfuhr ich später, sagt der Amerikaner zu so genannten leichten Damen). Diese fünf Persönlichkeiten warteten ganz offensichtlich auf Besseres als tote Mäuse. Was gab es Besseres für sie? Lebende Mäuse! Diese ließ Ernst jetzt frei. Ich erwartete, dass die graubraunen Flitzer jetzt flitzen würden – nichts davon. Die erwachsenen unter ihnen hockten sich auf die Käulen und bepeilten die Lage, ihren Jungen, klüger als sie, wollten türmen. Klatsch, war Mucki da und gab einigen von ihnen solche Maulschellen, dass sie Lux und seinen Puten vor die Schnäbel rutschten; „schwuppdiwupp“ machten diese und verschlangen die Jungmäuse, die dabei jung, heil und unverletzt blieben, ohne Hacken und Zergeln in einem Schwupp in ihre Kröpfe. Führwahr die Szenerie einer Natur, die weder Gnade noch Hass kennt!

Das Abendessen der Bauersleute und meiner ehrbaren Gesellschaft verlief natürlich weniger archaisch. Eine 60-Zentimeter-Bratpfanne stand auf dem Tisch, alle Teilnehmer der Unternehmung, - ich, das Ehepaar, drei Kinder, je eine Magd und ein Knecht -, besaßen jetzt je eine Gabel und stocherten hungrig und erfolgreich in einer Fuhre Bratkartoffeln, die bei uns zu Hause für eine Woche ausgereicht hätte. Wie sagt ein Sprichwort, das ich bei Cilly an der Tapetenwand aufgehängt gesehen und gelesen hatte:

„Mit Essen, Trinken und Sichbesinnen
geht der halbe Tag vonhinnen.“

Die Männer tranken Bier, die anderen löffelten Dickmilch dazu. Frau Niedringhaus schaute mich an, als müsste sie mich adoptieren. In Wirklichkeit dachte sie, wie mir der Knecht verriet, „den möchte ich einmal richtig aufpäppeln“. Ich sagte nach dem Essen:

„Ich hätte nicht gedacht, hier in zwei Tagen über hundert Mäuse erlegen zu können.“

„Ja“, sagte Frau Niedringhaus, „das war eine tolle Sache, die Hühner legen schon doppelt so viel Eier wie gestern und vorgestern.“

„Aber jetzt muss ich nach Hause, sonst schimpft Mutter wie ein Rohrspatz.“

Da hatte ich plötzlich viel zu schleppen: Zehn Eier in der üblichen Schachtel, ein Kilo Schinkenspeck, einen Klacks echte Butter, ein Glas Himbeermarmelade, drei Schnitzel gebraten „zu heute Abend für dich, deine Mutter und deinen Bruder“, und ein Glas eingemachte Honigbirnen. Frisch gestärkt wie ich war schleppte ich alles davon, nachdem ich „Auf Wiedersehen bis morgen“ in den beginnenden Abend gerufen hatte. *„Bello“* der Hofhund lief eine Weile mit und erhielt als Dank ein Stück eines der Schnitzel. Mutter gab dann einen Teil der Mitbringsel in der Küche ab und am nächsten Morgen schwelgten wir im klassischen Rührei mit Speck und frischer Marmelade mit fetter Butter auf Lipper Stuten. Ich schlug Mutter vor, mit Vater zu telefonieren und ihm anheimzulegen, mich statt nach Tegernsee zu schicken, hier unterzubringen, vielleicht bei Niedringhaus oder hier im Deutschen Haus zu Blomberg. Er lehnte im kategorischen Imperativ ab...

Am dritten und letzten Tag meiner Mäuseschlacht ging es noch einmal hoch her. In der Gasthausküche hatte man mir, plötzlich sehr entgegenkommend geworden, Speck und Schinken leicht angeröstet und eine Schachtel Lipper Trockenpflaumen mit dem Bemerken gegeben, „davon werden Mäuse total wahnig und vergessen jede Vorsicht“; ich würde ja sehen. Mein Bruder war mit von der Partie, verlor aber nach zwei Stunden das Interesse und ging heim zu Muttern. Folgende Personen schauten mir heute eine Weile und sehr kritisch zu, weil sie den Augenzeugenberichten vom Vortag nicht glauben wollten: Horst Förster und sein Chef Oberförster Werner Kracht, Jagdherr Friedrich von der Aar und Dr. Karl Wirdemann, Zoologe im Ruhestand. Sie sahen zu, wie ich die über Nacht aufgestellten Fallen von den Opfern entleerte, sie neu mit Speck und Schinken bestückte, wie die Mäuse es gar nicht abwarten konnten, in die Fallen zu gehen und wie ich sonst scheue Altmäuse mit einem Brei aus Lakritz, Zucker und Salz übertölpete. Bauer Ernst war stets dabei, wenn ich aussortierte und die Waldmäuse weiter entfernt in die Freiheit entließ. Der Oberförster war ganz begeistert und schilderte frühere Schäden, welche Wühlmäuse an frischen Pflanzungen und Kulturen angerichtet hatten.

Alles in allem war die Fachwelt von meinen Methoden begeistert, zweifelte jedoch daran, dass sich viele Nachfolger finden lassen würden:
„Jetzt, in diesen Kriegszeiten“, wieder brummten Tagbomber am Himmel und ihre gelangweilten Bordschützen beschossen Rinder und Pferde auf den Weiden, „wo jedermann an der Front gebraucht wurde und Jungens von 16 oder 17 als Flakhelfer neben ihrer Schulzeit eingesetzt werden.“
Einer wollte wissen, wie lange ich hier noch wirken wolle, und ich gab an, in Kürze mit der KLV verschickt zu werden. Da schienen sie aufzuatmen. Oberförster Kracht steckte mir einen Geldschein zu, „junger Mann, für deine Aufwendungen“, und verdrückte sich mit den anderen.

Bauer Ernst und ich, wir bekämpften weiterhin diese Mäusekolonie, bis sich am Spätnachmittag abzeichnete, dass ein Gewitter im Anzug war. Also Ende er Kampagne! 45 Mäuse hatten ihre Fress- und Neugier heute mit dem Leben bezahlen müssen. Hahn und Co. und Puter-GmbH schlemmten noch einmal in Mäusefleisch, dann war Abendessenzeit. Mutter kam mit Bruder herübergewandert, so war’s eine ziemlich große Abschiedstafel mit allem Drum und Dran bäuerlichen Appetits.
„Bis nach dem Krieg auf Wiedersehen!“
Daraus wurde nichts: Alle hier vorgestellten Personen habe ich nie wiedergesehen...

* * * * *

In der Diaspora von 1943 bis 1944

Es ging nun los! Was ist mitzunehmen? Was kann gepackt werden? Sollen Mausefallen mitkommen nach Tegernsee? Und jetzt meldeten sich einige Propheten, welche, ich verkündige es hier vorab, allesamt falsche waren:
Vater: „Deine Karriere als Mäusetöter ist beendet.“

Mutter: „Du wirst dort keine Zeit haben, dich deinen Mäusen zu widmen."
Auguste: „Lass endlich deine Finger von den Viechern!"
Ältester Bruder: „Du kannst dort mit ihnen kein Geld verdienen."
Zweitältester Bruder: „Es ist Krieg, es wird genug herumgemordet, lass die armen Tiere in Ruhe!"
Jüngster Bruder: „Gib deine paar Kröten (Geld), die Vater dir mitgibt, besser aus als für Fallen und dergleichen mehr."
Oh diese Ignoranten! Ich selbst wusste natürlich auch nicht, wie das Abenteuer Mäuse in der Fremde ausgehen werde, auch konnte niemand von uns wissen, dass bisher alles auf diesem Gebiet nichts als ein Vorspiel sei. Vater schlug vor, mein Mäuse-Tagebuch hier zu Hause zu lassen, er wolle es archivieren und er blätterte lose darin herum:
„Wieviel Mäuse hast du schon getötet?"
Am Ende der letzten Eintragung vom 1. August 1943 war es von mir eingetragen und rot unterstrichen worden: 2.278 Stück. Vater war der geborene Mathematiker und hätte gerne das getan, was heutzutage mit Computern Kinkerlitz und Kleinigkeit ist: Hochzurechnen, wieviel Kinder, Kindeskinder, Urenkel und so weiter diese Getöteten hinterlassen hätten, wären sie halt nicht getötet worden.

Am 3. August 1943 brachte mein ältester Bruder mich zum Bahnhof, wo der Sonderzug nach München schon bereitstand. Seine letzten Worte mit Blick auf seine Pianistenhände waren:
„Mit diesen Fingern muss ich nun MGs bedienen..."
Der Zug ruckte an, dieser junge unschuldige Soldat entschwand meinen Blicken aus dem Zugabteil – „letzte Blicke", denn ich sah ihn nie wieder...

Ich habe nicht vor, meine Tegernsee-Zeit vom August 1943 bis Juni 1945 hier literarisch auszubreiten. (Ich verweise hierzu auf mein Buch „Pimpfe, Pauker und Propheten“, Rediroma-Verlag, ISBN 978-3-96103-155-9) Es sollen nur Szenen, Augenblicke, Taten, Abenteuer und Momente erzählt werden, welche mit Mäusen, - bayerische sind nicht anders als andere! -, im Zusammenhang stehen. Im Geheimen glaubte ich ja den erwähnten Propheten. Doch Mäuse waren das Schicksal meiner Jugend bis 1954!

Es begann schon im Zug in der Nähe Nürnbergs, dass meine Wenigkeit benötigt wurde:
„Eine Maus! Eine Maus im Zug!“
Schallte es durch den Zweiter-Klasse-Waggon in unser Sechser-Abteil hinein. Fünf Augenpaare von Mitschülern und Mitfahrern richteten ich auf mich. Wir traten auf den Gang, wo die Ehefrau eines Lehrers, die mitfuhr, mit hochgeschürztem Rock angstvoll verharrte, nicht weitergehen wollte und auf ein kleines, graues und gewiss ebenso angstvolles lebendes Etwas starrte, das sich zusammenkauerte. Ich nahm es in die Hände: Es war Mus musculus domesticus, eine Hausmaus also, die sich zu einer Zugbegleitmaus Zweiter Klasse gemausert hatte.

Zu Mäusen, die unverschuldet in Not geraten sind, hatte ich ein anderes Verhältnis aufgebaut als zu jenen, welche Ausrottung verdienten. Diese Maus hatte das Glück, hier und jetzt an mich zu geraten. Als unser Zug in einem Kaff vor Nürnberg hielt, um einen kriegswichtigen Transport vorzulassen, setzte ich die Maus aus der geöffneten Waggontür aus ins fränkische Gras, wo sie sofort Grünzeug futterte und sich um unsere Weiterfahrt nicht kümmerte. Das eine, dachte ich philosophisch, haben Mäuse uns Menschen voraus: dass sie Kleinigkeiten außer Acht lassen können!

In München stiegen wir in einen regulären Personenzug, der uns in Bummelfahrt südwärts zum See brachte. Wo rundum Frieden zu herrschen schien. Auf dem Bahnhof

kam es sogleich zu einer für mich wichtigen Begegnung. Wir standen noch wartend herum, bis der Karren kommen sollte, der unsere Koffer zum „Adelhof“ zu bringen hatte, als ich ein älteres Ehepaar entdeckte, das, zwei Koffer bei sich, suchend umherblickte. Ich stieß meinen Freund Hermo F. an und sagte:
„Lass uns ihnen helfen und die Koffer in ihre Wohnung tragen, das bringt sicherlich ein Trinkgeld.“
Sie gerieten darüber ganz und gar aus dem Häuschen, nahmen unser Angebot an und der Mann sagte:
„Uns hat hier noch nie jemand geholfen, und da kommt ihr jungen Preußen daher und...“
Es war dann doch ein satter Kilometer, den wir bis zum Haus der Alten zurückzulegen hatten. Am Gartentor war ein Schild befestigt:
„Dr. Hans-Georg Fortner und Ehefrau“. Hermo und ich, wir luden ab und machten uns sofort auf die Socken zurück zum Bahnhof, hatten jedoch die Einladung in den Ohren, „mal zu Kaffee und Kuchen vorbeizukommen!“
Und dann fiel jener verhängnisvoller Satz, der Hermo auf Dauer von mir trennte:
„Ich fress nen Besen, wenn das keine Juden sind! Man hat sie hier in Bayern wohl übersehen.“
Der Besen blieb dann ungefressen.

Der Gasthof und das Hotel Adelhof waren von der Partei beschlagnahmt worden, um KLV-Kinder unterbringen zu können. Erst murrten und motzten die Besitzer, aber dann erkannten sie, als der Tourismus fast zum Erliegen kam, dass sie gute Geschäfte machen konnten. Ich versage mir hier, wie schon angedeutet, nähere Berichte über unseren Einzug, unsere Zimmer, unser Essen und unsere Freizeit.

Nach Ende der Ferien Anfang September 1943 begann vormittags der ganz gewöhnliche Unterricht, dem sich das gemeinsame Mittagessen anschloss, danach gab’s Mittagsruhe und am Nachmittag gemeinsam Hausaufgaben machen. Neben den Lehrern, die das Sagen hatten und oft ihre Ehefrauen mitgebracht hatten, gab es den politischen Kommandanten, einen 18-jährigen Lagerführer, der in Sachen Drill, Ausbildung zum Krieg und für die HJ das zweite Sagen hatte.

Als ich unser Dreibettzimmer ohne Fließendwasser betrat, schnüffelte ich sogleich und stellte fest:
„Hier gibt's Mäuse."
Nun, da waren sie also wieder, diese niedlichen vermaledeiten Vierbeiner! Ihre Küttel fand ich unter den Betten und auf der Waschkommode. Meine Schulkameraden, alle gleichalt, wussten nichts von Tieren außer Pferden und Hunden und natürlich den essbaren. Dafür waren sie mir soweit voraus, dass sie den bayerischen Maderln nachstellten und in Vorstellungen und Reden mehr dem Casanova als ihrem A.H. glichen.

In den nächsten freien Stunden suchte ich die Fortners auf und bekam mit diesem famosen Ehepaar, er 74 und sie 71, wirtschaftliche Stütze und moralischen Halt während der Diaspora. Ihre beiden Söhne, 22 und 24, befanden sich am 3. September 1939 zum Studium in England und wurden natürlich interniert. Für die hiesigen Eingeborenen galten sie als anglophil, ein Begriff, der sofort nach „jüdisch" rangierte. Als ich durch den Vorgarten schritt, beurteilte ich diesen spontan als Mäusestaat, der bekriegt werden musste. Doch vor eine Schlacht haben auch Mars und Ares das Futtern gesetzt. Es gab Kuchen, Kaffee, Butter, Gelee, Kakao und Milch in Vorkriegsqualität – hier beschloss ich, meinen Schulkameraden und auch Exfreund Hermo F., der die beiden Alten ja als Juden eingestuft hatte, kein einziges Sterbenswörtchen zu verraten.

Herr Fortner hielt, noch aus Vorkriegstagen stammend, wilde aber im Laden gekaufte Tiere: eine äußerst bissige Schnappschildkröte im Wasser, einen verfressenen hand-

zahmen Riesengürtelschweif in einem Terrarium und eine giftige Sandviper im dichten Glashaus, die wie ich Mäuse mochte, aber zum Fressen gern hatte.
„Das Futter, das Futter!“, sagte er stöhnend.
„Die verputzen mehr als unsere Jungens“, stöhnte sie.
„Die fressen uns das Fleisch vom Teller“, fügte er hinzu.
„Wir selbst essen kaum noch Fleisch“, fügte sie hinzu, „und sind tatsächlich eingefleischte Vegetarier geworden.“
Für diese Beiden war ich wohl der richtige Mann!
„Ihr Garten ist unterminiert von Mäusen“, sagte ich, „und Mäuse essen alle Ihre Lieblinge liebend gern.“
Ich ließ sie etwas zappeln, ehe ich fortfuhr:
„Ich fange Ihnen und Ihren Viechern die Mäuse ein, wenn Sie wollen. Zu Hause bin ich Mäusefachmann gewesen und kann es auch in Bayern sein.“
Dann verklickerte ich ihnen, dass sie mir Geld für ein Dutzend Mausefallen geben müssten und fragte sie:
„Haben Sie einen Kasten oder Sarg oder einen alten Holzkoffer, die ich als Mäuseheimstatt herrichten kann?“
Hatten sie auf dem Dachboden, ich holte ihn ins Wohnzimmer. Herr Fortner begann zu ahnen, was ich vorhatte:
„Diese Schappschildkröte frisst eigentlich nur lebendes Fleisch, bevorzugt nackte Jungmäuse, die ich ihr mit der Pinzette vorhalten muss...“
„Klar“, sagte ich, „weiß ich ja. Und darum will ich Altmäuse fangen, deren Kleinstkinder Sie dann verfüttern können.“
Es wurde Zeit zum Gehen. Sie wollten mir Essbares mitgeben, aber ich winkte ab:
„Wenn ich damit ankomme, wollen alle wissen, woher ich das habe, und wenn ich nicht mit ihnen teile, bin ich hier erledigt.“

*****

So hatte mich schon in der ersten Woche das bayerische Mäusefieber voll im Griff. Mit dem Geld, das ich von den Fortners erhalten hatte, kaufte ich ein paar Schlag- und Korbfallen. Mit den Schlagfallen rottete ich die Mäuse im Adelhof aus, insgesamt 11 Stück, die zwölfte, vielleicht auf der Flucht vor mir, war unbemerkt in den großen Mittags-Suppentopf gesprungen, mitgekocht und erst entdeckt worden, als der letzte Teller gefüllt werden sollte.
„Das war bayerische Sabotage gegen Preußen", war die allgemeine Ansicht. Mit den beiden Korbfallen bastelte ich eine Konstruktion, die bewies, wie sehr der Mensch doch den Mäusen überlegen ist. Den von Fortners erbetenen Altkoffer aus Holz und Leder mit Lattenverstärkungen klappte ich auf und stellte ihn in den vorne offenen Wintergarten so hin, dass seine beiden Eingänge ins Freie wiesen, der Koffer selbst aber, - er sollte doch ein gemütliches Mäuseheim ergeben -, im Trockenen stand. Die beiden Eingänge, die wie genagte Mäuselöcher aussahen, verbaute ich im Inneren des Koffers mit den Korbfallen derart, dass ihre Einschlupflöcher offen blieben. Korbfallen besitzen ja auch einen klappbaren Ausgang, um Mäuse entnehmen zu können.

Also, um es verständlich zu machen: Die Mäuse krochen, von inneren Leckereien angelockt, in die Korbfalle und dann aus ihr in den Koffer, konnten aber wegen des bekannten eng gestellten Eingangs nicht wieder ins Freie zurück. In den Koffer selbst baute ich ein Mäusedorf ein, mit Verstecken und Unterkünften, Höhlen und Gängen, Nestern aus Altgras und Stroh und einem kleinen Teich, der neu aufgefüllt werden musste, wenn die Mäuse das Wasser weggetrunken oder verplantscht hatten. Damit die gefangenen Tiere nicht oben aus dem Koffer springen konnten, wurde er mit aufgespanntem Fliegendraht überdacht – fertig die ganze Bastelei und abends fängisch gestellt. Frau Fortner bekam von mir den Auftrag, alles zu überwachen und täglich, wenn die ersten Mäuse eingezogen waren, etwas Futter wie Haferflocken, Sonnenblumenkerne und tierisches wie Käfer, Raupen und Regenwürmer einzubringen. Denn dieses Mäusedorf war nicht, wie meine selige Mäuse-City autark und musste subventioniert werden. Ich denke, dass auch diese von mir konstruierte Einrichtung eine Einmaligkeit war. Ich werde noch von ihren Erfolgen berichten.

So hatten wir Schüler uns bald eingelebt und jeder ging in seiner Freizeit eigenen Interessen nach. Natürlich war ich schon aufgefallen und der Direx belächelte stark meinen Mäuseeifer solange, bis seine Frau eines Nachts aufschrie, weil „mir ne Maus unter der Bettdecke in den Nachtpolter gekrochen“ war. Da war mein Rat teuer und kostete einige Karamell-Weichbonbons, in deren Herstellung sie Meisterin war. In ein halbes Bonbon knetete ich zehn oder zwölf zarte Haferflocken ein, so dass ein Brei entstand, der leicht auf der Schlagfalle aufgebracht werden konnte. In der folgenden Nacht, welche Frau Direx, sonst eine probate, mir zugetane Person, bei einer Lehrerkollegin zubrachte, fingen die drei Schlagfallen drei Mäuse – die ganze Mannschaft scheinbar, welche es gewagt hatte, das Studiendirektoren-Ehepaar eines deutsch-germanischen Gymnasium mitten im Krieg zu überfallen.

Weil das Hotelbesitzer-Ehepaar forsch behauptete, „unsere Küche ist, ganz klar, ungezieferfrei“, legte ich mit Einwilligung der Köchin abends ein paar der eben beschriebenen Köder aus. Sie waren am Morgen verschwunden. So platzierte ich drei Korbfallen, in denen sich wesensgleiche Köder befanden, am nächsten Abend an dieselben Stellen. Drei noch lebende Doubletten waren der seltene Erfolg, die ich sogleich im Mäusedorf der Fortners ansiedelte.

Unser Religionslehrer Dr. Wagner nahm mich einmal beiseite und wollte mich nach den Fortners ausfragen.
„Sie stehen hier nicht in gutem Ruf", sagte er.
„Wer bei der Tegernseer Bevölkerung schlecht angesehen ist", versuchte ich ihn zu belehren, „ist nach unseren norddeutschen Ansichten vollkommen in Ordnung. Gehen Sie mit mir mal hin, Herr Lehrer."
Das tat er dann und war mir nachher dankbar, „mir solch nette Leute gezeigt zu haben". Dann fragte er mich, ob ich Fortners Sammlung alter Bücher und Stiche schon gesehen habe.
„Der besitzt uralte Werke von Gesner, Merian, Brehm, Charles Darwin und anderer Geistesgrößen und möchte dir, wenn du mal von hier fortgehst, eines der Werke vermachen. Du hast beim ihnen einen Stein im Brett, wie man so schön sagt."
Ich verschwieg Dr. Wagner, dass dieser Stein stets, wenn ich bei den Fortners war, aus Nachmittags- und Abendschlemmereien bestand.

Als den Mäuseeltern, die im Mäusedorf wohnten, der erste Wurf Nachwuchs geraubt wurde, zartrosa „Marzipan"-Mäuschen, war ich dabei, als sie an „Schnappi" die Schnappschildkröte verfüttert wurden. Es gehört schon eine gehörige Portion Kaltblütigkeit dazu, einer solchen Prozedur zuzuschauen. Herr Fortner nahm die Jungmaus mit einer Pinzette auf und fuchtelte mit ihr vor der Glasscheibe des Aquariums umher, bis die Schildkröte begriff, dass die Essenszeit herangerückt war. Dann tauchte der Fütterer die Maus ins Wasser, wo die Schildkröte blitzschnell zuschnappte, - daher ihr Name -, und die Maus in einem Rutsch verschlang. Einen ganzen Wurf, sechs Stück, benötigte das ausgehungerte Tier jetzt.

Dann kam die namenlose Sandviper an die Reihe, die still und scheinbar friedlich in einer Ecke des Terrariums eingerollt dalag. Doch ihre stechenden Pupillen hatten den Futtermeister längst wahrgenommen. Durch eine Klappe im oberen Deckel ließ dieser die lebende Hausmaus am Schwanz haltend ins Terrarium fallen. Maus und Schlange rührten sich nicht. Die Maus hatte das Bedürfnis, ihren Pelz und die Pfötchen zu reinigen, genau wie Katzen das auch machen, und danach nahm sie Witterung auf und begann das Gelände zu erkunden. Sie bekam es gedanklich offenbar nicht mit, als die Viper im Sekundenbruchteil zustieß und ihr einen Biss verpasste. Doch schon nach zehn Sekunden torkelte sie, taumelte, wollte sich aufraffen und nach genau dreißig Sekunden, - Herr Fortner hatte zur Uhr geschaut -, war sie mausetot.

Jetzt machte sich die Schlange auf die Suche. Ihre „gespaltene“ Zunge, wie der Indianer früher sagte, zischelte blitzschnell vor und zurück, nach recht und links, bis sie die Maus anstieß. Jetzt brachte die Viper sich so in Positur, dass ihr weit aufgesperrter Rachen die Maus am Kopf zu fassen bekam und sich langsam aber sicher über sie stülpte – Schluck- und Kaubewegungen zogen die Maus wie magnetisch immer tiefer in den Schlangenkörper hinein. Jetzt nur noch der Schwanz, dann das dünne Schwanzende und schwuppdiwupp, die Würgemahlzeit war vollbracht. Frau Fortner hatte mit der Leica einige Fotos gemacht...

Rechtzetig Mitte September traf ich im Wald den Revierförster, der mir anzusehen schien, dass ich aus anderem Holz geschnitzt war als normale Jugendliche. Das kam so: Jagdterrier „Bastian vom Rottach“, 3 und voller Abenteuerlust, aber an der Leine, blieb abrupt neben Herrchen, Revierförster Korbinian Maier, 45, stehen, sog die Witterung ein, fiepte sehnsüchtig und zerrte energisch an der Leine. Klar, er hatte mich gerochen auf dem Waldweg hundert Schritt voraus und durch eine Biegung des Weges unsichtbar. Als er mich sah und wir uns sahen, zerrte er

voran, dass die Leine sich strammte und Korbinian unfreiwillig in Marsch geriet. Ich schritt Bastian forsch entgegen.
„Dös is an tierisch bissger Hund“, warnte er.
Nun, ich kannte seinen Hund besser als er sich selbst, und Bastian, kurz „Basti“ gerufen, und ich, wir lagen uns in den Armen wie Heimkehrer aus der Fremde! Sogar eine frisch gefangene Rötelmaus hatte ich bei mir, ich warf sie hoch und Basti fing und verschlang sie.

Eine neue meiner zahlreichen Tierfreundschaften war geboren! Korbinian war sichtlich beeindruckt und tat etwas, das ihm eigentlich zuwider war: Nichtjäger herzlich zu begrüßen und sie ans Wild zu führen:
„Willst an Hirschan sehn und hörn?“
Zu seinen Pflichten als staatlicher Förster gehörte es, Möchtegern- und Freizeitschießer, jetzt meist brauner Farbe und Duzfreunde H.Gs, auf Hirsche und Böcke zu Schuss kommen zu lassen. Mir also wollte er Hirsche zeigen, die jetzt in der Brunft standen, (Brunft oder Brunst = saisonal paarungswillig).

Nach fünf Minuten Fußmarsch, Basti folgte mir stehenden Fußes an der Leine, erreichten wir einen stabilen, ziemlich hohen und geschlossenen Hochsitz, den Basti, geschnallt, - das heißt nicht an der Leine -, flink wie Eichkatz erkletterte und uns oben erwartete.
„Runter muss ich ihn jafreilich tragn“, sagte Korbinian.
Kaum oben angekommen, sogleich musste ich meinen Lebenslauf hersagen, inklusive meiner Bekanntschaft hier, nämlich Fortners erwähnen, und sofort brach das letzte innere Eis seiner Zurückhaltung gegen einen preußischen Stadtjungen. (Basti hatte diese längst in vollen Zügen „über Bord geworfen“), hockte neben mir, leckte mir abwechselnd Hand und Hose und äugte im übrigen angestrengt auf ein Waldstück hundert Meter vor uns. Es war inzwischen 17 Uhr geworden.
„Glei kommet de Hirschan!“

Sie taten es und zelebrierten uns ein Schauspiel archaischer Urnatur, in der, wenigstens zeitweise, Fortpflanzungstrieb vor Angst und Schmacht rangiert.

Ich habe hier dieser Begegnung mit Förster Korbinian und Terrier Basti deswegen viel Raum zugestanden, weil sie in Sachen Mäusekrieg, der wie geahnt auf Sparflamme lief, neuen Anschub gab. Korbinian berichtete mir nämlich über Barbara von Egern, 51, menschlich alleinstehend, aber tierisch mit zehn bis zwanzig Katzen, je nach Saison, lose und locker verheiratet.

„Sie is nen bisken tickert innen Kopp“, sagte Korbinian.

Sie hätte Mühe, führte er aus, während geile Hirsche uns anbrüllten, das Futter für ihre Katzen herbeizuschaffen, manche siechten bereits dahin vom ewigen fleischlosen Kartoffel- und Grießbrei und salzlosen Knödeln. Ich sollte meine Fähigkeiten, Mäuse zu fangen, in den Dienst einer humanitären Sache stellen:

„Sonsten krepiert uns dera Weibsbild hier!“

Nichts kam mir gelegener als dieser Auftrag. Man erkennt hieraus eindeutig, dass mein Schicksal mit dem der Mäusewelt eng verbunden war. Dann begann das übliche Ritual all meiner neuen Bekanntschaften: Ich musste mit zum Abendessen nach Hause kommen – alle, aber auch wirklich alle wollten mich sattfüttern! Korbinians Frau Isidora kochte auf Teufel komm raus, als wenn der fette Lucullus hätte abgefertigt werden müssen, aber es schmeckte wie Kaisers Eintopf hoch 3: Hirschkeule mit Mehlknödeln und Apfelmus, heimische Blau- oder Heidelbeeren darin, Bratensoße, wo der Löffel drinstand, hernach kleine eingerollte Pfannkuchen mit süßem Quark aufgefüllt. Ich kam bei den Mitschülern bereits in den Verdacht, ein Schwarzesser zu sein, wenn ich so häufig aufs Abendessen im Adelhof verzichtete. Um ihr Murren abzuschwächen, schenkte ich der Klasse die beiden Rothirsch-Leberwürste, welche mir

Frau Isidora beim Abschied unter die Arme geschoben hatte.

* * * * *

Ich musste nun den Direx um Erlaubnis fragen, Verbindung mit Barbara aufzunehmen. Er wiederum fragte unseren Wirt und der hatte nur ein Bedenken:
„Geh nicht in ihr Haus, das ist ein Stinkhaus erster Güte, oder alle schädlichen Bazillen Bayerns werden dich überfallen und zur Schnakerli machen.“ (Schnakerli = Schnecke.)
So unterblieb jeder körperlicher Kontakt mit Barbara, kein Handgeben, nur „Grüßgott“ und die Vereinbarung, dass ich ihr die toten Mäuse in den Briefkasten legen würde. Das geschah alle zwei Tage und im Lauf einer Woche konnten ihre momentan dreizehn Pfleglinge mehr als dreißig Mäuse verputzen. Wenn Barbara mir etwas mitteilen wollte, zum Beispiel dass „Mikki“, ihre Lieblingskatze, „über den Berg sei“, so tat sie das schriftlich auf Zetteln, die im Briefkasten lagen.

Weil die Fortners inzwischen im Umgang mit meinem Mäusedorf autark und gewieft geworden waren, passte mir die Bekanntschaft mir Barbaras Katzen ganz gut. So würde ich auch den Winter über beschäftigt sein. Es wurde Anfang Oktober, als in Tegernsee die Nachricht eintraf, unsere Heimatstadt sei schwer bombardiert worden. Nachdem auch bayerische Großstädte, vom südlichen Italien aus, von amerikanischen Tagbombern heimgesucht wurden, war das hämische Grinsen der Eingeborenen hier erloschen – plötzlich hatten sie begriffen, dass sie nicht mehr wie auf einem fernen Planeten würden einsiedeln können. (A.H. hatte einmal im Tegernseer Hof gastiert, das Foto hing noch im Gastzimmer.) Nach einer Woche wussten wir durch Telefonate und die Post, dass niemand von uns Lehrern und Schülern durch den Angriff geschädigt worden war.

Als ich von den Fortners benachrichtigt wurde, „beim Landwirt Alois Hintermeier sei Dreschtag“ und an einem solchen Tag könnte „ich ein Cannae unter dem Mäusevolk anrichten“, begab ich mich mit Hermo, George und Willibald, alles jetzt plötzlich interessierte Mitschüler, dorthin in ein Nebental, wo das Gehöft lag. Ich hatte früher von Fitten schon gehört, dass sich im gelagerten ungedroschenen Getreide Mäuse und Ratten anzusiedeln pflegen, um im Vollen zu schwelgen und vor Haus- und Hofkatzen sicher zu sein.

„Die Vermehrungsrate ist dann“, wusste Fitten, „riesengroß wie sonst nie bei den Nagern.“

Ihr schauriges Erwachen kam natürlich am Dreschtag, wenn die Korngarben Zug um Zug abgetragen und in die aufgefahrene Dreschmaschine geworfen wurden. Einige Mäuse blieben in den Garben hängen und wurden bis zur Unkenntlichkeit zerstückelt.

Wir vier boten uns also dem Bauern unter der Bedingung zum Helfen an, dass wir hauptsächlich Mäusebekämpfer sein würden. Er war ganz verdattert und stimmte zu. Also ran an den Feind! Doch dieser, - darum erzähle ich unser Abenteuer hier -, kam um 11 Uhr aus der Luft heran, von Italien her über Wildbad Kreuth, und es gab Fliegeralarm. Der Bauer durfte es nicht riskieren, ihn zu ignorieren, denn einige seiner mithelfenden Nachbarn waren noch immer fanatisierte Nazzis und im Ernstfall gewiss auch Denunzianten. Fünfhundert in der Herbstsonne glänzende Fliegende Festungen flogen über den See auf München zu, ohne von Flakfeuer oder deutschen Jägern belästigt zu werden.

So blieb den Mäusen noch eine Stunde Atempause, bis die Bomber München bombardiert hatten und auf Ostkurs

zurückflogen. In den Ton der Entwarnungsirenen sagte Alois Hintermeier hinter mir:
„Sie überfliegen unser Bayern wie die Bremsen unser Vieh auf den Almen. Ob der Führer das wohl weiß?“
(Er wusste es!) Die Mithörer schwiegen jedoch, sonst wäre Alois, obwohl tüchtige Bauern rar geworden waren, bald ins nahe Dachau eingezogen worden.

Die Arbeit ging wieder an. Je mehr Garben aus der Scheune in die Maschine geschoben wurden, desto geringer wurde die Deckung der Mäuse. Nur eine Lage noch – wir Preußenjungens standen mit Knüppeln und Flachspaten bereit, auf die volksschädliche Gesellschaft einzudreschen. Niemand von uns hat jemals eine solche Konzentration von Mäusen gesehen, auch in Kulturfilmen im Kino nicht, ich selbst später, - darüber werde ich berichten -, eine noch größere aus einem besonderen Anlass. Das wurde eine Hatz! Stiefel krachten zwischen und auf sie, Schippen erschlugen Sippen, Knüppel brachen zarte Rippen, graue Fellchen wurden zerzaust und wie auf einem Schlachtfeld des Siebenjährigen Krieges spritzte Blut umher, quollen Gehirne auseinander, schrien die Verwundeten noch und tropfte roter Mäuselebenssaft durch die Dielenbretter ins untere Stockwerk der Scheune – genug der Brutalitäten. Die grobe Volkszählung nach dem Ende des Dreschens betrug: 350 Gefallene eindeutig identifiziert, den Mischmasch der Toten auf 200 geschätzt, machte nach Adam Riese in der Summe weit über 500 Leichname. Die Hälfte davon rechnete ich mir auf mein Tagebuchkonto an.

Mäusekörper, die man am Schwanz noch anfassen mochte, wurden eingesammelt und auf dem Rückweg zur Katzenmama Barbara gebracht.
„Wenn sie selbst wie ihre Katzen Mäuse mag“, witzelte Bauer Alois, „kann sie sich jetzt ein feines Gulasch machen.“
Um seinem Gehirn einen sanften Stoß zu geben, sagte ich:

„Herr Hintermeier, durch unseren Einsatz bei Ihnen, den ich der Lokalpresse mitteilen werde, haben Sie Hunderte von Reichsmark an Schäden eingespart, und das nach Jahren noch..."
„Schon gut, Junge, ich wollte euch doch sowieso zur Brotzeit einladen."

In diese Tage fiel im Biologie-Unterricht des einheimischen Lehrers Theobald Hinterleitner, 36, der als Ersatz ankam und selbst an der Front verwundet worden war, die Entscheidung, „mein Fach" durchzunehmen. Er wusste nichts von von meiner Leidenschaft, war aber ein so netter Lehrer, dass er uns das Stundenthema wählen ließ: „Mäuse" – einstimmig angenommen. Wir wussten noch nicht, dass wir einen Schwadroneur losgetreten hatten, der sofort loslegte:
„In Polen belegten wir Soldaten ein Gehöft, auf dem es mehr Mäuse als Wanzen gab. Wenn wir im Vorraum aßen, um die Bewohner nicht zu belästigen, fielen die Mäuse über uns her und aßen uns, die wir viel Spaß daran hatten, das Kommissbrot, die Salami, den Hamburger und das Obst und Gemüse aus den Händen. Mittendrin stand Kater Polski, der mitaß aber keinen Appetit auf Mäuse zu haben schien. Hier war, das ist uns allen Überlebenden in Erinnerung geblieben, das reine Friedensfest zwischen Mensch und Tier." Es klingelte, die Stunde war zu Ende...

Bild 20: Schon im 17. Jahrhundert brachte Matthäus Merian der Ältere seine „Welt der Tiere“ heraus; hier ein Bild über Mäuse und Ratten

Bild 21: Eine Jubiläumstorte zum 18. Geburtstag des Autors

Unser erfolgreicher Einsatz hatte sich in Bauernkreisen herumgesprochen, aber mir wollte kein Schulkamerad mehr folgen und ich konnte wegen des Schulunterrichts und der Hausaufgaben nicht jedes Angebot wahrnehmen. Mein Mäusedorf bei den Fortners brachte mehr Mäuse hervor als von den gehaltenen Tieren verspeist werden konnten. Zumal Schnappi eines Morgens tot im Wasserbecken schwamm – wahrscheinlich war sie überfüttert worden. So blieben vorerst Barbaras Katzen die Nutznießer der eingetretenen Mäuseschwemme. Am 31. Dezember 1943 zog ich Bilanz für mein Tagebuch und konnte für den Zeitraum August bis Dezember 400 Mäuse eintragen.

Kriegsweihnachten 1943 nahte. Einige Eltern hatten den Besuch ihrer Söhne angekündigt, meine waren nicht darunter. Vater kam sowieso nicht in Frage, Mutter war unpässlich und wagte die lange Zugreise wegen der Luftgefahr nicht – „ich komme aber zu Deinem Geburtstag“, kündigte sie an. Alle Jungens, die nicht besucht wurden, bekamen aber von zu Hause ein Fress- und Geschenkpaket. Was gab's zu schenken in dieser bedrückten und bedrückenden Zeit? Hauptsächlich „Klamotten“, weil diese Gegenstände des Verbrauchs sind: neue Schuhe, Strümpfe und Socken, Oberhemden, Unterwäsche, Kord- und Skihosen abgespart von den Marken und nicht mehr die Qualität der Vorkriegszeit. Zwischen ihnen lagen ein paar Süßigkeiten in der Qualität, die vermutlich nicht einmal meine Mäuse herlocken würde. Es war Klassentradition und –verpflichtung, denjenigen Kameraden, die nichts erhalten hatten, entsprechend einiges abzugeben und sie bei der allgemeinen „Lagerbescherung“ besonders zu beschenken. Von klerikalen Riten hielt man in meiner Familie gar nichts, und so kam es mir sehr zupass, am ersten Weihnachtstag von den Fortners und zum zweiten von Förster Korbinians Familie eingeladen zu werden. An keinem der beiden Mittagstische war die Kriegszeit zu erkennen...

1944! Nach den Berechnungen des Herrn A.H. hätte der Krieg längst siegreich beendet sein müssen. Mein ältester Bruder schrieb aus der Ukraine, „der deutsche Soldat gibt nie einen Meter preis, den er erobert hat", ging aber auch auf meine Leidenschaft ein:
„Jede alte Budike hier, jedes Kaff, Lehm- und Strohhaus ist ein Mäusenest sondergleichen, neben Wanzen-, Floh- und Läusenest natürlich, und Ratten und Mäuse könntest Du mit jedem Marschtritt tottreten, wenn wir die Häuser der Ukrainer und Russen angesteckt haben... Ich schlage Dir vor, hier später zu siedeln und Mäuseoberkommissar für die besetzten Gebiete zu werden."

Mein zweitältester Bruder war nach Frankreich geschickt worden, um die erwartete Invasion „nach Strich und Faden abzuschmettern und Du solltest nach dem Sieg herkommen, das Land mäusefrei zu machen". Mein Bruder vor mir half zu Hause als vollwertiger Flakhelfer eifrig mit, „Terrorbomber abzuknallen" und berichtete auch von Mäusen, welche während des Feuerns der 8,8 (eine Flugzeugabwehrkanone) zwischen Granaten, heißen Hülsen, pinkelnden und kackenden Soldaten ihrem Tag- und Nachtwerk nachgingen:
„...die fressen einem tatsächlich die letzten Stullen (Butterbrote) aus der Hosentasche und springen munter in die kochende Gulaschkanone (ein fahrender Kochherd) mit Erbsensuppe und Roggenwürstchen". Mein letzter Bruder kam 1944 aufs Gymnasium und besorgte Nazibosse mit eigenen Kindern in dem Alter erwogen neue KLV-Transporte „ins luftsichere Ostpreußen".
„Sakrev peronje!" kann man zu soviel Ignoranz nur sagen.

* * * * *

Im Frühjahr 1944 machte ein Gerücht die Runde:

„Tegernsee wird zur Lazarttstadt erklärt und alle fremden Zivilisten, sowohl wir KLV-Kinder nebst Begleitung als auch die letzten Urlaubsgäste „müssen raus und werden woanders untergebracht“. Die meisten von uns kratzte das wenig, denn sie waren Fremde geblieben, eingebildete dazu, aber ich hatte Beziehungen aufgebaut, die nicht von Pappe waren und elterlichen durchaus glichen. Mutter war im März durch ein zertrümmertes Land hergekommen, hatte Geschenke, Geld und neue Wäsche mitgebracht und verkündet, wegen des erhöhten Bombenkrieges in Westdeutschland aus der Stadt und nach Kattenvenne zu ziehen, „du kennst Fitten H. ja auch und musst dort hinfahren, wenn du aus Bayern zurückkehrst“.

Im Mäusekrieg herrschte Waffenstillstand. Die wenigen Nager, die ich nebenher linkerhand erledigte, berührten die Statistik kaum und wurden von mir mit „20 Stück“ katalogisiert. Im übrigen war ich der Ansicht, dass ich in Zukunft wenig Gelegenheit haben würde, noch einmal eine richtige Offensive starten zu können – da erging es mir wie A.H. Der Abschied von allen mir hier liebgewordenen Menschen war verflucht und verdammt schwer. Fortners wollten mich behalten und adoptieren und schenkten mir einen seltenen „Gesner“, ein „Thierbuch“ mit grafischen Abbildungen; ich lehnte dankend ab, verwies auf die Nachkriegszeit und gab ihnen die Kattenvenner Anschrift.

Die Försterfamilie wollte mich behalten und adoptieren, ich lehnte dankend ab, verwies auf die Nachkriegszeit und gab ihnen die Kattenvenner Anschrift. Die Bauernfamilie wollte mich behalten und adoptieren, ich lehnte dankend ab und gab ihnen die Kattenvenner Anschrift. Aber unter ihnen gab es einen Propheten:
„Die Nachkriegszeit wird Hungerzeit! Wir Landwirte werden freilich nicht hungern. Wir schicken dir später ein Fresspaket...“

Die Katzentante wollte mich behalten und adoptieren, ich lehnte dankend ab, verwies nicht auf die Nachkriegszeit und ließ ihr ein paar der Fallen, deren Bedienung ich ihr gelehrt hatte. Tränen von Freundschft und Liebe flossen reichlich am Abfahrtstag, nicht nur bei mir, sondern auch aus einigen frühreifen Mitschülern, die sich Freundinnen und Gespielinnen angelacht hatten:
„Bis nach dem Krieg, Liebling!"
„Ich komme zurück, mein Schatz!"
„Bleib mir treu, Mädel!"
„Ich werde dich nie vergessen!"
All das waren hohle Phrasen, leeres Gerede und fade Versprechungen. Nur eine Sippschaft dieser Erde wird begeistert sein, dachte ich mir, sich über alle Maßen zu begeistern, dass ich das Land verlasse, wenn sie dazu in der Lage wäre: Tegernsees Mäusewelt...

* * * * *

In der Diaspora 1944 bis 1945

Bayernstadt Lenggries an der Isar! Es ist jener Ort, in dem ich eine fundamentale Entdeckung, gar **die** Erfindung im Mäusekrieg machte. Ich will nicht behaupten, der erste Erfinder dieser Sache zu sein, ein Patent darauf habe ich natürlich nicht angemeldet, aber in Lenggries wurde sie erfunden und zum ersten Mal angewendet. Darüber nachher mehr!

Zwei klapprige, schon früher ausgemusterte Busse brachten unsere Schulklasse nebst Lehrpersonal und Ehefrauen an die Isar. Schon auf dieser Fahrt brach das Mäusetheater wieder los. Der erste Bus war ein Mäusegefährt, dieses hatte vermutlich so lange auf einem Park- oder Schrottplatz oder im Depot gestanden, dass ein Mäusevolk hier kolonisieren konnte. Die Mäuse hatten die Sessel angenagt und angefressen, dort ihre Jungen zur Welt gebracht und kamen nun in Scharen zum Vorschein. Wir trampelten auf ihnen herum, einige huschten zum Fahrer hinüber und krochen sein Hosenbein hinauf bis zum Unbeschreiblichen. Bremspedal, Gefluche, Gequieke, abruptes Anhalten des Busses, der folgende fuhr leicht auf, Gezeter und Geschimpfe, auch überlebende Mäuse nutzten den Stop zur Flucht in die Freiheit – dabei wurden noch viele von ihnen durch Jugendschuhe und Männerstiefel auf dem Asphalt zerschmettert. Ich selbst schrieb meinem Tagebuch 50 Stück zu. Zum Entsetzen (!) (?) weiblicher Fahrgäste zog der Fahrer seine Hosen aus, „eher fahre ich nicht weiter!", dann fegte er den Bus und es konnte weitergehen – „ist wohl nichts", dachte ich, „mit Mäusestillstand!"

Die Stadt liegt im Alpenvorland am Eingang zum Karwendelgebirge. Der Hausberg Brauneck ist 1.555 Meter hoch, aber höchster Punkt der Gemeinde ist der Schafreuter mit 2.102 Meter. Nur kurz hier die Geschichte des Ortes: Erste Erwähnung schon 1257 und 1262 an die Wittelsbacher gehend. Danach viele Wechsel der Besitzer, 1705 Mittelpunkt der bayerischen Volkserhebung gegen österreichische Besatzung.

Die Moderne zog 1905 mit der ersten Kraftpostlinie Deutschlands ein, 1924 erfolgte der Anschluss ans Bahnnetz. Im September 1936 zogen A.Hs. Soldaten hier ein, weil eine Kaserne gebaut worden war. Diese Soldaten mussten sofort Anfang September 1939 gegen Polen marschieren. Und jetzt sind wir hier angekommen und haben die Einwohnerzahl auf über 5.600 erhöht. Wir wurden im Gasthof zur Post in Ortsmitte einquartiert, und in einem Nebengebäude gegenüber in einem Schlafsaal untergebracht. In Lenggries war der Tourismus zum Einschlafen gekommen, und obwohl die Bevölkerung im Prinzip von „diese Saupraissens" nicht sonderlich begeistert war, mochte sie doch das mit ihnen einwandernde Geld sehr gut leiden.

Ich wiederhole, dass ich mit einem Wiederaufleben des Mäusekrieges hier in Lenggries nicht mehr rechnete. Im besonderen sah ich es als unmöglich an, mit Mäusen noch einmal wie in Tegernsee Geld oder Naturalien verdienen zu können. Ich hatte schon dort angefangen, weil die täglichen Rationen immer karger wurden, nach Essbarem aus der freien Natur Ausschau zu halten: Durch „Karpfenschwarzangeln im See“, mit dem sträflichen Fangen von Schwarzdrosseln im Garten des Adelhofes, wo diese Singvögel zum Ärger der Besitzer sich über Beerenfrüchte und zarte Keimlinge hermachten. Angelhaken, weil aus Metall bestehend, gab es nicht zu kaufen, wohl aber Sicherheitsnadeln, die wir an einem Bindfaden befestigten und mit Brotkrusten beköderten. Die dümmlichen Barsche und Karpfen in Ufernähe schnappten sofort zu, aber beim Hochziehen flutschten einige von der Nadel, die ja keinen Widerhaken besaß. In schmalen Zuläufen zum See „standen“ gerne Bachforellen gegen die Strömung, die bei meiner Annäherung sofort unter die Uferböschung flüchteten. Ich kniete mich nieder und ließ meine Rechte behutsam ins Wasser tauchen, um den Fisch zu erfühlen.

Oho, er mochte das Kraulen an seiner Unterseite offenbar gern, denn er rührte sich nicht. Das wurde ihm und später noch seinesgleichen zum Übel: Denn meine Hand klappte zu wie eine Klempnerzange und warf den armen Kerl im hohen Bogen rückwärts ans Ufer. Hier machte ich die Erfahrung, dass die meisten meiner Klassenkameraden eingefleischte Memmen waren: Zwar kamen sie heran, als die ausgenommenen Fische überm Lagerfeuer schmurgelten und zu duften anfingen, aber sie zu fangen, gar auszunehmen, war ihnen zu ekelig. Also bekamen sie keinen Happen, kein Forellenfilet zum Essen!

Schom beim ersten Einzug in unseren Schlafsaal begann sich mein Riechorgan zu rümpfen: Mäuse! Mäuse hier im großen Schlafzimmer! Wie man uns mitteilte, war der Raum seit Monaten nicht genutzt und erst in letzter Minute vor unserer Ankunft gereinigt und gelüftet worden. Richtig stickiger Mäusemief lag in der Luft. Ich untersuchte den Fußboden und die Ränder nach Kütteln und Ritzen, über welche die Mäuse von außen in den Raum gelangen konnten, und wurde sofort fündig. In einer halben Stunde war Abendessen, wir konnten nur noch schnell einräumen und keine Mausefallen mehr aufstellen. Ich forderte alle Klassenkameraden auf, vom Abendessen ein paar Happen zurückzuhalten, um sie als Köder verwenden zu können: Scheiben Bratkartoffeln, Wurst und Käse, auch Obst und Knorpel- und Knochenabfälle, die sonst auf den Tellern liegengeblieben wären. Ich fragte den Hotelier nach Mausefallen und bekam sechs in verschiedenen Typen und Ausführungen zum allgemeinen Gebrauch. Dabei war eine, die mich sofort aufhorchen und genauer hinsehen ließ.

Das muss ich erklären. Von den Korbfallen kannte ich bisher nur zwei Typen, die sich äußerlich glichen: Die eine besaß einen seitlichen Einlass und einen in der Mitte obenauf, dazu die übliche Klappe zum Öffnen und Schließen; die andere unterschied sich, dass sie einen Einlass an der Seite besaß. Nun hatte ich ein Modell in Händen, das auch nur diesen einen Einlass hatte, aber als Auslass ein rundes Loch im Boden, das ja für die Mäuse solange unpassierbar war, wie die Falle auf festem Untergrund stand. Mein allen schlauen Mäusen haushoch überlegenes Gehirn arbeitete automatisch und augenblicklich und entwickelte die weiter vorne erwähnte Erfindung. Diese beschreibe ich ausführlich, wenn sie zum Einsatz kommt.

Vom Abendessen im Restaurantsaal zurück waren wir alle recht müde und nur mir blieb die Pflicht auferlegt, den Mäusen die Nacht zu vergraulen. Die sechs Fallen, da-

runter drei leicht angerostete Totschläger und meine eigenen mitgebrachten wurden mit den Abendbrotresten bestückt, insgesamt zwölf an der Zahl, und an den bereits ausgekundschafteten Stellen platziert. Dann ging ich zum Waschen und Austreten in den nebean liegenden sanitären Anbau. Als ich zurückkam und ins Etagenbett steigen wollte, sagte der allein noch wachgebliebene Mitschüler Otto Fahrenhorst beiläufig und abschließend gähnend:
„Es hat schon dreimal geknallt."
Mit der handbetriebenen Dynamotaschenlampe ging ich zum Kontrollieren: Ja, drei Totschläger hatten funktioniert, in drei Lebendfängern hockten junge Hausmäuse und wussten natürlich nicht aus noch ein. Sie bildeten den Auftakt der großen, noch lange nach dem Krieg bekannten „Mäusejagd von Lenggries" und wurden in meinem Tagebuch besonders herausgestrichen. In den Folgenächten blieben alle intakten Fallen je zweimal pro Nacht in mörderischer Tätigkeit, bis der Nachschub nachließ und ich die Fallen woanders aufstellte.

Man mag mir glauben oder nicht: Nicht alle Bewohner dieses Schlafsaals zeigten sich zufrieden, dass ich der Mäuseplage Herr wurde. Es waren jene Jungs, die mich schon zu Hause auf dem Kieker hatten und welche permanent vom Neid geplagt wurden. Ich hatte Verständnis für sie, denn man stelle sich die zweite Nacht vor: In ihr schienen sich alle Schlagfallen darauf geeinigt zu haben, die Mäuse nicht mit tödlichen Nackenschlägen zu versehen, sondern sie an Händen und Füßen zu packen oder hinter den Ohren. Dann entstand das nächtliche Malheur, welches meine Kameraden so aufregte: Das Klappern der Fallen, die von den armen Tieren über den Fußboden gezogen wurden, ihr schmerzvolles Gefiepe und dazwischen die hölzernen Schläge der restlichen zufallenden Fallen. Plötzlich wurden, wie aus dem Boden geschossen oder aus hinteren Gehirnfächern gekramt, Bedenken gegen jegliche

Fallenjagd vorgebracht, Tierquälerei und so, von Leuten, die sich beim Anblick der Wochenschauen über brennende Engländer, abstürzende Amerikaner und von Minen in die Luft geschleuderten Russen seelisch erbauen konnten. Ich verlegte meinen Mäusekrieg außerhalb unserer Behausungen und hörte nicht mehr hin, wenn dann von angenagten Socken, durchbissenen Schnürsenkeln und beküttelten Brötchen die Rede war.

Vor die Schilderung weiterer Vernichtungsaktionen muss ich Sätze über unseren neuen Lagermannschaftsführer verlauten lassen. Der alte vom Tegernsee, August L., war von A.H. berufen worden, ihn und seine Clique gegen die vordringenden Russen zu verteidigen und der neue Heinrich Haverkamp, 27, war nach Hause geschickt worden, weil einäugige und einbeinige Soldaten nun mal keine guten Verteidiger sein können. Aber man entsann sich, dass sie als Lagermannschaftsführer gut geeignet sind, weil sie mit ihren erworbenen sichtbaren Blessuren (Verwundungen) leuchtende Beispiele von A.H.-Verehrung und deutsche Vaterlandsliebe darstellen. Heinrich Haverkamp, der als finanzielle Abfindung in den Rang eines höheren HJ-Führers gehoben worden war, sah mit seinem Holzbein, seinen nur acht Fingern und der schwarzen Augenklappe ziemlich düster aus, hatte aber, trotz oder wegen des Beschusses, dem er ausgesetzt gewesen war, das Herz am rechten Fleck.

Weil ödes Marschieren nicht mehr seine Sache sein konnte, brauchten wir diese Übung überhaupt nicht mehr zu machen und deswegen nachmittags nach den Schularbeiten viel Freizeit genießen. Ich verbrachte diese vorrangig noch mit Mäusen, aber auch mit Heinrich; so wie jetzt am Ufer der Isar, die trotz aller Zeitläufte dahinfloss wie eh und je.

„Ich habe den Don gesehen“, sagte Heinrich versonnen, „den man den stillen nennt. Welche Stille? Diejenige, welche Stalins Orgel erzeugt?“
Donner und Doria – welch eine gewagte und gekonnte Frage! Ich beantwortete sie darum nicht, weil sich vor unseren drei Augen ein Drama im Kleinen abzuspielen begann: Eine kapitale Waldmaus hatte eine junge Zauneidechse *(Lacerta agilis)* gepackt und begann sie vom Kopf her aufzuessen, dabei vor Freude mit ihrem langen Schwanz zappelnd. Der wiederum sah für das grüne Männchen der Zauneideche, - vielleicht der leibliche Vater der jungen? -, wie ein Wurm aus und herzhaft biss es zu. Hielt ebenso herzhaft, dabei eisern fest, bis die Maus ihren Happen fahren ließ, um eine Blitzflucht hinzulegen. Damit war dieser Kleinkrieg beendet.
„Wie bei uns Menschen“, stellte Heinrich fest, „A beißt B und C beißt A. Kapito, du Mäusekrieger?“
„Ja“, sagte ich, „wir sollten den dreien aktuelle Namen geben aus der jetzigen Geschichte geben, zum Beispiel...“
Taten wir aber nicht.

Ich zeigte Heinrich nun die neue Korbfalle und erklärte ihm meine noch gedankliche Erfindung.
„Wenn man diese Falle auf einen Deckel montiert, der einen Eimer, ein Fass oder ähnliches abschließt, und diesen dann, zum Beispiel, so in die Erde setzt, dass die Falle aussieht, als stände sie auf ihr, dann die Falle mit leckerem Mäusefraß wie Mixtura solvens beködert, steigen die Mäuse ein und fallen schließlich, weil sie nur dies als Entkommen deuten, nach unten in den Eimer.“
Ich atmete nach diesem Bandwurmsatz tief ein und aus und wartete ab, ob Heinrich ihn begriffen hatte. Klar, er hatte ja Naturwissenschaft studiert und sprach etwas aus, das wie „summa cum laude“ klang. Er hatte morgen und übermorgen viel mit der Lagerführung und unseren Lehrern unterm Direx zu tun, so dass er mir nicht helfen konnte.

* * * * *

Wieder war ich in Sachen Mäusekrieg auf mich selbst angewiesen. Unser Wirt, der mich und mein Treiben mochte, wies mich an Bauer Sebastian Klotter am westlichen Ortseingang von Lenggries – „der reine Mäusehof ist das, sage ich dir! Die tanzen dort auf Tischen und Stühlen und machen eine Katzenmusik, welche keine Katze aushalten kann."

Gesagt – getan – hingegangen! Das heißt, wie unauffällig auf dem Zuweg geschlendert, wo mich Hofhund *Kunibert* schon schwanzwedelnd erwartete. Ehrlich gesagt, mir lag es momentan weniger an Mäusen als an einem Teller brauner Bratkartoffeln mit fetter Bratwurst oder einer Schüssel dampfender Bohnensuppe.

19 Uhr Anfang Juni, da sind die Tage lang, die Nächte kurz und für Heranwachsende voller Schmacht. Kunibert, an die Kette gebunden, hatte nur verhalten einmal gebellt, so dass sein Herrchen Sebastian, 65 und ziemlich senil, aus seiner Gartenarbeit hochschaute.

„Grüß Gott, Herr Klotter", rief ich laut.

„Grüß Gott zurück, mein Junge. Bist oan Evangeliker?"

„Ja, lutherisch getauft."

„Dann komm her, bist willkomma. Dem Kunibert auch, gel, obwohls a mächtich bissriger Köter is."

Wer hätte in Lenggries Derartiges erwartet? Nicht einmal der Erzbischof von Preising! Bei dieser lockeren Begegnung beschloss ich aufrichtig zu sein und sagte dem Bauern, ich sei weit und breit bis ins Berlinische und Hamburgische hinein der größte Mäusejäger unter dem Herrn und bereit, seinen sehr bekannten und bedeutenden Hof als Versuchsfeld für eine neuartige Mäusebekämpfung zu verwenden.

„Basti“, rief eine isarmelodische Stimme vom Haupthaus her, „komm zum Abendessen!“

Na also! Vorher musste ich noch Kunibert besuchen, der keinen Augenblick von mir gelassen hatte und nun eine Belohnung bekam, nämlich ein Sandplätzchen aus einem von-zu-Hause-Paket. Frau Klotter war eine patente Frau. Zwar war hier auf diesem Hof das Abendessen nicht die Hauptspeise des Tages, aber dennoch für mich vollkommen sättigend: Ein Eiersalat, den ich nicht kannte, mit Majonnaise und selbstgezogenen Champignons, dazu ein Mischbrot aus Weizen und Roggen und dunkles Bier, das ich zum ersten Mal mittrank.

Natürlich musste ich von zu Hause erzählen und gab das Neueste an, nämlich die Vermisstenmeldung meines ältesten Bruders in Russland. Ich spürte instinktiv, dass die Klotters verschworene Antinazis waren, aber eben verschworen und misstrauisch gegen Fremde. Meine Mäusebegeisterung fanden sie fabelhaft und sie erklärten, dass ihr Sohn und Erbe sich freiwillig zum Militär gemeldet habe, ohne dass er als Hoferbe Dienst machen müsste und dass sie trotz je eines Dienstwilligen aus Belgien und der Ukraine kaum mit der Arbeit zurechtkämen.

„Wie sollen wir uns da um Mäuse kümmern können.“

Gemeinsam arbeiteten Herr Klotter und ich dann an der Fertigstellung der Fallenkonstruktion. Er fand im Schuppen ein altes Blechfass mit Deckel, in den wir dann das Loch

Bild 22: Eine Szene aus dem münsterschen Zoo von 1954: Die Hornviper des Terrariums verzehrt eine Maus

stemmten und genau darüber die Korbfalle festschraubten. Er holte ein paar Getreidekörner, dazu ein gekochtes Ei zerstückelt, einen reifen Klarapfel vom Baum, Kirschen und fing unter einem Stein Regenwürmer, welche das interessante Mäusemenue bereicherten. Dann grub ich im vermausten Garten das passende Erdloch und platzierte die ganze Chose dort hinein. Nun musste ich schon rennen, um zum Zapfenstreich im Lager zu sein.

Viel Aufregung zwar, aber meine Siegesgewissheit ließ mich dennoch sofort einschlafen. Wegen des Schulunterrichts konnte ich erst am folgenden Nachmittag die Mausefalle kontrollieren. Der Direx fing mich vorher ab, um seine Anteilnahme am Schicksal meines Bruders, den er persönlich kannte, auszudrücken und mir klarzumachen, dass „vermisst in Russland“ nichts Gutes bedeuten konnte. Nur beiläufig teilte er mir mit, „dass heute die alliierte Invasion in Nordfrankreich begonnen habe“ und dass der Führer entschlossen sei, die Feinde Deutschlands in den Kanal zurückzuwerfen. Er bemerkte meine innere Eile und darum gab ich ihm Bescheid über meine neue Offensive gegen die Mäuse:
„Sie sind auch Feinde Deutschlands und des Führers.“
Das sah er ein und machte sich stark, bei der örtlichen Parteileitung etwas Geld für meine Arbeit locker zu machen.

Im Vorgriff auf das Geschehen möchte ich jetzt mitteilen, wie es zu diesem Thema weiterging. Zwei Wochen später tauchte der Lenggrieser Ortsgruppenleiter im Haus auf, machte ein freundlich-wichtiges Gesicht und wünschte den Direx und mich zu sprechen. Mit Genugtuung betrachtete er das Parteiabzeichen an des Direx Brust und sagte dann:
„Der Sekretär des Führers, Parteigenosse Martin Bormann, hat mich durch den Führer beauftragt, dir dieses Sparbuch für Verdienste um die deutsche Volkswirtschaft mit einem Guthaben von tausend Reichsmark zu überreichen.“
Seine Brust schwoll mehr an als meine zarte und dünne. Der Direx schlug vor, das Sparbuch solange in Obhut zu

nehmen, bis wir nach dem Endsieg wieder heimfahren können.
„Einverstanden“, schnarrte der Braununiformierte, „dann alles Gute, Heil und Sieg und weiterhin kampfstark für unser Drittes Reich!“
Er stakste davon. Weil der Direx mir zur Zeit wohlgesonnen schien, bat ich für mich und Hermo, der sich mir wieder vermehrt anschließen wollte, um die Erlaubnis, abends später heimkommen zu dürfen.
„Wir wollen bei Klotters beobachten, wie Mäuse sich den Fallen gegenüber verhalten, wie vorsichtig oder mutig sie sind und ob es unter ihnen viel oder wenig Gerangel um die Nahrung gibt. Das hat, soviel ich weiß, Herr Direktor, seit Alfred Brehm niemand mehr erforscht. Ich kann diese Werte sicherlich gut verwenden, wenn ich später einmal, nach dem Endsieg natürlich, ein Buch über meine hiesigen Arbeiten schreibe.“
Er nickte wohlwollend.
„Übrigens“, schob ich schwindelnd nach, „Bäuerin Frau Klotter lässt fragen, ob Sie oder Ihre Frau mal ein Stück Schinken oder einige Eier, die doch knapp geworden sind, gebrauchen können. Ich könnte das dann in der Nacht mitbringen.“
Schon im Abgehen, war er natürlich einverstanden...

* * * * *

Der Erfolg der momentanen Arbeit, also gestern beim Bauern Klotter, spottete jeder optimistischen Hoffnung: Das Fass war halb gefüllt mit Mäusen, von denen einige schon vor Aufregung krepiert waren, andere sich als Kannibalen betätigten oder den Weg in die Freiheit suchten. Herr und Frau Klotter gerieten total aus dem Häuschen, „soviel Mäuse haben wir noch nie auf einem Haufen gesehen“, und verehrten mir spontan pro Maus einen Groschen.

„Wohin mit den Tieren?“, fragte ich.
Es waren bei nicht ganz korrekter Zählung 50 Stück.
„Oh“, antwortete die Bäuerin, „die sind als Schweinefutter zum Fettmachen gut zu gebrauchen.“
Nun gab es wieder eine Prozedur, die gute Nerven voraussetzte: Das ganze Fass Mäuse wurde dem Schlachtschwein, das im Herbst unters Messer kommen sollte, in einem Rutsch in den Trog geworfen, Lebende wie Tote, und es dauerte keine zwei Minuten unter Schmatzen und Schlürfen, als alle Mäuse verputzt waren; alle außer einer, die den Absprung in die Freiheit geschafft hatte und sich nun im Stall verkroch.

Ich stellte die Fallenkonstruktion an alter Stelle wieder auf und verabschiedete mich gerade, als Frau Klotter mich herbat, um mir ein Paket mit Schinken, Leberwurst und Brot zu geben. Ich lehnte ab und erklärte, dass ich im Lager nur böse und neidische Blicke beschert bekäme und alles an diese Neider abzugeben hätte.
„Aber der Herr Oberstudiendirektor“, sagte ich, „das ist so eine Art Schulleiter oder Rektor, hat mich gefragt, ob ich als Dankbarkeit dafür, dass ich Ihnen soviele Schädlinge wegfinge, Sie der Schule etwas für die Aufbesserung der Küche überlassen könnten.“
„Wird gemacht, mein guter Junge.“

Am Abend gegen 21 Uhr, als es noch hell war und wir alles sehen konnten, machten Hermo und ich uns auf die Socken, um ein Abenteuer zu erleben, das eines Alfred Brehm würdig werden sollte. Herr Klotter schaffte zwei Sessel und einen Beistelltisch heran, auf dem seine Frau ein paar deftige Brotzeitstullen und zwei Gläser Apfelsaft platzierte.
„Lasst es euch gut schmecken, meine Jungens, und schlaft nicht dabei ein!“

Hermo erzählte mir, dass ich schon auffiele, „weil du mehr durchgefuttert aussiehst als andere", aber sie sind nur missgünstig und durchgedreht, weil zu Hause alles schiefläuft und die Invasion den Alliierten gelungen ist."

Um 22 Uhr wurde es so dämmerig, dass die ersten Mäuse aus ihren Tagesverstecken kamen und den Garten neu zu erkunden begannen. Jeden Tag, dachte ich, kommen hier junge Mäuse zur Welt und damit auch halbstarke von ihnen an die Erdoberfläche. Sie lernen von den Alten und wo diese sich aufhalten, möchten auch sie hin. Drei Meter von der Hauptfalle entfernt hatte ich eine gewöhnliche Korbfalle in die Erdbeeren gestellt, da bewegte sich jetzt etwas: Eine kapitale Waldmaus ließ die süßen Früchte vorerst links und rechts liegen und näherte sich der Falle, die ich mit Lakritz beködert hatte. Den Einlass dieser Falle hatte ich bewusst um Millimeter verengt, damit diese Art von Mäusen nicht einschlupfen konnte. Sie schaffte es trotzdem mit zappeligen Hängen und Würgen, Zerren und Schlankmachen und fühlte sich sicher und unbeobachtet. Was nun folgte, hat auch ein Alfred Brehm nicht beobachten können.

Doch es gab einen Zaungast, einen hungrigen dazu, der Tage zu verpennen und Nächte durchzumachen pflegte: einen Waldkauz. Er baumte jetzt (setzte sich) im Apfelbaum auf und äugte angestrengt, ein echtes „die Lage Peilen, mit schräg nach unten gerichteten dunklen Sehern (Augen) auf Maus und Falle; diese jedoch nicht erkennend – sonst hätte er den tödlichen Sturzflug unterlassen! Soeben konnte ich Hermo, der sicheres Sehen und Erkennen erst noch erlernen musste, aufmerksam machen, da stürzt der Kauz nach unten und krallte seine Krallen in das Drahtgeflecht der Falle. So scharf seine Nachtaugen auch sein mochten – dieses hatte er übersehen. Und so, nachdem er Hermo und mich im Aufstehen erkannt hatte, wollte er fliehen, aber die Falle hing in seinen Greifern (darum Greifvogel) und er musste sie samt Waldmaus mitnehmen.

Ich greife noch einmal dem folgenden Geschehen vor: Das Lenggrieser Lokalblatt, noch immer in verdünnter Form zweitäglich erscheinend, veröffentlichte vierzehn Tage später den Bericht eines Jagdaufsehers, der schrieb, „ich habe eine Mausefalle gefunden, mit einer verdorrten Maus darin, und am ganzen hing ein toter Waldkauz. Er hat sich wohl auf die Falle gestürzt und seine Krallen nicht mehr lösen können..."

Derweil fand eine Prozession scheinbar zu Ehren von Hermo und mir statt: Wie diejenige der Prozessionsspinner (eine Raupenart) krochen, krabbelten und pirschten sich des Gartens Wühl-, Feld- und Hausmäuse an die Falle heran und suchten die Eingänge. Jeden Tag, überlegte ich, werden hier Dutzende Mäusekinder geboren, ebenso viele entwachsen dem Kindesalter und machen sich auf ihren ersten Ausflug – demnach müssen viele unerfahrene Exemplare unter ihnen sein. Sie folgten den Erwachsenen, wo diese sind, mögen auch sie sich aufhalten. In der Falle befanden sich jene Leckerbissen, welche die Mäuse im Garten nicht aufstöbern können: Speckschwarten, Knochen mit Resten daran, Brotkrumen von Stuten und Graubrot, etwas glimmerige Sülze und, von mir gespendet, Mixtura solvens, Salmiakpastillen, Emeukal-Bonbons und gekochte Kartoffeln vom Abendtisch.

„Nicht alle unsere Soldaten an der Front", maulte Hermo sehr aufsässig, „können so genießen und sich sattessen wie diese Mäuse hier."

„Darum fangen wie sie ja auch weg", antortete ich.

Es sah zu ulkig aus, als es den Tieren in der eigentlichen Falle zu eng wurde und sie aussteigen wollten: Plumbs-plumbs-plumbs plumbsten sie durch das Loch nach unten und konnten sich dort erst einmal sattessen.

23 Uhr. Letztes Tageslicht verblasste im Westen, Flugzeuggebrumm und Flakfeuergeknatter schallte von der bayerischen Hauptstadt herüber, wir aber zählten den Absturz der Mäuse in das unersättliche Fass: 21-25-45-60. Ich sah noch Licht im Wohnhaus und ging hinüber:
„Können wir, Herr Klotter, Ihrer Mastsau noch eine gepfefferte Ladung Mäuse in den Trog kippen?“
„Ja“, antwortete er, „aber ich habe mir inzwischen vom klugen Berater unserer Landwirtschaftskammer sagen lassen, dass gekochte Mäuse dem Tier besser bekommen und zu mehr Mast führen als rohe und lebendige.“
Er ging mit in den Garten, hob die Falle aus der Erde und kippte die Mäuse in eine Tonne, aus der die lebenden nicht hochspringen konnten. Dann kam die Falle wieder für den Rest der Nacht in den Garten. Bis zu den wenigen Stunden des Hellwerdens würde sie noch gute Arbeit leisten. Hermo und ich aßen und tranken noch rasch die Sachen vom Beistelltisch weg, nahmen Frau Klotters Fresspaket für den Direx unter die Arme und trollten uns „Mit vielen Grüßen und vergelt's Gott“ nach Hause. Frau Direx war noch halbwach und explodierte auf vollwach, als wir sie bescherten.
„Ob der Direx uns wohl“, spekulierte Hermo, „diese unsere Mühen auf Griechisch und Mathe anrechnen wird?“
Da erlebte ich's wieder: Den gnadenlosen Materialismus dieser Generation von Kriegskindern!

Am anderen Morgen, es war ein Sonntag Mitte Juni 1944, marschierte ich allein zur Falle und erlöste weitere 45 Mäuse aus der Gefangenschaft. Weil Frau Klotter sich geweigert hatte, „auf meinem Herd Mäuse garzukochen“, hatte ihr Mann auf dem Hinterhof eine Art von Steinofen gemauert und in ihm ein Feuer entfacht, das einen uralten, noch von den Bajuwaren Kaiser Karls stammenden guss-

eisernen Topf mit über 100 Mäusen im Wasser der Isar zum Kochen und Garen brachte.
„Wie vor mehr als tausend Jahren hier“, kommentierte Herr Klotter.
Den abgekühlten aber noch warmen Mampf fraß Mastschwein Erna die Fette in drei Minuten auf und legte sich danach, vorne rülpsend und hinten pupend, zum schweinischen Schlaf der Gerechten nieder.
„Während Erna schläft“, erklärte Herr Klotter anerkennend, „produziert sie aus diesem Mäusebrei ein halbes Dutzend Kottelets. Klar, mein Junge?“
Das schon, wenn auch die Menge übertrieben sein mochte...

* * * * *

Diesen meinen Spott und Zynismus schien *Muscularios*, ein altgriechischer Gott aller Nager, der inzwischen verschieden sein müsste, maßlos erzürnt und zur Rache auf mich bereitgemacht zu haben. Denn wer sonst sollte Feinde auf mich gehetzt haben? Ich machte mich nachmittags an einem kleinen Zulauf der Isar zu schaffen, um Forellen zu greifen, damit unsere Clique aus einem halben Dutzend Schülern ein zünftiges Lagerfeuerfest veranstalten konnte. Es sollten Lieder gesungen werden wie

„Fern der Heimat standen ihre Zelte an der Iser springender Flut“,

„Sie kühlte nicht die Glut der heißen Stirne,
sie machte nicht sein krankes Herz gesund“

„Georg von Frundsberg führt uns an“

und andere zu Heimwehherzen gehende Lieder der Zeit. Niemandem von uns kam es an, dass diese Zeit im Abklingen war. Soeben, mitten im freien und flachen Isartal, bückte ich mich wie schon einmal wie früher beschrieben ins klare und langsam fließende Wasser des Baches und

warf eine zappelnde Forelle aufs Ufer, als höllischer, noch nie gehörter Motorenlärm mit MG-Geknatter aufdröhnte und wie ein Furiensturm das Tal entlangbrauste: ein Tiefflieger!
Ein feindlicher natürlich, denn noch gehörte ja Bayern zu Großdeutschland. Ich warf mich in die Uferzone des Baches, tief ins Wasser hinein, und eine Geschossgarbe schnurrte bachaufwärts an mir vorbei.

Ich bin noch heute diesem unbekannten amerikanischen Piloten von Herzen böse, unverzeihlich böse, unrettbar böse sogar, dass er einen unschuldigen deutschen Jungen unter Feuer nahm – wo er doch Hunderte Kilometer weiter westlich, östlich, südlich und nördlich viel mehr Beute hätte machen können! Wie eine australische Springmaus hastete ich über die Wiese auf einen Heustadel zu, hinter dem, nicht in dem ich Deckung vor dem nächsten Anflug suchte. Hausmäuse schauten mich vom inneren First aus an, während der Mörderpilot seine Schleife zum Rückflug zog, dabei eine Kuh (Eigentum Herrn Klotters) erlegte und eine Drahtleitung der Hochspannung so anschoss, dass sie zu Boden auf eine Kuh (Klotters gehörig) fiel und diese mit 20.000 Volt Spannung total und ungenießbar zerbriet. Der heldenhafte Flieger drehte derweil ab.

Schon kamen Dörfler angelaufen, allen voran das Ehepaar Klotter, während die vom E-Werk nicht abgeschaltete Stromleitung weiterhin schmorte, zischte und das Gras verbrannte – kein Kurzschluss, nichts! Es gelang meinem Laufvermögen, (100 Meter in 20 Sekunden), den Klotters in den Weg zu geraten und sie anzubrüllen:
„Nicht näher heran! Der Strom tötet noch aus dreißig Metern Entfernung jedes Lebewesen!“
So rettete ich ihnen das Leben, denn sie waren ahnungslos und wussten vom elektrischen Metier so gut wie nichts. Unser Lohn, ihre Belohnung blieb nicht aus: Sie spendeten, allen Verordnungen und Lebensmittelkarten zum Trotz, die

Hälfte der erschossenen Kuh dem preußischen KLV-Lager von Lenggries. Da konnten wir Jungens gut singen

„Unsre Fahne flattert uns voran...“

und dem allgemeinen Heimweh bei solcher Singerei entgehen!

Jetzt muss ich ein paar Zeilen einer Persönlichkeit widmen, welche in meiner lebenslangen Erinnerung einen großen Platz eingenommen hat: Hofhund Kunibert. Mäusefreund wie ich, Mäusefeind wie ich! An seiner Erzeugung müssen drei Hunderassen beteiligt gewesen sein: Erstens ein Bernhardiner für seine Größe, zweitens ein Terrier für seinen Jagdtrieb, drittens ein Münsterländer für seine Lauffreudigkeit. Sie hatten auch alle weitere positive Charaktereigenschaften beigesteuert: Treue, Gehorsam, Appetit und Sportlichkeit. Dass er mich als seinesgleichen ansah, bewies seine Menschenkenntnis, obwohl er nie über das Weichbild von Lenggries hinausgekommen war und erhebliche Teile seines vierjährigen Lebens an der Kette verbracht hatte.

„Darf ich Kunibert mal ausführen?“

Herr Klotter konnte mir nichts abschlagen.:

„Er wird rabiat an der Leine und zieht dich infolge seiner Kraft durch die halbe Stadt.“

Kunibert und ich, wir versuchten es auf dem Hofgelände. Er ging beifuß wie ein Jagd- oder Polizeihund und wich nicht von meiner rechten Seite. Er selbst steuerte mich in den Garten, wo er sich in einer stillen Ecke auskackte wie eine Kompanie mittelalterlicher Landsknechte und den Riesenhaufen mit seinen Bernhardinerpranken korrekt zuschaufelte. Ich hatte eines mit ihm nicht ausprobiert: sein Verhältnis zu Mäusen. Jetzt offenbarte er es. Mäuselöcher zum tief Durch- und Einatmen gab es hier genug, beim dritten wurde Kunibert fündig und grub wie ein Friedhofswärter zum Begräbnis nach dem Mäusenest, das ihm seine

Nase signalisiert hatte. Fünf kaum behaarte Junge schlabberte er im Nu weg, auf die Mama, die vor Aufregung keine Bewegung machte, setzte er seine linke Pfote und schaute mich dann erwartungsvoll an: „Spielst du mit Mäusefangen?“ Tat ich, spielen tu ich seit meinem sechsten Lebensmonat!

Ich hatte ihn hier im geschlossenen Garten von der Leine gelöst und nahm ihm nun die Maus unter der Pfote weg; sie schien schon hops zu sein. Ich trat fünf Schritte zurück, rief „fang sie, Kunibert!“ und warf sie auf ihn zu. Schlapps – er hielt sein Maul der Flugbahn entgegen, fing das arme Tier und ließ es in Schlund, Hals und Magen versinken. Im Lauf der nächsten Woche fingen Kunibert und ich auf diese sportliche Art und Weise genau fünf Dutzend Mäuse, die ich meinem Tagebuch gutschreiben konnte. Ich spazierte mit Kunibert auch durch die Straßen des Dorfes und erntete viel Bewunderung bei Hundekennern und –liebhabern.

Um Klotters Keller, in dem viel im Krieg kostbare Sachen lagerten, auf Mäuse zu testen, stellte ich einmal meine Fangeinrichtung einfach auf den Fußboden und lehnte einige raue Bretter als Mäuseleitern an. Nachdem ich eine Geruchsspur mit Lakritz gezogen und kleine Stücke davon auf die Leiter, in die Korbfalle und in den Eimer gelegt hatte. Der Erfolg war auch hier überwältigend: 30 Tiere in einer Fangnacht! Nun mag die berechtigte Frage auftauchen: Lebten auf diesem Hof denn keine Katzen? Ja, eine war vorhanden, auf der Straße aufgelesen und so faul geworden, dass sie nicht einmal mit einem Garnknäuel von ihrem Lieblingsplatz am Ofen fortgelockt werden konnte – sagten die Bauersleute; glaubte ich aber nicht!

Also ab mit ihr in eine sportliche Ausbildung. Hunger ist ein guter Lehrmeister. Sie bekam, von mir eisern angeordnet, am Freitag und Samstag nichts zu essen, trinken nur, und am Sonntag nahm ich sie mir vor. Eine Stoffmaus am Bindfaden zur ersten Lektion, dann eine echte tote aus unserem heutigen Fang – und schon hatte Peterle, so ihr neuer Name, begriffen, wie man Selbstversorger werden konnte. Kunibert, der nun bei meiner Anwesenheit frei laufen durfte, war zweiter Lehrmeister. Und so sah unser Unterricht aus: Kunibert musste auf „Platz“ gehorchen und sich hinsetzen. Peterle durfte, vorerst in meinen Armen festgehalten, zuschauen, wie ich eine lebende Maus frei- und von Kunibert packen ließ. Dieses zwei- bis dreimal vorgeführt und Peterle hatte kapiert.

Auf Befehl benahm Kunibert sich großzügig und überließ die nächsten zwei Mäuse der inzwischen zu seiner Freundin gewordenen Katze. Die nächste und letzte Lektion erteilte Kunibert im Garten. Dort grub er in gewohnter Meisterschaft die Mäusenester aus den Beeten und Pflanzungen und fing die Flüchtigen gemeinsam mit Peterle.

„Sie sind ein richtig nettes Paar geworden“, sagte Frau Klotter mütterlich, „wie schade, dass man sie nicht paaren kann.“

Ich weilte jetzt fast jeden Sonntag bei den Klotters. Und als gegen Ende November 1944 ein Feldpostbrief des Kompaniechefs ihres Sohnes Florian vom Briefträger persönlich abgeliefert wurde, musste dieser Briefträger, der so etwas schon gewohnt war, ihn selbst öffnen und auf den Tisch legen. Mehr wollte er nicht tun. Dort blieb er liegen, bis ich eintraf, die Fallen zu kontrollieren und Kunibert und Peterle zu streicheln.

„Lies ihn vor, Junge.“

Muss ich mitteilen, was ich zu lesen bekam? Eine Langzeitfolge dieses traurigen Ereignisses war, dass die Klotters von A.H. absolut nichts mehr wissen und auch seine Weihnachtsansprache nicht hören wollten, in der er zum letzten und jetzt tatsächlich ehrlichem Mal verkündete, „dies sei die letzte Kriegsweihnacht!“ Um überhaupt mit der landwirtschaftlichen Arbeit fertigzuwerden und nachdem ich abgewunken hatte, hier mein Leben verbringen zu dürfen, holten sie Klotters jüngeren Bruder her, der mit einem Leberleiden aus Norwegen entlassen worden war, und ins Elternhaus zurück und sorgten dafür, dass er ein bäuerliches Mädchen aus Lenggries heiratete. So veränderte sich das Hofklima zu meinem Ungunsten und ich empfahl mich mit allen guten Wünschen – ohne zur Hochzeit eingeladen worden zu sein. Kunibert und Peterle trauerten wohl, aber die Mäuse des Anwesens pfiffen mir ein höhnisches „Auf Nimmerwiedersehen" in allen Tonarten nach.

* * * * *

Hier ist es nicht das Thema, das Ende der Naziherrschaft in Lenggries näher auszumalen. Ich kam nach wie vor über die Runden der Mangelwirtschaft und hatte wohl manchmal ordentlich Schmacht, aber nur zwei Wochen lang. Da tauchte Landwirt Paulchen Schmidthuber auf und bat den Direx, mich für die Bekämpfung der Mäuseplage seines Nebenerwerbhofes stunden- oder tageweise freizustellen. Mein guter Ruf hatte sich also schon weit herumgesprochen. Frau Direx tickte ihren zögernden Mann an und so stimmte er zu. Paulchen, leicht marschbehindert, war Chefkoch in der Prinz-Heinrich-Kaserne, in der ab Oktober 1937 die Wehrmacht Gebirgsjäger stationiert hat. Seine Frau Pauline machte den Haushalt und versorgte die Kinder Fabian und Norbert.

Ich sondierte die Lage und wurde dieses Mal vor der Arbeit zum Essen eingeladen. Und zwar zu einem Mittagstisch durchaus städtischen Charakters mit Ochsenschwanzsuppe, Kohlrouladen, Salzkartoffeln, Bratensoße und als Nachtisch grünen Wackelpudding mit Vanillesoße. Ich habe bisher nicht herausbekommen, dass ich auf gestandene Hausfrauen den Eindruck eines Unterernährten machte.

Derweil schweiften meine fachkenntlichen Mäuseblicke umher und sahen einige der Vierbeiner, die am oberen Sims der Essküche entlangliefen und denen offenbar schon das Wasser im Mund zusammenlief. Also war ich am rechten Ort.

Das Einfamilienhaus aus den 20er-Jahren war ideal für Mäuse eingerichtet und weil seine Bewohner einer Sekte angehörten, - deren Name ich vergessen habe -, die das „unnötige" Töten von Tieren untersagte, feierten diese 24 Stunden am Tag fröhliche Urzustände.

„Ich habe eine Mausefalle konstruiert", erklärte ich, „und in der Praxis erprobt, die eine Lebendfangfalle ist und den Mäusen nicht wehtut. Für einen halben Groschen das Stück und gelegentlichem Mitessen hier am Tisch mache ich Ihnen ihr schönes Heim fast mäusefrei."

Fabian, 8 und Norbert 7 waren sofort begeistert, aber ihre Mutter fragte besorgt:

„Und wo tust du die armen Tierchen hin?"

„Die lasse ich draußen frei."

Ich wusste noch nicht, ob dies eine Lüge war, weil ich noch keinen Abnehmer für die zu fangenden Mäuse hatte. Dann lief alles wie am Schnürchen ab, unter Aufsicht der beiden Kinder im Nachtpolter stellte ich alle Lebendfangfallen an geeigneten Stellen auf und durfte dann noch am Abendessen teilnehmen: Milchsuppe mit

Bild 23: So baute man früher ratten- und mäusesichere Häuser: Die Nager konnten von unten her nicht einklettern

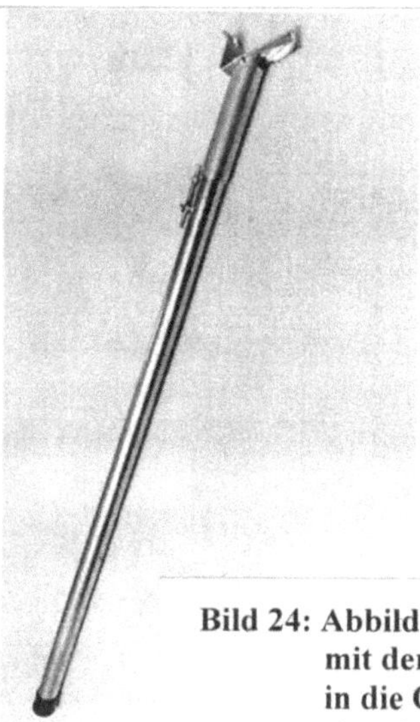

Bild 24: Abbildung einer Giftweizen-Legeflinte, mit der Giftweizenkörner gegen Mäuse in die Gänge und Löcher im Acker gezielt eingebracht werden konnten

Rosinen darin, Apfelpfannkuchen mit Rübenkraut und als Abschluss bayerischen Camembert auf Schwarzbrot – wer dabei je krank wurde, dem war nicht mehr zu helfen!

Am anderen Tag sammelte ich die gefangenen Mäuse ein, es waren 33 Stück, brachte sie wirklich und wahrhaftig an den Stadtrand und ließ sie dort frei; rechnete sie aber meinem Tagebuch zu. Das geschah noch an weiteren sechs Tagen, bis die Fänge weniger wurden, ich aber immer mitessen und „für den Herrn Direktor eine Kleinigkeit“ mitnehmen durfte. Es schien so, dass Mitschüler und Mitlehrer nichts davon erfuhren, wie ich den Direx langsam aber sicher korrumpierte. Insgesamt fing ich für die Schmidthubers 150 Mäuse. Es würde eine Zeit dauern, bis sich die Bestände im Haus und auf dem Grundstück erneuert hätten – dann, rechnete ich, bin ich nicht mehr hier und zu Hause.

Denn: Unzuverlässige Nachrichten besagten, dass unsere Heimatstadt von den Briten und Kanadiern erobert worden sei, dass Amerikaner sich München näherten und sich bemühten, die Nazihierarchie nicht in die Alpen entkommen zu lassen.

„Der Führer kämpft an der vordersten Front mit und Berlin bleibt deutsch.“

„Wird des Führers Geburtstag dieses Jahr auch gefeiert, Herr Direktor?“

Das war für den „gemäßigten Mitläufer“ eine heikle Frage. Schon trugen einige unserer Lehrer das Parteiabzeichen versteckt unterm Revers, schon hatte unser Wirt alle H.-Bilder unauffällig von den Wänden genommen aber noch nicht entsorgt – es hieß flexibel zu sein in diesen Wochen und Tagen. Mitte April 1945 fuhr ein Mercedes vor, der Fahrer stieg aus und ging ins Haus, ich beugte mich vor, um denjenigen in Augenschein zu nehmen, der hier chauffiert wurde; vielleicht war's A.H.? Nein, aber einer seiner Statthalter: unser stellvertretender Gauleiter. Er erkannte mich, ich erkannte ihn, er fragte mich, ich antwortete:

„Hallo kleiner Mäusefänger! Viel gefangen in Bayern?“
„Ja, Herr Gauleiter, über 3.000 Stück hier.“
Er griff in einen Koffer neben sich und gab mir ein Bündel Geldscheine, soviel hatte ich noch nie gesehen.
„Steck sie weg, damit sie niemand sieht. Ich gehe jetzt in die Alpenfestung, unser Führer kommt nach und wir werden uns verteidigen, bis...“
Da erschien sein Sohn und kroch in den Wagen. Ich verdrückte mich mit dicken Taschen und weiß heute nicht, was aus dem Mann geworden ist. Ich übergab dem Direx die 10.000 RM in großen Scheinen, von denen ich später würde Gebrauch machen können.

* * * * *

„Sie sind in München!“
Wir schrieben den 2. Mai 1945.
„Der Führer ist gefallen!“
„Sie stehen am Ortsrand!“
Wir schrieben den 3. Mai 1945 nachmittags.
„Alle ab in den Keller!“
20 Uhr. Alle Naziembleme vom kleinen Parteiabzeichen bis zur Großfahne, waren in Kellern, Dachböden, Truhen und Koffern verschwunden, auch waren alle Braunhemden-Träger in ihren Zimmern und Häusern zum Umziehen und zur eigenen Entnazifizierung untergetaucht. Vereinzelte Schüsse, Fliegergebrumm, dann wackelte das bayerische Fachwerkhaus im Vorbeifahren schwerer Panzer wie mein Pudding, den erst kürzlich noch gegessen hatte. Englische Kommandos, bayerische Einwände, Kolbenstöße an die Kellertür. Der Hausmeister öffnete, jugendlich-neugierige Soldaten äugten umher und fuchtelten mit MPs in der Kellerluft herum.
„Snell maken, rauskommen allesamt!“

Oberbayerische Anbiederer aus der Lenggrieser Bevölkerung hatten den Soldaten gesteckt, der Keller stecke voller Nazis, „die bis an die Ohren bewaffnet sind". Nun krochen sie ins Freie, diese Nazis, ein paar Erwachsene unter ihnen, aber sonst kleine pubertäre Kreaturen, die vor Mäusen Angst hatten, richtige Angsthasen also, mit Angst im Nacken und Schiss in der Hose. Einige der „GIs" waren kaum 5 bis 8 Jahre älter als wir, hatten den großen Teich überschifft, waren durch Frankreich an den Rhein marschiert und sahen nun hier an der Isar „den jüngsten Volksturm des toten A.H." vor sich bibbern und schlottern.

Kurze Rede und langer Sinn sind besser als lange Rede und kurzer Sinn: Schon eine Stunde später waren wir alle, Lehrer wie Schüler, als harmlose Zivilisten anerkannt und in den Tagesrest des 3. Mai 1945 entlassen. Wie üblich um 22 Uhr lagen wir in den Betten und nur einige von uns, die nicht einzusehen vermochten, dass ein Reich in Minutenbruchteilen von der Bildfläche und später vom Atlas entschwinden könnte. Nicht ganz: Gegen 23 Uhr, als es ganz dunkel geworden war, verschossen deutsche Kanoniere in den Bergen ihre letzten Granaten auf Lenggries ab. Es rumpste mächtig, ein Brand brach aus – doch besiegte preußische Jungmänner von 14 konnte nichts mehr erschüttern.

Weil wir damit rechnen konnten, dass uns die Bayern so schnell wie möglich los sein wollten, hängte ich, wie man so schön sagt, meine Liebhaberei an den Nagel, schloss meine Tagebucheintragungen und rechnete ab: 2.278 Mäuse von 1938 bis August 1943, nochmals 2.000 in Bayern machten zusammen abgerundet 4.300 Mäuse insgesamt. War das nun eine großartige Leistung oder nicht? Was schaffte denn eigentlich ein Waldkauz in seinem durchschnittlichen Leben von drei Jahren, ehe ihn das Ende erwischte? Er benötigt nach meiner Schätzung mindestens drei Mäuse pro Jagdnacht, also rund 1.000 im Jahr, macht 3.000 im Leben. Dazu kommen noch jene Mäuse, die er an seine Jungen in der Brutzeit verfüttert: Ich schätze diese Anzahl bei fünfzig Fütterungsnächten und drei Jungen auf 450 bis 500 Mäuse, das bei zwei Brutjahren also 1.000 Mäuse zu den vorigen – dann sind wir im großen und ganzen bei meiner Beute von bisher 4.300.

Bisher? Bestanden Aussichten, meinen Mäusekrieg eine ganze Weile bis ins Erwachsenendasein weiterzuführen? Wenn ich scharf nachdachte, ja. Denn mein nächster Aufenthalt würde für Monate, wenn nicht Jahre, ein Bauernhof sein, Fittens nämlich in Kattenvenne! Ein Mäuseparadies, wie ich schon erfahren hatte.

Ehe ich Lenggries verlasse, muss ich ein Loblied jenen singen, die uns hier erobert hatten: den Amerikanern! Nicht den Einheimischen, welche uns jetzt nach dem Ende ihrer braunen Machthaber, keine Nahrungsmittel mehr liefern und uns heimekeln wollten. Die amerikanische Militärverwaltung war sich klar, dass wir so schnell wie möglich heimkehren müssten, um am Wiederaufbau unserer Heimat mitzuwirken und die Schulzeit fortzuführen. Lob ihr, denn sie organisierte die auf zwei Termine festgelegte Heimfahrt, stellte den Bus, die Verpflegung unterwegs, den Fahrer, das Benzin und zwei Wachsoldaten, die uns an die britische Zone in Köln zu übergeben hatten. Alles klappte wie bei den Preußen. Ich hatte im Koffer Platz genug für meine Mausefallen, außer dem Fass natürlich, und sagte Lenggries ohne eine Träne im Knopfloch „vielleicht auf Wiedersehen in fünfzig Jahren“. Die Heinfahrt beschreibe ich nicht, denn sie hatte mit Mäusen nichts zu tun. Stattdessen, damit es nicht zu langweilig hier wird, schiebe ich erzählerisch einige nette Begebenheiten meines Lebens mit Mäusen ein.

* * * * *

„Allerlei Mäuse am Weg ich fand..."

Dieses Kapitel handelt weniger von Mäusejagd, mehr von Abenteuern, an denen Mäuse beteiligt sind und die ich teils selbst erlebt habe, teils mir von außen zugetragen wurden. Sie zeigen die wache Intelligenz dieser Tiere, wenn sie nötig sein sollte, aber auch ihren angeborenen Instinkt, der sie zur leichten Beute ihrer Fressfeinde macht.

Frieda die Kirchenmaus. Wie lange sie bereits in der berühmten Marien-Kirche, die zugleich Wallfahrtsort ist, gehaust hat, wusste auch der verschwiegendste Beichtvater nicht anzugeben. Aber weil Mäuse in freier Wildbahn, - dazu gehören aus ihrer Sicht auch heilige Orte -, nur eine durchschnittliche Lebenserwartung von knapp einem Jahr haben, kann sie hier noch nicht lange ihr Zuhause haben. Altkirchengänger behaupten zwar, sie schon vor fünfzig, vierzig, dreißig und weniger Jahren hier beobachtet zu haben, aber bei einer Generationenfolge von drei Monaten ist es nicht verwunderlich, dass eine Frieda der anderen nachgefolgt ist. (Frieda ist landläufig bei Mäusen nicht geschlechtlich zu deuten!)

Wovon ernährt sich eine Kirchenmaus? Nun, Insekten wie Käfer und Raupen verirren sich schon einmal, dicke Brummer finden wohl Ein- aber nicht Ausflug und fallen auf den sauberen Steinfußböden, wo die Maus sie wegnaschen kann. Auch ist es bei nichtnostalgischen Kirchgängern Sitte (Unsitte?) geworden, bei längeren und langweiligen Predigten eine Wegzehr hervorzukramen und Krümel zu hinterlassen – Kirchenmäuse sind sparsame Futterverwerter. Sie sterben meistens an Altersschwäche, weil in Kirchen ihre natürlichen Fressfeinde kaum vorkommen.

Anders heute! Pastor Theodor Horstmeier bestieg just seine Kanzel, (das tun gelegentlich auch Jäger), und zitierte das alte Bibelwort

„Besser eine Maus auf dem Teller als gar keinen Teller“, da stolzierte sie, diese Frieda, gemächlich von links nach rechts und wieder zurück, zwischendurch ihre kaum sichtbaren Küttel hinterlassend und sich bei der Körperpflege den nackten Schwanz durchs Mäulchen ziehend. Heutige städtische Kirchgänger kennen kaum noch Tiere aus freier Wildbahn, außer Zecken und Moskitos natürlich, und freuen sich, einmal einen solchen Anblick (Jägerausdruck) genießen zu können. Frieda aalte sich jetzt im dünnen Sonnenstrahl, den das Kirchenfenster passieren ließ, aber die halboffene Tür nach draußen oder drinnen ließ nun Kater *Felix* passieren. Das Drama öffnete sich zur Vollendung.

Pastor Horstmeier, oben auf der Kanzel mit bestem Ausblick, kannte, dafür war er dorfbekannt, zu jeder Lage des passenden Bibelspruch auswendig und sagte

„Der Gerechte hat Verständnis für das Verlangen seines Viehs,
aber das Herz des Gottlosen ist grausam.“

Also war Felix grausam! Er schritt nämlich grausamen Schritts auf Frieda zu, nahm sie mit behutsamen Zähnen am Wickel und trug sie durch die Kirchentür ins Freie. Der Organist war auf Felix’ Seite und meinte, einen praktischen und mehr passenden Abschluss des Gottesdienstes könne nur das Lied

„Bis hierher hat uns Gott gebracht“

bringen. Seine Gedanken setzte er mit der Orgel in die Tat um, wohlklingend und das Kirchenherz ergreifend...

* * * * *

Klara die Kürbismaus. Mit einem Dutzend anderer Kürbisse wuchs unser fraglicher Kürbis von Mai bis September im sonnigen Garte heran, bis auch ihn die Auswahl traf, eingemacht zu werden. Zwar wird das Leben eines Kürbis durchs Einmachen erheblich verlängert, denn statt spontan verzehrt zu werden, kommt dieses Schicksal erst im Dezember, Januar oder Februar auf ihn zu; dann freilich in zerstückeltem Zustand. Hausfrau und Gärtnerin Jutta marschierte suchend durch ihren Garten und fand unseren Kürbis der Ehre wert, unters Messer zu geraten. Sie schnitt ihn los, presste ihn, der immerhin drei Kilogramm wog, an ihren Körper und brachte ihn in ihre Küche.

Dort wurde er von ihrer Tochter Veronika, 6, näher in Augenschein genommen.

„Mama", sagte diese dann, „da ist ein Loch drin und in dem Loch ist was drin, das sich bewegt."

Die Visitation ergab, dass innen ein Hohlraum bestand, der mit fünf noch nicht behaarten Mäusen auf trockenem Gras besetzt war.

„Ein richtiges Nest ist das, Mama."

Jutta hätte, allein gewesen, sicherlich „Igittigitt" gerufen und ihren Mann angerufen, „das Ungeziefer zu entfernen. Aber Tochter Veronika war ein sensibles Kind, das schon bei einer Fliege am klebrigen Fliegenfänger in Schmerzens- und Empörungsschreie ausbrechen konnte – was erst würde geschehen, wenn diese Mäusekinder vor ihren Augen umgebracht würden?

„Kann man die großziehen, Mama, gibt es kleine Babyflaschen für sie?"

„Das vielleicht", gab Mama zu, „aber wer soll sie mit welcher Milch in ihr Mäulchen stecken?"

Aber es kam der Mama die Erleuchtung:

„Gewiss sucht ihre Mutter nach ihnen und war nur kurz ausgegangen, als ich den Kürbis aberntete."

Nichts wie ab in den Garten. Der Kürbis wurde genauso an die Stelle platziert, wo er gelegen hatte. Und es dauerte nicht lange, bis eine Waldmaus, die ganz offensichtlich die

Kindsmutter sein musste, sich schnüffelnd und die Lage sichernd an den Kürbis heranarbeitete, ohne von den beiden Zuschauern Notiz zu nehmen, mit einem Mäusesprung in den Kürbis hinein. In der Schauze transportierte sie ein Bündel Trockengras zum Auspolstern der Wohnung. Ob Lunte für eine Mäusenase unangenehm riecht? Weiß man wahrscheinlich nicht. Jedenfalls schien diese Mäusemama, schon liebevoll Klara genannt, Lunte gerochen zu haben: In einer Blitzaktion von zwei Minuten pro Kind schaffte sie ihren Nachwuchs aus dem Haus in einen nahen unterirdischen Gang hinab und blieb natürlich fortan für alle Gartenbesucher unsichtbar...

* * * * *

Sarah die Kühlhausmaus. Rund um das moderne Kühlhaus von Erich Fleischmann, Metzgermeister seit zehn Jahren, wächst ein der Natur ziemlich viel überlassener Garten heran, der durchaus als Mäuseparadies bezeichnet werden kann. Doch stimmt es gar nicht, dass Feldmäuse das verwachsene Gelände lieben, denn schon die Silbe „Feld“- sagt ja aus, woher sie stammt und dass sie den freien Blick bevorzugt. Aber die Ungestörtheit eines sich selbst überlassenen Gartens hat auch für Feldmäuse und in den Außenbereich gehende Hausmäuse etwas Verlockendes.

Erich Fleischmann liebt an der Natur das Natürliche, das sich auch in Form eines halbierten, am Haken hängenden Schweins äußern kann: Die Speckschichten, das durchwachsene und schiere Fleisch sind für Menschen so verlockend und den Appetit anregend wie für Mäuse, die nicht nur vegetarisch essen möchten. Erich weiß aber dennoch, dass die meisten Tiere, das sind für ihn nur die Säugetiere, sich um ihren Nachwuchs die gleichen Sorgen machen wie der Mensch für seinen: Wird der Wurf gelingen?

Auch der frühe Mensch der Stein- und Holzzeit hat seinen Nachwuchs vor bösen Feinden und hungrigen Tieren verstecken müssen.

Das alles sieht Erich ein, als er es sieht: dieses Mäusenest vor seinen Augen! Er hat einen Kontrollgang durch seinen Fleischbestand gemacht, denn die Grillsaison hat begonnen und wird erhöhten Umsatz bringen. Dort diese Schweinehälfte, sie sieht zum Reinbeißen appetitlich aus. Erich ist von seinem Vater her, der das Geschäft einst eröffnete, ein Fleischfresser ersten Grades geworden, - „jeden Tag gab's Fleisch auf den Teller!" -, und so im Verkaufen desselben begabt, dass er Vegetarier, die er wegen seines riesigen Gewürzangebots herzulocken verstand, schnurstracks bekehren konnte.

Jetzt zwinkerte er mit beiden Augen, um sie scharfzustellen, schüttelte den bemützten Kopf und murmelte empört:

„Das kann doch nicht wahr sein!"

Konnte es aber doch! In einer Mulde, die sich im Bereich der entfernten Schweinelunge befand, lag Sarah die Mäusemutter wie eine Muttersau quer und bot ihren vier Kindern die prallen Zitzen dar. Sie gewahrte den mächtigen Erich Fleischmann sehr wohl, aber entweder kannte sie keine Angst vor Menschen oder sie hoffte auf ihre angeborene Unscheinbarkeit inmitten des leckeren Fleischangebots. Aus einem natürlichen Instinkt heraus ließ Erich seine Rechte vorschnellen, „um dieses unappetitliche Geschmeiß aus dem Haus zu schmeißen", aber derselbe Instinkt veranlasste ihn, „gegen Mutter und Kinder" keine Brutalität aufkommen zu lassen.

Um später einen Beweis in Händen zu haben, holte er sich seine einfache Digitalkamera aus dem Laden und machte ein paar Aufnahmen, bei denen Sarah, - so bereits genannt -, fein stillhielt und sich nicht muckte. Und diese

Fotos brachten Erich in den nächsten Tagen und Wochen mehr Umsatz ein als je zuvor.
„Wie?“, überlegte er anschließend, „bekomme ich diese traute Familie aus der Sau heraus und in den Garten hinein?“
Er wäre nicht Schlachter geworden, wüsste er nicht mit seinen beiden Pranken gut und zärtlich umzugehen! Sie umschlossen in einer Blitzaktion Nest samt Inhalt, also Sarah und ihre Kinder, und transportierten diese Rasselbande in den Garten. Dort hatte just ein Maulwurf, die Ruhe dieser Einrichtung sehr schätzend, einen Erdhaufen aufgeworfen. Erich trat ihn mit den Schuhen auseinander und setzte das Nest in die entstandene Mulde. Sarah hatte sich die ganze Zeit in seinen Händen nicht gemuckt und entfloh auch jetzt nicht, als die Freiheit erreicht war. Erich aber trollte sich zufrieden in seinen Laden zurück – zufrieden deshalb, weil das Verrichten guter Werke auf dieser Erde letztlich doch belohnt wird...

* * * * *

Bubi der Kinderwagen-Mausbock. Diese wahre und nette Geschichte wäre nie bekanntgeworden, hätte es die unbestechliche Videokamera nicht gegeben. Ort des Geschehens: Ein Gartenstück neben einem Wohnhaus im Grünen; Teilnehmer des Geschehens: ein hochmoderner Kinderwagen, die Videokamera, Baby „Babi“, 6 Monate jung und der oben erwähnte Mäusebock Bubi. Wie erwähnt: Die ganze unglaubliche Geschichte wäre nie ans Licht gekommen, hätte die Kamera sie nicht aufgezeichnet und wäre gar nicht passiert, wenn statt eines modernen ein „antiker“ Kinderwagen im Garten gestanden hätte.

Das muss wohl erklärt werden. Die heutigen schnittig aussehenden und komfortablen Kinderwagen können von Mäusen erstiegen werden, die alten, antiken mit den großen Speichenrädern aber nicht – wer denkt heute an solche Bagatellen in einer mäusefreien Stadtlandschaft! Baby Babi, wie mitgeteilt schon 6 Monate alt, konnte an so etwas noch nicht denken, es aber erleben. Wenn er nachmittags nach dem Breiessen in den Garten geschoben und mit einem Keks zum Mümmeln allein gelassen und von der Kamera bewacht wurde, konnte nichts seine Zufriedenheit beeinträchtigen. Er saß bereits aufrecht und konnte manches, auf jeden Fall alles Neue wie in einer Theaterloge beobachten: Singvögel sehen und hören, Blätterrauschen in den Bäumen über ihm, Hähnekrähen der Nachbarschaft, sogar den Besuch eines Eichhörnchens erlebte er, aber Mäusebock Bubi hatte ihn noch nicht besucht.

Aber dieser war unterwegs! Behende sprang er auf eins der Räder, von dort aus kletterte er das stoffumspannte Gestänge empor und befand sich nun Augen in Augen mit Babi. Dieser ließ jetzt das Beknabbern des Plätzchens sein und legte seine Hand, das Plätzchen festhaltend, auf die Wagenkante. Dies musste für Bubi als Aufforderung gelten, am Mahl teilzunehmen. Bubi turnte unter den entzückten Blicken Babis heran und setzte seine kleinen gelben Nagezähne in die Leckerei.

Diesen interessanten und hier wohl einmaligen Vorgang hätte man im Haus natürlich verfolgen können, aber niemand beachtete den zuständigen Monitor. Nachdem Bubi seinen ersten Asppetit gestillt hatte und sichernd verhoffte, (Jägerausdruck für „interessiert beobachten“), nahm Babi den, übrigens weltbekannten, Keks wieder an sich und lutschte zahnlos einen Brocken ab. Danach gönnte er seinem Besucher einen weiteren Happen.

Was soll lange über etwas berichtet werden, dessen Fortgang jedermann erraten kann? Babi und Bubi aßen den Keks auf und beendeten ihre neue Freundschaft dadurch, dass der eine einschlief und der andere den Tatort gesättigt

verließ. Im Haus klingelte das Telefon, eine Nachbarin war am Apparat und sagte;
„Hallo Nachbar, Sie sollten sich mal Ihr neuestes Video aus dem Garten ansehen!“
Und so kam die Sache mit Baby Babi und Maus Bubi (nachträglich so getauft), ans Licht der Öffentlichkeit...

* * * * *

Eine Brückenquerung. Diese für alle echten und unechten Wissenschaftler der Mäusekunde einmalig interessante Geschichte hat mir ein Waidmann erzählt, der sie von einem Hochsitz aus beobachtet hat. Es regnete wie in den Tropen, so dass er seinen überdachten Hochsitz nicht verlassen mochte. In einer begrasten Freifläche vor ihm sammelte sich das Wasser so rasch, dass alle „Erdmäuse“, wie er sie nannte, aus ihren unterirdischen Höhlen getrieben wurden, wollten sie nicht ertrinken. Zum Hochsitz hin, aus Mäusesicht, stieg das Gelände an und war dort noch nicht überschwemmt. Es ging dort sogar soweit aufwärts, dass Rettung auch bei einer Sintflut möglich schien. Wussten die Mäuse davon? Wollten sie also weiter aufwärts gelangen, mussten sie einen Bach queren, der gewöhnlich als Rinnsal verlief, jetzt aber rasant anstieg und eine starke Strömung aufwies. Diesen Bach hatten auch alle Jäger und sonstige Waidmänner zu überqueren, wenn sie zum Hochsitz wollten. Für sie war ein starkes Bohlenbrett aufgelegt worden, sehr schmal zwar, aber in Füßchen-vor-Füßchen-Schritten einfach zu überwinden. Wussten die Mäuse davon? Jawohl, wenigstens einige ihres Stammes, das hatten Naturbeobachter gesehen. Auch größere Wald- und Revierbewohner wie Igel, Marder, Wiesel, Wanderratten, Hasen und Kaninchen, Füchse und Dachse benutzten diese Brücke, um trockenen Fußes bleiben zu können.

Wie auf ein Kommando, so berichtete der Jäger mir, setzten sich geschätzte 500 Mäuse in Bewegung, die Fluten schon an den Hacken, und wälzten sich wohldiszipliniert in enger, beinahe militärischer Formation über die schmale Brücke. Schwächere wurden von Stärkeren ins Wasser abgedrängt, wo sie durchaus nicht widerstandslos ertranken, sondern wie menschliche Rettungsschwimmer zum Ufer zu rudern versuchten; einige schafften es, einige ertranken.

„Unter meinem Hochsitz“, erzählte der Jäger beeindruckt, „wo es noch relativ trocken war, sammelte sich die ganze Gesellschaft, schüttelte das Wasser aus den Fellen, putzte sich halbtrocken und ging dann, wie Menschenmassen es zu tun pflegen, auseinander und jedes Tier seines Weges. Ich war sehr begeistert, wie Mutter Natur auch ihren kleinen und scheinbar schwachen Mitgliedern eine Chance einräumt.“

Über einen „Mäuseteppich“ werde ich später aus eigenem Erleben noch ausführlich berichten...

* * * * *

Allerlei von der Mäuserei. Da endlich biss einer an! Petrijünger (Angler) Enrico Schnatermann hatte schon zwei Stunden lang am Ufer des Angelsees gehockt und Haken und Köder wohl zwanzigmal ins Wasser geschleudert – aber die geschuppten Kandidaten fürs heutige Abendessen wollten nicht anbeißen. Doch plötzlich, ein Ruck in der Schnur, Enricos Gegenreaktion und dann der Kampf ums Überleben für den Fisch; den gewinnt freilich meistens der Mensch!

Einen Hecht von einem Meter Länge und einem Drachenrachen zum Fürchten hatte Enrico dann vor sich im Gras liegen. Zwei Nackenschläge mit dem Messergriff und das Gezappel hörte auf. Weil Enricos Frau sich in der Küche mit nicht koch- oder bratfähig zugerichteten Tieren ziemlich zimperlich anstellte, übernahm er an Ort und Stelle das Ausweiden, (Ausrämen der inneren, nicht essbaren Innereien), und schubste drei tote Mäuse aus dem Leib des Hechtes. Dass diese Unterwasserräuber auch schwimmenden Mäusen an den Wickel gehen, war ihm unbekannt geblieben; mir übrigens auch!

Als ich einmal auf meinem Dreibein, (ein Naturbeobachterstuhl), saß und etwas anderes als Mäuse beobachten wollte, kroch vor mir aus ihrem Erdloch eine Erdkröte, (*Bufo bufo*) zur abend- und nächtlichen Jagd nach Fressbarem. Es gibt den alten Spruch

„Den Seinen gibt's der Herr im Schlaf",

und diese Kröte mit den schönen Augen gehörte wohl zu den Seinen. Denn im selben Augenblick, wo sie im Abendlicht erschien, krabbelten auch drei Jungmäuse aus ihrem Versteck, um ihren ersten Ausflug zu machen. Dass ein hungriger Wegelagerer sie empfing, überstieg ihr Vorstellungsvermögen beträchtlich. Dieser legte seinen Kopf schief, womit er ein Auge auf die Beute fixieren konnte, und machte mit dem Breitmaul nur „schlapps", da hatte er eine Maus intus. Schluckbeschwerden hinderte die Kröte, sofort nachzufassen und die zwei Geschwister auch noch zu vernaschen, so dass sie sich ein Stück Weges von ihr entfernen konnten. Doch richtige notorische Wegelagerer verfolgen auch ihre Beute: Die Kröte verfolgte also und schnappte sich das zweite Mäuchchen von hinten, danach auch das vor Schreck erlahmte dritte. Der Krötenbauch war nun so aufgequollen, dass ich die letzte Maus noch eine Weile zappeln sah, ehe Magensäure und Atemnot auch ihr Leben beendeten.

* * * * *

Der feige Rex und die mutige Maus. Diese Geschichte ist verbürgt, aber natürlich in Mäusekreisen nicht richtig bekannt geworden. Auch in Hundekreisen nicht, obwohl es zwei zuschauende Vierbeiner gab.

Deutscher Schäferhund *Rex vom Hofgarten*, wohl das Deutscheste, was sich ein Hundebesitzer vorstellen kann, hatte eine Ausbildung durchgemacht, für welche des Hundeeigners Sohn sein Studium hätte finanzieren können. Danach hätte er seinem Vater kaum besser gehorcht als vorher, während Rex nach ihr ein Ausbund von Gehorsam und geistiger Knechtschaft geworden war.

„Er ist nichts ohne Herrchen!“

Seine einzige Freude in diesem Verhältnis waren Spaziergänge mit Herrchen in der nahen Umgebung des Wohnhauses der beiden, und wenn Rex im Waldboden buddeln und graben konnte, dass die Fetzen flogen, vergaß er für Momente seine gute Erziehung zum Wächter und Beschützer seines Herrn. Und er bewies Mut und Tatkraft, als ihnen bei einem Waldspaziergang plötzlich eine wilde Sau gegenüberstand, welche zu allem Unglück auch noch eine Muttersau zu sein schien, denn in ihrem Hintergrund quiekten wilde Ferkel. Rex machte seinem Namen alle Ehre und fiel wie ein germanischer König das Schwein schnurstracks an. So dass es ebenso stracks ins Gebüsch retirierte und seine Kinder mitnahm.

Seit diesem Tag galt Rex als Held ohne Furcht und Tadel, bis, ja bis er im Garten die Keckheit zeigte, ein Mäusenest zu erschnüffeln und auf den Inhalt zu untersuchen. Nun kam’s umgekehrt wie beim Schwein: Die Muttermaus fiel ihn an und verbiss sich klugerweise in seine empfindliche Nase. Die meisten so frechen Mäuse überleben solches Abenteuer nicht und werden eben von den Hunden totgebissen. Diese hatte an ihren Nagezähnen entweder Widerhaken oder ihr Gebiss klemmte, jedenfalls ließ sie nicht locker, so sehr der laut um sich heulende Rex seinen Kopf schütteln mochte... Wir verlassen an dieser Stelle dieses Abenteuer, damit Rex nicht für alle Zukunft der Düpierte sei, der nie wieder nach Mäusen schnüffelte; wenn eine unabsichtlich seinen Weg kreuzte, galoppierte er davon, um hinter Herrchen Trost und Schutz zu suchen...

Mit dieser abschließenden Betrachtung kehre ich auf unsere Fahrt nach Hause zurück. Es war Anfang Juni 1945 geworden. A.Hs. ehemaliges Dritte Reich präsentierte sich uns als ein Trümmerfeld nach dem anderen, wenn man in Großstadtnähe kam – wie würde es zu Hause aussehen? Was uns währedn der Heimfahrt besonders bedrückte, war die Tatsache, dass wir keine Gelegenheit bekommen hatten, unsere Ankunft mitzuteilen...

* * * * *

Im Exil 1945 bis 1948

Im ersten Halbjahr. Unser 30-sitziger Bus, von den Amerikanern in Lenggries erobert, machte die zweite Fahrtpause zwischen Nürnberg und Köln. Bisher hatte mich in diesen eineinhalb Tagen keine Maus belästigt, sogar der Bus schien mäusefrei zu sein und beim Aussteigen war auch keine um mich hergewuselt. Aber dem Fahrer Herbert Mustermann aus München hatte Hermo erzählt, ich sei Deutschlands Mäusekenner Nummer 1 oder 2, genau wisse er das nicht, und hätte schon Zigtausende dieser Viecher ins Jenseits geschickt. Herbert gab mir einen Mäusetipp, den er von einem Dritten erfahren hätte, dieser wieder von einem Vierten und so weiter:
„Mäuse lecken und fressen für ihr kurzes Leben gern Salz. In den Versuchslaboren der pharmazeutischen Industrie verschafft man ihnen mit Salzzugaben ein Leben bis zu drei Jahren, wenn sie nicht vorher an den Versuchen sterben. Salz gibt's immer, auch in Notzeiten wie jetzt, du

musst nur zusehen, wie du es auf und in die Fallen bekommst."

Nachdem wir in Köln morgens an die Briten übergeben worden waren, ging es flott weiter und gegen 14 Uhr kam unsere Heimatstadt in Sicht. Dabei verstummte das letzte unserer Großmäuler und der allerletzte Rest des Geistes A.Hs., der noch in manchen Hirnen spukte, löste sich für immer auf.
Ich beschreibe nicht den Zustand der Stadt, wo man vom erhöhten Bahnhof her weiter blicken konnte als früher: Weil alle Häuser der Innenstadt flachgelegt worden waren.

Vor dem Gymnasium endete unsere Reise. Kein Elternpaar, keine sonstigen Abholer waren gekommen – sie wussten ja von nicht. Der größte teil meiner Schulkameraden wohnte in naher, mittlerer und weiterer Entfernung von hier, sie ließen wie ich die schweren Koffer im Lageraum der Schule und machten sich zu Fuß auf. Ich musste zum Bahnhof. Niemand wusste hier, ob Züge wieder fahren, niemand fragte mich, ob ich Geld für eine Fahrkarte habe. In meinem Rucksack lag der Packen von 10.000 Mark, für Wechselgeld hatte ich schon in Bayern gesorgt.

Auf dem notdürftig eingerichteten Bahnhof stand ein Güterzug unter Dampf, genau in Richtung Kattenvenne, Lengerich, Osnabrück. Einen Fahrkartenschalter hatte ich nicht entdecken können. Aus der Lokomotive lehnte sich der Lokführer.
„Fahren Sie in Richtung Lengerich Osnabrück?"

**Bild 25: Oben: Die Maus ist unschlüssig und misstrauisch
Unten: Nach einigem Beknabbern des Köders hat sie den Mechanismus ausgelöst und der Schlagbügel wird sie im Genick fassen und töten. Die Blitzlichttechnik von 1948 konnte die rasche Bewegung des Bügels noch nicht scharf genug erfassen**

Er nickte wohlwollend ja.
„Halten Sie in Kattenvenne?"
Er nickte wohlwollend nein.

„Oder bummeln Sie einmal kurz und ein wenig, damit ich abspringen kann?“
Er nickte unentschlossen.
„Ich habe hundert Märker für Sie!“
Er nickte endgültig und lud mich ein, zu ihm auf die Lok zu klettern und auch dem Heizer hundert Mark zu geben. Der Geldtransfer fand statt und dann ging’s bald mit einem Lokomotivenpfiff los nach Osten.

Der Zugführer ließ in Kattenvenne halten, stieg aus und tat so, als müsse sein Heizer an der Lok etwas kontrollieren. Da war ich schon weg. Noch zwanzig Minuten Fußmarsch, den ich noch auswendig kannte, da tauchte Fittens Anwesen auf. Vorher liefen mir noch zwei Mäuse über den Schotterweg, ich ließ sie laufen. Danach, ich war der zum Hof gehörigen Pferdewiese nahe gekommen, sahen und erkannten mich die beiden Pferde, denen ich oft Lakritze zugesteckt hatte. Dann stand plötzlich ein Hund auf der Straße:
„Nelli!“, rief ich so laut ich konnte.
Er zuckte wie bei einem Blattschuss (Jägerwort für Herzschuss) zusammen, heulte sirenenhaft auf und nahm, - symbolhaft natürlich! -, alle vier Füße in die Hand, um nach einem Hundertmeterlauf von sieben Sekunden vor meinen Beinen nicht mehr stoppen zu können und mich fast umzustoßen drohte.
„Nelli!“
Er konnte sprachlich nicht antworten, aber ich las aus seinen begeisterten Augen genau und wörtlich heraus:
„Wo warst du denn solange? Warum hast du mich hier allein gelassen!“
Nun, „Wiedersehen versüßt jeden Abschied“, sagten schon die alten Römer.

Drei Minuten später war ich nach weniger als zwei Jahren wieder zu Hause in der Familie, wenn auch im Exil. Alle Wiedersehensfreude mit Eltern, jüngerem Bruder und den beiden älteren, die später aus Belgien heimkamen, beschreibe ich hier nicht – sie gehört nicht zum Thema Mäusekrieg. Der, wie ich nach ein paar Tagen schon ahnen durfte, in voller Schärfe erst noch losbrechen würde – alle Mäusekämpfe der letzten Jahre würden sich als Techtelmechtel und netten Zeitvertreib erweisen. In weiser Voraussicht, dass ich im Lauf des Sommers 1945 heimkommen müsste, hatte Mutter das mir von früher bekannte Schlafzimmer neben dem Korn- und Heuboden herrichten lassen. Es war zwar fensterlos, aber dennoch gut genug belüftet und das absolut ruhigste Zimmer des Hauses. Als ich dort meine mitgebrachten Sachen einräumte, vor allem die Totschlagfallen, welche ja wenig Platz einnehmen, roch und schüffelte ich bereits die latende Anwesenheit von Mäusen: Klar, nebenan der Boden mit dem ausgedroschenen Getreide, welches für den eigenen Gebrauch zum Füttern hier gelagert wurde, anf der anderen Seite, neben meinem Bett, eine Holztür, die zum Heu- und Strohgiebel des Hauses führte.

Eine nähere Untersuchung ergab, dass die Mäuse von der anderen Seite her unten links solange genagt hatten, bis ein Dreiecksloch entstanden war, durch das sie sich zwängen konnten. Na wartet – jetzt bin ich, der Mäusejäger, endlich heimgekommen und werde es euch heimzahlen! Die Familie H., jetzt vertreten durch das Großelternpaar August und Bernhardine, Sohn Fitten nebst Ehefrau Lina aus Ladbergen und deren zwei Kinder Ewald, jetzt 5, Gisela, jetzt 3 und Wilfried, ein sechs Monate alter Fötus in Lina. Die Familie freute sich über mein Kommen, hatte mich noch von den 30er-Jahren her in guter Erinnerung und hoffte auf eine Arbeitskraft, die es für „Essen und Unterkunft“ in einer Siebentagewoche ohne Zeitbeschrän-

kung „tun würde“ – nämlich mitarbeiten! Ich muss mitteilen, dass ich schon eine Stunde nach meiner Ankunft lauthals verkündet hatte:
„Die Schule sieht mich nicht wieder!“
So brauchte ich zwar als 15-Jähriger die Volksschule nicht weiter zu besuchen, bekam aber keinen Abschluss.
„Kannst bei uns ein tüchtiger Landwirt werden“, sagte Großvater August.
Keiner in unserer an sich arglosen Familie dachte daran, dass man, wollte man tatsächlich Landwirt werden wollen, wenigstens auf einem Lehrhof seine drei Lehrjahre machen sollte. Also: Sinn meiner ganzen Schreiberei jetzt: Ich kam den Eltern von der Tasche, blieb jedoch bei Vater in der Krankenversicherung, (welche ich bis 1954 nicht in Anspruch nahm), und hatte, natürlich, als in der Landwirtschaft Beschäftigter, immer genug, reichlich, sogar üppig zu essen – während die deutsche Stadtbevölkerung Hunger- und Frierzeiten erst noch kennenlernte. Wie hatte der jüngst verblichene A.H. einst verkündet: „Niemand soll hungern und frieren...“

Ich habe den von Hausmäusen genagten Türschlitz in meiner Schlafkammer erwähnt: Passgenau vor diesen stellte ich die erste Schlagfalle derart auf, dass jede Maus, steckte sie nur ihre Pfötchen, gar das Köpfchen zwei Zentimeter in mein Zimmer, der Schlagbügel auf sie niederschmetterte; ich brauchte die Falle gar nicht zu beködern. Nach dem Abendessen schaute ich zum ersten Mal nach: Volltreffer, Maus mausetot! Falle wieder fängisch gemacht und hingestellt. Um 21 Uhr, noch vorm Zubettgehen, zweite Kontrolle: Volltreffer! Dann musste ich unten im Wohnzimmer vor versammelter Mannschaft mein Bayern-Abenteuer erzählen und erwähnte dabei natürlich meine 4.300 Mäusemorde.

„Du kannst bei uns so weitermachen“, schlug Fitten vor, „unsere Katzen kommen gegen diese frechen Nager nicht an, sie fressen sich zu schnell satt und gehen dann sofort schlafen.“

„Klar“, sagte ich, „wenn ihr mir die Fallen und Köder genug besorgt. Geld habe ich keins.“

Das war dreist gelogen, aber ich sah nicht ein, dass ich von den 9.800 RM, die ich Vater zur Aufbewahrung und Anlegung gegeben hatte, nur ein Groschen für eine Arbeit abgezweigt wurde, welche den Hs. hauptsächlich zu Nutzen war. Schnell schob ich noch nach:

„Könnt mir nen Tacken (Groschen, zehn Pfennig) pro Maus geben, das zahlt sich für euch aus.“

Die Großeltern, geizig wie schweizerische Bankiers, winkten ab.

„In düsse drocke Tied“, sagte Großmutter, „mott man dat Geld tohaupe halten.“

Also: „In dieser bedrückenden Zeit muss man das Geld zusammenhalten.“

Fitten nickte mir heimlich zu, was bedeutete, dass er mich aus seinem und Linas Taschen- und Familiengeld bezahlen würde. Wir gingen zu Bett. Meine dritte Kontrolle, schon im weißen Nachtpolter und den Pisspott unters Bett gestellt, ergab den dritten Treffer, und nachts den vierten, den ich, im Reich der sicheren Träume befindlich, voll und ganz überhörte – also vier Mäuse schon in nicht vierundzwanzig Stunden!

* * * * *

Auf in den Kampf! Es wurde für mich auch ein Kampf ums Überleben. Hier möchte ich aber nicht darlegen, was mir diese an Arbeit, Zupacken, Anpacken und „Malochen“ gewöhnten Landleute in den ersten Monaten zumuteten! Jedes heutige Gewerbeaufsichtsamt hätte den Laden sofort dichtgemacht und Anzeige „wegen Unmenschlichkeit" erstattet. Doch ich hielt hier bis 1948 durch, zumal die reichliche ländliche Ernährung und die einsetzende Emanzipation zum Erwachsensein hin nun einsetzte und aus einem körperlichen Mickersammy einen strammen Jungman machte, der glattweg einen Zentnersack Getreide die Treppen empor oder eine Leiter hoch schleppen konnte.

Schon am nächsten Tag verehrte mir Fitten 10 Mark, um im Dorfladen an der Hauptstrasse Mausefallen zu kaufen: zwei Korbfallen, in deren Boden wir das Loch bohren mussten, und acht Schlagfallen. Weil Regenwetter herrschte, konnte ich im gesamten Haus Inspektion machen: Keller, zwei Schlafräume, eine Gute Stube, zwei Einzelschlafzimmer, ein Mädchenzimmer, die Wohnung meiner Eltern, die Ess- und Wohnküche. Dazu kamen die Ställe des Viehs, eine von Mäusen sehr bevorzugte Kammer für Werkzeug, ein geräumiger im Winter warmer Holzschuppen, der Hühnerstall, Nellis Hundehütte und all die Räumlichkeiten im ersten Stock und unter dem Dach bis in den Giebel hinauf.

Das Haupthaus aus rotem Ziegel war relativ neu, erst 1928 im Zuge einer Begünstigung der Landwirtschaft erbaut, aber Mäuse kommen bekanntlich sowohl in Eskimoiglus als auch in Königspalästen zurecht. Als der Regen nachließ inspizierte ich den mir schon von früher bekannten Garten und stellte fest, dass man hier den Wühlmäusen ziemlich freie Wühlarbeit gelassen hat. Dass wir sie vor Jahren durch eine künstliche Überschwemmung auf Trab gebracht haben, darüber berichtete ich schon; eine Wiederholung wird kommen müssen!

Dem mir vom Busfahrer gegebenen Tipp, mit Salz Mäuse anzulocken, wollte ich mit Hilfe Fittens ausprobieren. Es gab Lecksalz fürs Vieh in großen Brocken, die ich mit dem Hammer zerschlug und erst einmal im Gebälk der Scheune so auslegte, dass eine richtige Futterlinie entstand

und zu einem größeren Brocken des Salzes führte. Fitten gab mir noch den Rat, alle Fallen anzubinden, besonders im Außengelände und in den Schuppen:
„Da laufen auch die tierischen Mäusefänger Marder und Katzen herum, und es können durch sie einige Fallen verlorengehen.“

Großmutter Bernhardine verlangte, dass ich zuerst den Keller von Mäusen zu reinigen habe.
„Ich bin es leid“, sagte sie mit seltener Offenheit, „immer wieder tote Mäuse aus dem Kraut und dem Apfelmus zu fischen und ihre Nester und Jungen aus dem salzigen Pökelfleisch zu ziehen. Auch nagen sie mir Würste und den Stuten an, den ich hier lagere. Und wer soll stundenlang ihre Küttel wegfegen!“
Ich besprach mit Fitten, dass man Lebensmittel und auch die Räucherwaren so lagern, verstecken, verschließen und aufhängen kann, dass auch Mäuse, welche den Klimmzug beherrschen, nicht an sie herankommen können. Er schüttelte den Kopf und sagte:
„Gegen Großmama kommt selbst Großpapa nicht an – versuch du es mal!“

Das tat ich später. Jetzt machten Fitten und ich uns daran, meine große Lebendfangfalle von Lenggries neu zu basteln. Das gelang mit einer einfachen hochstehenden Holzkiste, auf welche die Korbfalle mit zwei Schrauben befestigt werden konnte.
„Was machen wir mit den toten Mäusen?“, fragte ich Fitten.
Und erzählte ihm, dass man sie in Bayern der Mastsau verfüttert habe, erst roh, dann gekocht. Das war ihm zu unappetitlich.
„Wir werfen sie den Hühnern vor“, sagte er, „denn wenn wir sie unseren Katzen auf dem Speicher und Heuboden

geben, werden diese bequem und warten den ganzen Tag auf die Fütterng."
Dann betrachtete er unter Pfeifenqualm meine große Falle.
„Ich lass mir eine andere, mehr raffinierte Methode einfallen."
Bei allen Planungen hatte ich mein eigenes Zimmer nicht vergessen. Dort lauerte auch über Tag die Schlagfalle auf Beute, doch die Mäuse auf dem Heuboden, wo auch die nicht handzahmen Hofkatzen ihr Quartier hatten, waren alle Dämmerungs- und Nachtschwärmer. In der folgenden Nacht schnappte sich meine spezielle Falle wiederum vier Mäuse, alles Hausmäuse. Ich stellte mir ziemlich zynisch vor, wie es auf der anderen Seite der Tür aussah, wenn eine tote Mause ihren Kolleginnen den Durchgang versperrte: Da versuchte dann wohl mal eine, die tote Kameradin vom Loch fortzuzerren.

Am nächsten Tag hatte ich neben meiner „Dienstzeit" Pausen genug, um die Vorbereitungen vom Vortag zu kontrollieren. Alles verteilte Salz war abgeleckt oder fortgetragen worden, so dass es nach dem Aufstellen aller Fallen in der Scheune nachts zu einem echten Massaker kommen müsste. Das war tatsächlich der Fall. In den beiden Korbfallen drängten sich sechs Mäuse, die acht Schlagfallen töteten neun Mäuse. Neun bei acht Fallen? Ja, es gab eine Doublette, denn zwei Mäuse hatten sich wohl auf einer Falle gezankt, die eine wurde am Hinterteil, die andere hinterm Kopf getroffen.

Als ich Großmutter die Beute zeigte, ehe wir sie dem Geflügel vorwarfen, wurde sie ganz kribbelig und gab mir 10 Mark aus ihrer Privatschatulle, - über die ihr Mann nichts wusste -, um noch mehr Fallen zu kaufen. Zusammen mit meinen mitgebrachten besaß ich nun etwa dreißig Stück, mit denen man eine Großoffensive beginnen konnte. Jetzt kam erst der Keller an die Reihe, wo ich entdeckte, dass sich im Gitter des Fensters ein Rostloch befand, welches die Landleute alle nicht, aber die Feld- und Gartenmäuse längst entdeckt hatten – kein Wunder, dachte ich, dass bei einer solchen Schlamperei die Mäuse des Anwesens und ihre Freunde vom Feld hier fröhliche Saus- und Brausfeten feiern konnten.

* * * * *

Jetzt muss ich eines Gehilfen gedenken, den ich bisher vernachlässigt habe, was man bei einem guten Freund nicht tun sollte. Nelli! Er ging mir nicht von den Füßen und lernte darum rasch, mich in der Arbeit zu unterstützen: flüchtige Mäuse einzuholen, herzubringen und mir vor die Füße zu legen, so behutsam, als seien sie Hundebabies. Ich wollte ihn einmal vor den Schlagfallen warnen, aber es war zu spät: Seine rechte Vorderpfote tappste hinein. Da entstand ein Hofkonzert, das alle Mäuse im Umkreis von fünfhundert Metern mithören konnten und sie sehr erfreuen mochte. Nach verbalen Tröstungen und Verabreichung eines Weichkaramells verzieh Nelli mir meine Unvorsichtigkeit.

Meine Großfalle wurde im Keller so aufgestellt, dass Mäuse über zwei angelehnte Dachlatten wie auf Leitern die Korbfalle ersteigen konnten. Auf den Latten lag eine dünne Spur Kochsalz, unten in der Kiste duftete heißer Speck und Harzer Käse meiner Mutter nach oben, direkt in empfindliche Mäusenäschen hinein – da gab's kein Halten mehr. Wenig später kam ich auf die Idee, beim Aufstellen dieser Falle von vornherein eine Lockmaus im Kasten zu lassen. Als ich am nächsten Morgen kontrollierte, befanden sich zweiundzwanzig Mäuse im Kasten, die bereits vor Hunger und nun vor Angst hin und hersprangen. Diesmal schauten die Großeltern zu, wie diese Mäuse an ihr Geflügel verfüttert wurden. Großmutter rief es wie üblich mit „tock-tock-tuck-tuck" heran und vor der versammelten Hühner-, Puten-, Perlhühner- und Gänseversammlung leerte ich den

Kasten aus, nicht ohne dass ich vorher Nelli den Befehl „Achtung!“ gegeben hatte; so wusste er, dass er auf Flüchtlinge achtgeben musste.

Holterdipolter, das Mäusevolk witterte die Morgenluft der Freiheit, aber als einzelne Individuen sich aufgerafft und die Lage begriffen hatten, hackten Dutzende Schnäbel erbarmungslos auf ihnen herum, so dass ihnen dann schnurstracks und, – sehr natürlich -, Hören und Sehen verging. Innerhalb von fünf Minuten waren alle Mäuse verputzt, Großmutter klatschte froh und begeistert in die Hände und rief:

„Nun legen sie alle noch mehr Eier!“

Das war kein egoistischer, sondern ein sozialer Ausruf: Denn sie hatte es sich zur Aufgabe gemacht, jedem der nun vermehrt hier auftretenden Hamsterer, (von Hamster, ein hamsterndes Nagetier), ein Ei gegen 1 Mark zukommen zu lassen.

Dann zeigte ich Fitten das Rostloch im Gitter des Kellerfensters, und ehe er begeistert loslegen konnte, es dichtzumachen, legte ich ihm meine Idee für diesen speziellen Fall vor:

„Wir machen das Loch nicht zu, sondern du baust mir aus einem blanken Blech, das in deiner Werkstatt liegt, eine mäusegerechte Röhre, die wir so ins Loch platzieren, dass sie vorn einen verlockenden Einschlupf bildet und innen in einen Behälter führt. Einen hohen Eimer oder zum Beispiel die alte Badewanne von anno tobak, die im Schuppen steht. Kriechen die Mäuse vom Garten her in die Röhre, geraten sie unweigerlich ins Rutschen und stürzen in die Wanne.“

Fitten fand die Idee so genial, dass er sie am liebsten vor seinen Eltern als eigene ausgegeben hätte – ich stimmte diesem Schachzug zu! Denn er wurde von ihnen, diesen Eltern, welche ihren Jüngsten, (noch in russischer Kriegsgefangenschaft), bevorzugten, etwas zurückgesetzt. Mit dieser Fallenkonstruktion waren wir nun endlich ein ernstzunehmender Gegner der Kattenvenner Mäusewelt geworden. Bis nach einer Woche der Erfolg mangels Mäusenachwuchs von außen nachließ, hatten wir 300 Mäuse lebend gefangen, welche auf Umwegen zu Hühnereiern werden sollten.

* * * * *

Am Nachmittag des nächsten Tages musste ich Fitten auf dem Acker helfen: Ich sollte sozusagen im Mitlaufen das Pflügen mit den beiden Kaltblütern, (solche konnten auch Heißblüter werden!), lernen, was ein jeder Bauernknecht, der auf sich hält, beherrschen musste. Doch mitlaufen ja, aber zu einem anderen Zweck, den ich Fitten erst beibringen musste:
„Beim Pflügen werden doch, soviel ich weiß, Mäuse und Engerlinge (Maikäferjunge vor ihrer Metamorphose) freigepflügt. Die sollten wir uns packen – Großmutter wird's uns danken."
So kam es auch. Ich lief, neuerdings durch angepasste Holzschuhe Größe 41 hinter dem Pflug her, so wie es an der Norseeküste die Möwen tun, und sammelte im Lauf von drei Stunden 50 Jungmäuse und 100 Engerlinge ein. Engerlinge sind eine hervorragende eiweißreiche Nahrung, werden aber in Europa, auch in Notzeiten, leider von Hausfrauen nicht mehr zubereitet und auf Mittagsteller gebracht. Die Mäuse aß das Geflügel bis zur Dunkelheit aus, dann ging es schlafen und bekam am Morgen die Engerlinge serviert. Der für Fitten und mich wichtigste Erfolg unserer gemeinsamen Feldzüge gegen Mäuse gipfelte in der Tatsache, dass Bernhardine anfing, neuerdings mehr an Mutter zu verkaufen und solche in Form von Spiegeleiern, gekochten und Rührei abends zu servieren – Bauern er-

wirtschafteten damals wenig Bargeld und waren auf jeden Groschen durch verkaufte Ware angewiesen.

Schließlich hatte sich Fitten gedanklich soweit durchgearbeitet, dass er konkret **seine** Falle in Angriff nehmen konnte:

„Ich lasse eine Maus auf eine bestimmte Stelle oberhalb des Abgrunds, in den sie stürzen soll, auf ein bewegliches Brettchen hochklettern und in dem Augenblick, wo sie oben angelangt ist, kippt dieses Brettchen ab und lässt die Maus nach unten purzeln. Unten, das ist wie bisher ein Eimer oder eine Kiste, aus der Mäuse nicht entkommen können."

Er hatte eine Art Zeichnung skizziert, so dass ich seinen Gedanken folgen konnte. Nicht schlecht! (Heute weiß ich, dass es so etwas Ähnliches jetzt zu kaufen gibt.)

* * * * *

Der fünfte Mäusefeldzug seit meiner Zählung begann am 1. August 1945 in geballter Ladung: 30 Schlagfallen, zehn Korbfallen, die große Kastenfalle von Lenggries, die neue Kastenfalle von Kattenvenne, die Keller-Röhren-Falle und Fittens neue Kippvariante waren in Stellung gebracht worden. Als Köder diente alles, was Mäusezünglein schmecken, Mäusebäuchen bekommt und Mäusegedärme verkraften können: Salz und Zucker, Lakritz und Salmiakpastillen, Wurstzipfel von vorn und hinter der Wurst, Brotkrusten eingeweicht und gesalzen, Speck angebraten und roh, Salat- und Wirsingblätter, an Fallen geschmiertes Rübenkraut und im Vorherbst gesammelte Bucheckern – ein Warenangebot, das in den deutschen Städten nicht mehr zu haben war.

Am 2. August stand ich bei Hellwerden auf und brauchte drei Stunden Zeit, bis ich alle Fallen abgegangen, die Mäuse abgenommen oder gefangen und alle Fallen wieder

neu beködert und fängisch gestellt hatte. Dann legte die ich die 50 kleinen grauen oder braunen Leichname in Reihe und Glied auf einen alten Beistelltisch und stellte die Fangeimer mit 150 lebenden Mäusen daneben.
„Schade“, sagte Fitten und ich stimmte ihm zu, „dass wir keinen Fotoapparat besitzen und Bilder machen können.“
„Dem kann abgeholfen werden“, sagte eine Stimme aus dem Hintergrund.
Sie gehörte einem Hamstermann, der von der Straße herangekommen war und aussah wie eine Kreuzung zwischen Wilhelm I., Zarah Leander und Max Schmeling.
„Darf ich mal?“, fragte er höflich und zückte eine Leica.
Nach der Aufnahme fragte er nach unserer Anschrift und:
„Was machen Sie mit den vielen Mäusen?“
„Die verfüttern wir“.
„Dazu sind sie viel zu schade in diesen verdammten Hungerzeiten.“
Er betatschte die ausgestellten Tiere und beroch die lebenden in ihren Gefäßen.
„Ich kaufe sie Ihnen ab“, sagte er zu Fitten.
Fitten sah mich an.
„Ich kaufe sie dir ab. Was willste für sie haben?“
„Wenn wir sie als Futter für die Legehennen verwenden“, sagte ich, „bringen sie Großmutter für 100 Mark frische und verkaufsfähige Eier.“
Er kramte zwei saubere Hunderter aus der schmutzigen Jackentasche und gab sie mir.
„Hier“, sagte er gönnerisch, „dafür kannste dir noch mehr Fallen kaufen oder machen lassen, ich komme in drei Monaten wieder. Lass beim Kaufmann alle Mäuse auf Eis legen, ich hole sie ab. Tschüss auch, mein Junge, tschüss Herr Landwirt!“
Alle Mäuse, ob tot oder lebendig, verschwanden in seinem ledernen Rucksack.

„Der tickt nicht richtig“, sagte Fitten, „vielleicht füttert er seine Familie mit unseren Mäusen.“
Wir teilten uns die zwei Hunderter und beschlossen, die Sache für uns zu behalten.

Das war sehr klug und noch weiser! Wie ich im Vorgriff vermelden muss. Denn nachdem im September die ersten Tageszeitungen nach dem Krieg das Licht der Öffentlichkeit erhellten, lasen wir den interessanten Gerichtsbericht aus Osnabrück, wo ein alter und würdiger Metzgermeister angeklagt war, „unhygienische Dauerwurst mit unhygienischen Substanzen wie Mäusen und Ratten gestreckt zu haben“. Niemand sei krank geworden oder habe sich nur erbrochen, aber, so der Berichterstatter, „Mäuse gehören in dieser Form auch nicht in Notzeiten auf den Speisetisch und wenn, nur in ausgenommenen Zustand wie bei jedem Stück Wild, das erlegt wird“. Ein Leser nahm dazu Stellung und erklärte, „dass junge Mäuse, besonders die etwas größeren Waldmäuse *Apodemus*, gut zu mästen seien und man von zehn gebratenen, garniert mit eingemachten Preiselbeeren und einem Glas Punsch, ein komfortables Menue zaubern könne – man solle die Verkäufer oder Beschaffer der Mäuse gottverdammich nicht strafrechtlich verfolgen!“
Klar doch:

„Ein jeder esse was er mag!“ (Indisches Sprichwort)

Tote Mäuse zum Einfrieren dem Kaufmnn zu bringen – das kam natürlich nicht in Frage. Fitten entwickelte wieder eine neue Idee, nachdem Kaufmann Ewald Lindemann geklagt hatte, die Mäuse fräßen in seinem Laden mehr als Spitzbuben stehlen könnten, ob er denn Abhilfe wüsste? Fitten nannte über sich mich, blieb im Hintergrund und ich vereinbarte mit Herrn Lindemnn, Dorfkaufmann in dritter Generation hier auf einem Fleck, das übliche Honorar von einem Groschen pro Maus.

„Das ist im Zuge steigender Geldentwertung verdammt wenig“, maulte Fitten, „aber wir werden diesem Geizkaufmann die Hosen gestrichen voll machen.“
Das sollte so und nicht anders geschehen:
„Wir machen ab sofort, morgen schon, in einer Box des Schweinestalls eine Mäusezuchtstation auf, von der meine Eltern allerdings nichts wissen dürfen. Alle in den nächsten Tagen und Nächten lebend gefangenen Mäuse kommen dort hinein, wo sie's guthaben werden, bis sie sterben müssen, um Ewald Lindemann als Fänge seines Ladens zu präsentieren. Außerdem: Einen Teil der Mäuse, welche in seinem Haus und Laden in die Fallen geraten, kannst du beiseitebringen und ihm am nächsten Tag noch einmal zur Verrechnung vorlegen...“
„Fitten, das gefällt mir nicht, das ist Mogelei.“
„Keine Angst“, antwortete er, „dieser Lindemann ist der größte Schurke des Dorfes und hat schon Hunderttausende mit Mogeleien reingelegt.“
Also gut. Ich half Fitten mit, die neue Mausebehausung ausreißsicher, nett sauber und gut bewohnbar zu machen, Verstecke anzulegen, Gänge und Höhlen und etwas zum Futtern und zum Trinken hineinzutun. Dann ging ich zu unseren Lebendfangfallen, die auch tagsüber tätig waren, und konnte sofort ein paar neue Insassen einbringen – hoffentlich ein Paar dabei!

Im Geschäft Lindemann traf ich Schlamperei hoch drei an. Drei Katzenfamilien könnten hier gut von der Mäusejagd leben, ich musste sie vertreten. Herr Lindemann fiel schon ganz zu Anfang aus der Rolle, als er mich fragte, wie denn **er** den Mäusefang kontrollieren könne. Da tat ich so, als wolle ich die ganze Sache fahren lassen und er gab nach. Überall, sowohl im Laden als auch im Lager, fand ich die typischen Mäuseküttel und machte ihn darauf aufmerksam, dass ich hier ein paar hundert Mäuse wegfangen

könne, so dass er bei einer eventuellen Prüfung des Amtes beruhigt sein könne. Noch einmal wollte er handeln:
„Und wenn ich dir statt Geld Ware gebe?“
„Das können wir machen, wenn Sie mir keine Altware oder Allerweltsware, die ich nicht gebrauchen kann, anzudrehen versuchen. Auch muss dann der Verrechnungspreis von einem Groschen auf zwei angehoben werden.“
Da gab er nach und ich machte mich an die Arbeit des Aufstellens. Bei der Besichtigung seiner Vorräte entdeckte ich Sachen, die in Deutschland Mangelware und kaum zu bekommen waren: Schuhe, Medikamente, Uhren, Puddingpulver, Schokolade, Bonbons, Zuckerstangen, Zigaretten, Tabak in Dosen, Zigarren. Fitten und ich, wir hatten natürlich schon vom Schwarzhandel gehört, der auf Bahnhöfen und allen unmöglichen Orten betrieben werde.

Während ich noch arbeitete betraten zwei junge Männer in schmuddeligen Wehrmachtsuniformen ohne Kokarden und Abzeichen, sichtlich verhungert und abgerissen, den Laden und fragten nach dem Hof H. Obwohl ich sie nun zwei Jahre nicht mehr gesehen und gehört hatte, erkannte ich meine Brüder sofort wieder. Großes Hallo! Sie kamen direkt aus belgischer Kriegsgefangenschaft zurück und hatten Schmacht wie zehntausend Mann. Aber auch einige Marken, und so kaufte ich ihnen ein Stutenbrot und drei Flaschen Dünnbier zum Erholen und Stärken. Dann wies ich ihnen den Weg zu Muttern, (Vater arbeitete über die Woche in Warendorf), und sie trabten munter in ihre neue Freiheit los.

* * * * *

Der Mäusefeldzug bei Lindemann, Teil meines fünften, wurde ein voller Erfolg. In einer Woche fanden 500 Mäuse dort ihr Ende und Fitten und ich verzichteten darauf, Herrn Lindemann irgendwie zu prellen. Wir ließen einfach

Großmutter 100 Stück an mich bezahlen. Ich bekam von Herrn Lindemann ein neues Paar Schuhe für meine leider nun schnell wachsenden Füße, und Fitten bat sich eine Stange Zigaretten Juno oder Eckstein aus. Herr Lindemann war sehr glücklich und zufrieden und gab mir Namen und Anschrift der Bäckerei Kruse in Meckelwege halbwegs nach Glandorf.
„Dort sagen sich Mäuse Gutenmorgen und Gutenacht, dass die Heide wackelt. Fahr mal hin."
Nun, dieser Bäckermeister Heinrich Kruse entpuppte sich als Menschenfreund – wenigstens solange, wie ich mit ihm zusammenarbeitete. Es war Samstagnachmittag. Ich hatte mir bei Großvater, Großmutter und Fitten ausbedungen, jeden zweiten Samstag außerhalb der Erntezeit freizuhaben. Mit dem Fahrrad inklusive Anhänger und Nelli fuhr ich hin. Radwege wie heute gab es nicht, aber auch kaum Autos, und so trabte Nelli rechts neben mir unter hechelnder Zunge flinken Laufs mit, und wenn er müde wurde, sprang er auf den Anhänger.
„Haste schon Nachmittag gegessen?"
„Nein, Herr Kruse, hatte heute keine Zeit dazu, weil Ihr Kollege Herr Lindemann es eilig gemacht hatte."
„Dann komm. Magste Bienenstich?"
„Mein Leibkuchen."
„Und Kaffee? Echten, Bohnenkaffee?"
„Mein Leib- und Magengetränk."
Das war glatt gelogen; habe ich noch nie getrunken! Es wurde ein echtes Nachkriegs-Nachmittagsgelage: Ehepaar Kruse, zwei ihrer Kinder, ein Geselle und ich aßen eine gesamte „Platte" frischen Bienenstichs auf, (daher der Name Plattenkuchen), mit richtiger süßer Kreme darin und Mandeln drauf, die, weiß der Kuckuck wie, es nur unter der Hand geben konnte. Der Kaffee mundete mir nur mit viel Sahne und Zucker, duftete aber so raumfüllend, dass mir König Friedrich II. von Preußen einfiel, der ja Kaffee-

schnüffler beschäftigt haben soll, um den von ihm verbotenen Gernuss des teuer importieren Kaffees einzudämmen.

Doch außer Bohnenkaffee roch meine versierte Nase mehr:

„Hier im Haus gibt's jede Menge Mäuse!"

„Ja, die sollst du doch fangen, junger Mann."

Nelli, der sich nach einem derben Happen Bienenstich selbständig gemacht hatte, knurrte unter meinen Füßen und legte mir eine Maus in den Holzschuh, den ich ausgezogen hatte. Nach dem Essen stellte Herr Kruse seine dreißig Zentimeter hohe Guillotine auf den Tisch.

„Ich war drei Jahre als Zahlmeister in Frankreich und habe diese Mausefalle mitgebracht. Man kann mit ihr auch Zigarren anschneiden. Sie gehört jetzt dir, kannst mit ihr machen, was du willst."

Dann ging's endlich an die Arbeit: Tatorte besichtigen, Nelli Mäuselöcher erschnüffeln lassen, Fallen aufstellen, auch dabei meine Erfindung, die ich erklären musste. So gegen 19 Uhr war Abendessen. Ich erspare es mir, dauernd über Luxus, Prasserei und Schwelgerei zu berichten! Auf der Heimfahrt konnte der vollgefressene Nelli kaum laufen, ich kaum treten, so war der Anhänger beladen: ein Sack Kartoffeln, Streuselkuchen, Mettwurst, Schinken und Butter.

„Warum?", fragte ich Nelli, ohne Antwort zu erwarten, „warum haben die Alliierten so vehement auf uns eingedroschen und eine Blockade verhängt, wenn wir (wir Deutsche) jetzt noch so prassen können?"

Nelli antwortete nicht. Zu Hause war natürlich großes Hallo, als ich Mutter meine Schätze abgab. Vater erfreute sich an der Mini-Guillotine, die er tatsächlich zum Abschneiden seiner Zigarren, (woher hatte er diese wohl besorgt?), gut gebrauchen konnte. Zum Mäusefang benutzte ich sie nicht. Weil ich diese Schätze außerhalb meiner „Dienstzeit" verdient hatte, teilte ich Hs. nichts davon mit. Am Sonntag-

morgen fuhr ich, wiederum von Freund Nelli begleitet, zu den Kruses hinaus, um die Fallen zu kontrollieren. Ich brachte den Kindern bei, wie man sie entleert, neu bestückt und fängisch spannt. 50 Mäuse hatten sich gefangen, davon 30 tot und 20 in meiner Kastenfalle. Diese nahm ich nun wieder mit und sagte, dass ich erst am nächsten Sonntag wiederkommen könnte.
„Was machst du mit den Mäusen?“, fragte Herr Kruse.
„Die werden von Hs. Geflügel gegessen wie anderswo Fliegen von Schwalben.“

Die Mäusekampagne bei Kruses dauerte vier Wochen und brachte insgesamt 550 Mäusen den Tod. Das sprach sich in Meckelwege herum und die Bewohner sagten aufatmend:
„Seitdem stecken in Kruses Brot keine Mäuseküttel mehr.“
Man sieht: Wo ich auftauche, ist der Fortschritt nicht aufzuhalten! Meine Tagebuchbilanz zeigte jetzt von der Rückkehr aus Bayern bis schon Ende 1945 gerechnet 2.100 Mäuse an. Doch da kam noch etwas, mit dem ich als noch landwirtschaftlicher Laie nicht mehr für 1945 gerechnet, es aber schon einmal bei Hs. erlebt hatte: das Ausdreschen des im Sommer geernteten Getreides.

* * * * *

Von der Ernte im Juli oder August lag das ungedroschene Getreide also noch in der Scheune, wie jedes Jahr. Wie jedes Jahr auch bekam die Mäusewelt des halben Ortes dies mit, um im Stroh, die Roggen- und Weizenkörner direkt vor den Mäulern, Vermehrungsorgien zu feiern. Doch die Natur lässt nur selten mit sich spaßen! Die Dreschmaschine rollte an, in Nachbarschaftshilfe rückten Männer und Frauen an, die fürs Dreschen notwendigen Handreichungen zu erledigen.

Ich konnte Fitten überzeugen, dass meine Aufgabe, Mäusetöter zu sein, hier und heute wichtiger sei als direkte Hilfe beim Zubringen der Garben oder Kornsäcke in die Halterung einzuspannen. Nelli war mit von der Partie. So fand das erste und richtige „Waterloo" der hiesigen Hof- und Hausmäuse des Jahres statt. Ich hatte mir rechtzeitig einen „Massenmörder" gebastelt: Ein DIN-A-4-großes Eichenbrett, einen Zentimeter stark, bekam eine Stange mit einem Handgriff anmontiert, festgeschraubt sogar, mit dem ich die Mäuse „in den Boden stampfen" konnte – was ich sonst mit beiden Füßen aufspringend hätte tun müssen. Trotz dieser Erleichterung des Mordhandwerks war ich am Abend mehr kao, als wenn ich drei Fußballspiele mitgemacht hätte. Nur grob kann ich die Zahl dieses Völkermordes schätzen: Die Hochrechnung nach Gewicht ergab 450 Tote. Wer sollte sie aufessen, ohne an Magenrevolten einzugehen? Die anwesenden Nachbarn gaben an, noch nie soviel Mäuse auf einem Haufen gesehen zu haben und boten an, welche für ihre Katzen und Hühner abzunehmen.
„Dafür kriegste Butter, Eier und Schinken für deine Mutter."
Sie versprachen, mich bei ihrem eigenen Dreschtag zum Mäusefangen einzuladen.

* * * * *

Weihnachten 1945. Meine ganze Familie feierte Heiligabend gemeinsam – doch der älteste Bruder war nicht dabei! Auch war seit Kriegsende keinerlei Nachricht über ihn eingegangen... Bernhardine hatte uns eine Gans verkauft, die am ersten Weihnachtstag verputzt wurde – eine Tradition aus Zeiten des Friedens und Wohlstands. Ganz ohne Mäuse ging es auch Weihnachten nicht ab: Nelli servierte mir ein Nest mit fünf Jungen, das die Mäusemutter in seiner Hundehütte angelegt hatte – ich setzte es in Spendierlaune wieder an Ort und Stelle. Am zweiten Weihnachtstag kamen plötzlich drei Jungkatzen, just flügge geworden, vom Dachboden herab und bettelten um Futter. Sie sollten lernen, es sich zu erarbeiten. So stellte ich jetzt meinen fertigen „Mäusegalgen“ auf, an dessen Querbalken oben ich fünf tote Mäuse an ihren Schwänzen kopfunter aufhing. Sie baumelten im Winterwind hin und her und die drei niedlichen Kätzchen waren mörderisch genug veranlagt, sie in fünf Minuten durch Anspringen vom Galgen zu reißen und aufzuessen.

Silvester 1945 – Neujahr 1946. Nach ausgelassenen, lustigen Knallereien der Vorkriegszeit war es hier niemand zumute. Denn die Zeiten zum Sattwerden und Nichtfrieren standen schlechter denn je. Wie freute meine Familie sich jetzt, im ersten Friedenswinter, das Stadthaus rechtzeitig, ehe es noch im April 1945 ausbrannte, verlassen zu haben. In den Kellern und Ruinen der Städte fühlten sich Ratten und Mäuse desto fürstlicher, denn viele Nahrungsmittel lagen in Kellern und Schutt, und noch wurde nicht mit schwerem Gerät aufgeräumt. Ich war bis Anfang 1946 mehr gewachsen als in der KLV-Zeit insgesamt und konnte im Frühjahr bereits fast perfekt mit den beiden Pferden Landwirtschaft betreiben. Fast „volle Kraft“ bedeutete auch „mehr Arbeit – weniger Beobachtungen“.

* * * * *

Das Mäusejahr 1946. Weniger Freizeit? Die Familie H., die wohl wusste, dass ich sofort mit der Arbeit bei ihnen aufhören und damit auch meine Familie hier ausziehen, immerhin lukrative Mieter, sogleich für immer fortziehen würde, hielt sich mit der Ausbeutung soweit zurück, dass ich meine Mäusebekämpfung bei ihr und den Nachbarn weiter betreiben konnte. Die Zahlen sprachen aber auch für mich: Ich rechnete den Hs. vor, (aus Büchern abgelesen!), wieviel Schaden eine Maus in einem Mäusejahr anrichten konnte, Schäden wie Stromkabel annagen zum Beispiel, wobei im Stroh „ganz leicht Brände entstehen können", und dass, wenn man alles mit 365 Tagen und tausend Mäusen, die sich hier befinden, malnehmen und hochrechnen würde, eine Schadenssumme herauskäme, die einen mittleren Landwirt bankrott machen könnte.

Als Frost eintrat, nahmen Fitten und ich uns den Garten vor, der inzwischen das Eldorado von Erd-, Wühl-, Rötel- und Feldmäusen geworden war: Auf einen Quadratmeter kamen hier vier Mäuselöcher, welche Nelli interessiert beroch und heftig bekratzte. Um an diesem fleißigen Jagdhund mehr Mithilfe zu bewirken, hatte ich ihm in den letzten Tagen das Abmurksen von Mäusen antrainiert: sie nicht totzubeißen, sondern solange zwischen den Zähnen hin und herzuschütteln, bis ihr karges Lebenslicht erlosch – Nelli wurde örtlicher Weltmeister in diesem sportlichen Fach!

„Durch den hartgefrorenen Boden", erklärte ich Fitten, „läuft das Wasser besser durch die Gänge, Röhren und Höhlen der Mäuse als im Sommer. Dann heißt es dort unten: „Entweder ersaufen oder ans Tageslicht fliehen!"
Das eiskalte Wasser des hofeigenen Brunnens wurde von der Pumpe ins Erdreich gedrückt. Mäuse machen keinen Winterschlaf, sonst könnte man sie auf einen Schlag alle ertränken, aber ihre Aktivitäten schränken sie in der kalten Jahreszeit ein. Nelli spitzte schon die Ohren, dass es sofort losgehen wird. Und plötzlich quollen sie hervor, scharenweise, plitschnass, quiekend unter Nellis Zähnen, meinem Spaten und Fittens Schaufel. Viele entkamen, weil wir drei Mörder nicht überall sein konnten. Das Fazit an Leichen, die wir sofort als Düngung der harten Gartenerde zurückgaben, betrug 46.

Ich habe längere Zeit nicht mehr über „meine Falle“ berichtet, die in meinem Schlafzimmer als Dauergast stand. Sie ist an der Gesamtbilanz seit meinem Einzug hier durchschnittlich mit einer Maus täglich oder nächtlich beteiligt. Die Mietwohnung meiner Eltern und meines Bruders war im Gegensatz zu den Räumen der Hs. im Winter durchgehend geheizt: Kein Wunder, dass vornehmlich Waldmäuse sich angezogen fühlten. Sie huschten wohl unbemerkt beim Türöffnen ins Haus und zeigten hohen Appetit an allem, was noch eingepackt oder eingetütet war: Haferflocken, Nudeln, Schwarzbrot, Gewürze und dergleichen. Meine Lebendfallen fingen bis April 1946, als die Zuwanderung nachließ, mehr als 100 Stück. Sie profitierten freilich vom Grundsatz „Gnade vor Recht“ und wurden in der Fremde, im angrenzenden Moor nämlich, wieder ausgewildert.

Im März, als die Temperaturen zum Entsetzen der städtischen Bevölkerung bis auf 10 Grad minus sanken, gab es beim einsetzeden Tauwetter solche Regenmassen, dass der benachbarte Bullerbach aus seinem Bett trat und die angrenzenden Fluren, Weiden, Wiesen und Äcker überschwemmte. Hier beobachtete ich zwei Phänomene einer raffinierten Arterhaltung der Natur. Zwar werden viele Mäuse und Maulwürfe ertrunken sein, aber eine erkleckliche Anzahl von ihnen konnte schwimmen und klettern und rettete sich auf die zahlreichen Weidepfähle und die eichenen Hecktore, welche diese Flächen im Sommer fürs Vieh abschlossen. Auf einen normalen Pfahl passten fünf bis zehn Mäuse dichtgedrängt. Von unten kletterten viele nach, dem Wasser zu entkommen, so dass es ein unerbittliches Gedränge um Leben oder Tod gab. Mäusejäger wie Turmfalken rüttelten, (eine Flugart ohne weiterzukommen), in der Luft über den Mäusen und packten sich Beute zum winterlichen Sattwerden.

Wenn ich, mit Gummistiefeln bewaffnet, an diese Pfähle herantrat, beachteten mich die Mäuse gar nicht, ich hätte sie brutal ins Wasser schubsen können – doch ich war ja nicht brutal! Das zweite Phänomen, das ich zum ersten Mal erlebte, war die so genannte Teppichbildung wandernder Nager. Jede Maus beißt sich am Vordermann fest, Tuchfühlung so eng wie möglich also, und los geht's, 100, 200, 300, 400 oder 500 Stück stark, um einer Flut zu entgehen oder um ein Gewässer zu queren. Solche starken Anballungen beweglicher Individuen machen lauernde, beobachtende Fressfeinde total wahnig, und ehe sie sich aufgerafft haben, mit ihren Greifern zuzugreifen, ist der Teppich weitergewandert oder hat sich aufgelöst.

„Gemeinsamkeit macht mächtig und stark!"
(Ein altes germanisches Sprichwort dies!)

Als das Wasser so schnell wie es gekommen nun wieder abgelaufen war, lagen viele tote Mäuse nutzlos auf den Pfählen herum. Nutzlos? In der Natur kommt nichts um, heißt es. Mäusebussarde fanden sich ein, hier aufzuräumen und sauberzumachen. Sie haben Mäuse zum Fressen gern, sind jedoch am Boden dabei recht unbeholfen und im Flug jagen sie nicht. Ich kam im ganzen Jahr 1946 auf die Idee, diese Vögel mit toten Mäusen, auf Pfähle gelegt, anzulocken und damit auf Mäuse anzusetzen. Es gab tzatsächlich damals im Raum Kattenvenne mehr Bussarde als anderswo. Ein Revierpächter, der noch nicht jagen, nur jagdlich sein Revier beobachten durfte, - erst 1948 ließen die Engländer bewaffnete deutsche Jäger zu -, winkte mit dem Argument ab, dass Wildtiere, die man füttert, faul würden und ihre Funktion in der freien Natur verlören.

* * * * *

Beobachtungen. Wenn andere Jungmänner am Sonntag in Kneipen saßen, Mädchen nachstiegen, Fußball spielten oder die Stunden verschliefen, tat ich nichts davon und beschäftigte mich selbst oder andere. Ja, ich war eine Art von Sonderling! Ist man etwa kein Sonderling, wenn ich in einem leerstehenden Zimmer, das nach Südwesten lag und im Winter nicht allzu kalt wurde, in einem bequemen Sessel hockte und zusah, wie welche Maus in welche Falle zu gehen gedachte? Wenn ich später im Erwachsenenalter in Sachen Mäuse mitreden wollte, würde es nicht genügen anzugeben, wieviel Mäuse ich wann umgebracht habe. In meine Mäusesache sollte also System kommen.

So führte ich ab 1946 Buch darüber, welche Fallenart die meisten Mäuse gefangen hatte, welcher Köder am wirksamsten war und welche Mäuseart sich am leichtesten fangen ließ. Meine erste diesbezügliche Anordnung zu diesen Versuchen sah jetzt, im Herbst 1946 so aus: Ich präparierte fünf Schlagfallen mit den verlockenden Ködern Speck, Käse, Mixtura solvens, Salmiakpastillen und Lakritz und nummerierte die Fallen von 1 bis 5. Das Zimmer, in dem ich nun über Tag in der besten Mäusezeit von 14 bis 18 Uhr ansaß, war seit Monaten unbewohnt und eine Art von Erholungsheim für alternde, doch immer noch raffinierte Mäuse geworden – keine Maus rechnete hier mit der Anwesenheit des Todfeindes Mensch.

Ich kannte schon Ansitze frei nach Jägerart auf hohes Wild sozusagen, wusste von Geduld und Sitzvermögen, und siehe da: Hier war es nicht anders als draußen im Wald und auf der Heide! Nachdem ich mich hingesetzt und lautlos das Buch zum Lesen aufgeschlagen hatte, hörte ich aus einer Zimmerecke das feine Wispern sich lebhaft unterhalternder Mäuse. Vor mir lag ein freier Bretterbohlenplatz von zweimal zwei Meter Größe. Die fünf Fallen standen in Reih und Glied und warteten auf den Besuch. Eine Altmaus trabte heran und machte ein Mäusemännchen wie Hasen es gelegentlich tun, äugte mit dunklen Knopfaugen umher und beobachtete und beroch zweifellos mein Angebot – das wohl angenehm ihr Näschen kitzelte. Zwei ihrer Kinder erschienen auch auf der tödlichen Bühne.

Sie waren schon von der Muttermilch abgesetzt und eines lief spontan zur Falle 1, der Speckfalle. Wie konnte dieses unerfahrene Mäusekind ahnen, dass diese lecker riechende Futter so merkwürdig angeboten wurde, auf einem Holzgestell mit Drahtbügel? Mir fiel jetzt ein, dass es gewiss nicht viel Zeitgenossen gab, die Augenzeugen einer Maushinrichtung waren. Die Maus nahm noch einmal tief Luft, Speckduft sogar, ihre letzte Luft außerdem, setzte das Vorderpfötchen auf das Speckstück und starb den Bruchteil einer Sekunde später am Maus-Schlag-Anfall.

Es stimmte also, dachte ich erleichtert, was die Fallenhersteller in ihrer Werbung behaupteten: „dass unsere Fallen schmerzlos töten". Der Todesknall ließ das andere Junge und die Muttermaus kurzfristig erschrecken, dann beruhigten sie sich. Sie taten, als interessiere sie die Falle mit der toten Maus nicht und sie wagten sich näher an die anderen Fallen heran. Und nun war ich der Überraschte hier: Die Altmaus biss der Toten in den Hintern und begann, sie mühsam samt Falle in den Hintergrund wegzuziehen. Derweil bekam das andere Junge am Käse seinen Genickschlag. Eine Stunde lang blieb es ruhig auf dem Schlachtfeld. Ich nickte kurz ein und wurde durch den Knall der dritten Falle geweckt. Dort zappelte eine Maus, die mittschiffs angeschlagen war. Die Tablette war von der Falle abgesprungen und meterweit in den Raum gerollt. Jetzt warteten nur noch zwei Fallen auf ihre Beute.

Die auf die Fallen montierten restlichen Köder hatten inzwischen die Luft des Zimmers mit ihrem süßen Duft angefüllt, so dass nun weitere Mäuse aus ihren Verstecken eintrafen. Sie bemerkten die drei toten Mäuse, begriffen aber natülich nichts von Gefahren und folgten ihren Kollegen rasch in den Tod. Jetzt sah ich meinen Ansitz als beendet an und löste die Toten von den Fallen, stellte diese jedoch wieder fängisch und verdrückte mich zum Abendessen. Vorm Zubettgehen kontrollierte ich hier noch einmal: fünf weitere Fänge! Also zehn Erfolge im halben Tag im Wohnhaus selbst – eine gute und nützliche Jagd dies!

Einen Sonntag später verfolgte ich eine andere Versuchsanordnung, die besonders für die Fallenhersteller von Bedeutung werden konnte: Welche Falle wurde von den Mäusen bevorzugt? Totschlag- oder Lebendfangfalle? Sie wussten doch nichts vom Sterben! Einen Monat nach dem ersten geschilderten Versuch startete ich den zweiten am gleichen Tatort, wo sich gewiss wieder zahlreiche Hausmäuse angesiedelt hatten: Je drei der erwähnten Fallen standen bereit, alle gleich mit angerösteten Stücken von Speckschwarten beködert – sie dufteten sogar in meiner Nase gewaltig und appetitanregend verführerisch. Dass dieser Versuch klar zugunsten der Lebendfangfallen ausfiel, betrachtete ich hernach als zweitrangig. Denn am meisten faszinierte mich, wie die Mäuse die Sache angingen.

Sie ließen die Totschläger sozusagen links und rechts liegen und konzentrierten ihr Interesse eindeutig auf die Korbfallen, als wenn sie erkannt hätten, eine Neuigkeit gefunden zu haben. Ich musste insgeheim schmunzeln, als ich beobachtete, wie die erwachsenen und scheinbar erfahrenen Mäuse um die runden Korbfallen herumliefen, um an den leckeren Speck zu gelangen. Schließlich krochen sie auf die Fallen, - es waren jene ohne den Einlass oben -, versuchten mit ihren Pfoten das Drahtgestell zu erweitern und gerieten dann mehr oder weniger durch Zufall an den Einstieg. Dort schöpften sie keinen Verdacht mehr und zwängten sich mit Hängen und Würgen ins Innere der Falle.

Noch immer ging ihnen das Licht nicht auf, gefangen zu sein, denn nach ihrem tierischen Verständnis mussten sie denken, „wie man hereinkommt, kommt man auch wieder heraus“. Das versuchten sie freilich sofort nach dem Verputzen des Köders. Oh je, da kam ihnen manchmal ein Kollege entgegen, sie wichen in die Falle zurück, ein dritter stieß nach, Gedränge, nun doch so etwas wie Todesangst! (Sie taten mit schon fast leid, diese an sich harmlosen Bürschchen!) Inzwischen hatten andere Mäuse die beiden weiteren Korbfallen besucht, den Köder gefressen und wollten in die Freiheit zurück. Inzwischen auch hatten die drei Totschlagsfallen zugeschlagen und ich beschloss, der mörderischen Versuchsanordnung ein Ende zu bereiten.

* * * * *

Erlebnisse. Im Herbst diese Jahres 1946 eröffnete sich mir die einmalige Gelegenheit zu einem umfassenden Mäuse-Massenmord, wie ihn die Kattenvenner Marsch noch nie erlebt hatte. Zu seiner Schilderung muss ich etwas ausholen und eine Erntemethode mitteilen, die ausgestorben ist: die Runkelrübenernte. Diese Runkelrübe (*Beta vulgaris*) mit den vielen Namen Raahner, Rangasn, Rummel, Rüben-Mangold, Vieh-Mangold, Burgunder-Rübe, Dickrübe, Saurübe, Dickwurz, Gunkel, Dorschen und Angersen war damals ein überlebenswichtiges Futter für Rinder, Pferde, Schafe, Ziegen und Schweine (gekocht) und ist eine Verwandte der Zuckerrübe. Sie wird im Herbst geerntet, entlaubt und so in Erdmieten gelagert, wo sie frostfrei überwintern können. Gegen Ende des Winters ist der Bestand meistens restlos verfüttert, aber dann steht neues frisches Tierfutter zur Verfügung.

Die in Reihen im April eingesäten Pflanzen entwickeln bis zum Herbst die großen Knollen, die, im Gegensatz zur Zuckerrübe, bis zur Hälfte aus dem Boden ragen. In meiner Zeit wurden sie per Hand am Blattwerk aus der Erde gezogen und in akkuraten Reihen nebeneinander gelegt. Dann wurden die Blätter mit einer Art schmalen Spaten abgetrennt, die bloßen Rüben per Hand oder Forkenstich auf den Ackerwagen geworfen und abgefahren. Das grüne, saftige und ebenfalls nahrreiche Blattwerk wurde wie Heu auf Haufen geworfen, damit es nicht zu schnell in der Sonne verwelkte, und von Zeit zu Zeit, meist täglich, in die Ställe transportiert und dem Vieh dargereicht.

Diese Blatthaufen sind es, um die es hier geht. Im noch nicht abgeernteten Feld konnten es sich Mäuse wohl sein lassen, es gab Deckung und Nahrung, und jetzt plötzlich nichts mehr davon! In und unter den Haufen war es wohliger und wärmer als im Erdboden – ein gutes Zuhause eigentlich. Zum ersten Mal war ich also 1946 mit dabei, als nachmittags die Blätter abgefahren werden sollten.

„Nimm die Schippe mit“, sagte Fitten, „damit kannst du die Mäuse ganz passabel totschlagen.“

Ich nahm auch Nelli mit, der sich inzwischen zu einem „Mäusefresser“ gemausert hatte; er mochte sie jetzt lieber als Pellkartoffeln mit Stippe! Ja, es wurde jeden Tag ein neues Mäuse-Waterloo: Unter jedem Blatthaufen suchten mehrere Mäusefamilien den Tag zu verbringen, hatten dort ihre Jungen geboren und fanden sowohl pflanzliche wie auch tierische Nahrung im Überfluss vor.

Nun kamen Nelli und ich über sie! Wie ich das machte, nämlich Totschlag per Schippenhieb, brauche ich nicht näher zu bezeichnen. Aber Nellis Fang- und Fressweise muss ich doch seiner Nachwelt überliefern. Er biss also nicht nur tot, sondern aß auch, so dass viele Mäuse die Chance bekamen, sich unauffällig aber rasch zu verdrücken – wenn ich nicht gewesen wäre! Nachdem Nelli derart vier, fünf, sechs, gar sieben Mäuse verputzt hatte, revoltierte natürlich sein Magen, eine große Kotzorgie folgte und dann lag sein äußerst unappetitlich aussehender Mageninhalt vor ihm. Und nun? Es wurde noch unappetitlicher! Denn Nelli fraß diese Mäuse zum zweiten Mal! Und dann? Er kotzte zum zweiten Mal. Und dann? Er fraß sie zum dritten Mal und kotzte auch so – aber die Kotzhaufen wurden stets eine Portion kleiner, bis nach der fünften Kotzerei der Mäusebrei im Hundemagen verblieb. Wer, fragte ich mich damals, hat so etwas Ekliges schon einmal beobachtet? Insgesamt fielen mir und Nelli jeden Nachmittag, an dem wir das Futter einholten, cirka hundert Feld- und Wühlmäuse zum Opfer.

Ich muss nun, um den Spannungsfaden meiner Ausführungen nicht abreißen zu lassen, einen Jahressprung nach 1947 machen. Es war wieder Herbst oder Spätsommer, wie man Mitte September auch nennen mag. Durch andauernde Regenfälle war ein Roggenschlag von einem Hektar Größe noch nicht abgeerntet worden, so dass die Ähren „ausschlugen“, (zu grünen anfingen), und nun auf Teufel komm raus gemäht werden musste, wollte man das Getreide wenigstens noch zu Futterzwecken verwenden. Ich inspizierte mit Fitten den Schlag und plötzlich beobachteten wir, dass der Erdboden beweglich war – von wandernden, uns nicht beachtenden Mäusen nämlich. Schon seit ein paar Tagen war mir aufgefallen, dass allerlei Mäusefresser in der Luft das Stück Feld umkreisten, hungrige Greifvögel natürlich, und andere ebenso Hungrige am Boden hin und herflitzten, Wiesel natürlich.
„Wenn wir hier morgen mähen und die Garben abtransportieren“, sagte ich zu Fitten, „solltest du mich von der Arbeit freistellen und mir einige zwei- und vierbeinige Gehilfen zur Verfügung stellen.“

Das geschah: Ich kommandierte mich selbst, ein paar Nachbarjungens, Nelli und seine Kameraden Dackel Petzi, Terrier Satan, Schäferhund Wotan, Münsterländer Kastor und Deutsch-Drahthaar Lux – allesamt nach Aussagen ihrer Herrchen „Mäusetöter erster Garnitur“. Was nun zwischen 15 und 19 Uhr hier in den Kattenvenner Gefilden geschah, ging, ich zitiere Teilnehmer und Augenzeugen,

„auf keine Kuhhaut“,
„war mörderischer als der Krieg“,
„glich einem Mäuse-Weltuntergang“,
„hat es seit Adam und Eva nicht gegeben“,
„wird es bis zum letzten Erdentag nicht mehr geben“ und
„das hiesige Mäusegeschlecht kann das nicht verknacken.“

Nun, das alles mag dahingestellt bleiben. Ich muss jetzt für alle Mitbürger, welche die damalige unmotorisierte Erntemethode nicht kennen, diese kurz erklären. Die zweirädrige Mähmaschine wurde von zwei Pferden gezogen, die Drehkraft ihrer Räder übertrug sich auf den rechts seitlich angebrachten Mähbalken, dessen Messer dadurch hin und herfuhr und schnitt. Die Halme des Getreides wurden alle zwei bis drei Meter Fahrt abgelegt und von flotten, meist weiblichen Armen und Händen gepackt und mit ein paar Halmen gebündelt. Während die Maschine rund ums Feld weiterfuhr. Die auf dem Boden liegenden Garben wurden zu so genannten Hocken aufgestellt, damit sie in der Witterung trocknen und weiterreifen konnten.

In reifenden Getreidefeldern hält sich gern allerlei Getier auf, von wilden Schweinen, Rehwild und Hasen bis zu Mäusen, Ratten und Hamstern, (nur wo diese vorkommen!). Während die Mähmaschine ihren Wohnort immer mehr einengt und verkleinert, drängen sie sich zusammen, bis Todesangst sie zur panischen Flucht verleitet. So auch hier. Aber niemand achtete auf sie, weil es einzig um Mäuse ging. Schon vorher versuchte ein graubraunes wuselndes Heer von Mäusen die Flucht ins Freie, wurde aber von meiner Mannschaft schwer attackiert: Die Hunde schnappten bellend und jauchzend um sich und wussten gar nicht mehr, wo sie zubeißen sollten. Ich beobachtete, wie eine Maus von rechts her durch das soeben geöffnete Maul Wotans flog, ehe er es schließen konnte. Hier kotzten und würgten die ersten Hunde, andere waren übersatt und hatten sich starken Mäusen und Ratten zu erwehren, die ihnen auf Rücken und Nacken sprangen. Alle genannten Hunde stiegen nach drei bis fünf Minuten erschöpft und ermattet aus – solch ein Fressangebot hat die Evolution für sie nicht vorgesehen.

Und die Zweibeiner? Ich war der einzige, der klug vorgesorgt und die Hose in die Strümpfe gestopft hatte. Alle anderen hatten nun mit der peinlichen Situation zu tun, dass von Todesangst getriebene Mäuse ihnen in die Hosen fuhren und an den Beinen bis in die intimsten Leibessphären bis zum Gürtel vorstoßen konnten. Damals waren die Unterhosen und Schlüpfer nicht so eng am Körper wie heute, der Stoff schloss nicht stramm und eng an die Haut an wie heutzutage – da gab's lautes Gequieke der Weiblichkeiten und mörderische Fluchen und Brüllen der Männlichkeiten. In höchster Not beißt jede anständige Maus um sich, da rückte ihre Verfolgung in die zweite Nebensächlichkeit ab.

Ich hatte zeitweise unter mir, meinen Stiefeln und meiner Schippe einen wuselnden Mäuseteppich, so dass ich mit einem Fußtritt ein halbes und mit einem Schippenschlag ein ganzes Dutzend plattmachen konnte. Eine sorgfältige Zählung der Opfer war schier unmöglich. Eine Schar Bussarde, Turmfalken und Milane kreiste über uns, stieß abwärts und holte sich ihre Opfer – Kleinigkeiten und Kinkerlitzchen gegen unsere Mordarbeit, weil diese Greifvögel dann abflogen, um ihre Mahlzeit zu verzehren. Inzwischen hat die Mähmaschine ihre Arbeit getan, Fitten spannte die Pferde aus und führte sie über den Mäuseteppich dahin – das war ein Quietschen, Piepen und Knirschen unter den Hufeisen, ein Mäusemus und Nagermatsch entstand, dem, so meinte ich, historische Bedeutung beizumessen war. Aber was bedeutete er für die hiesige Mäusepopulation? Wenig! Denn je mehr Lebewesen von A wie

Affe über M wie Mensch und Mäuse und Z wie Zikaden verfolgt werden, desto rascher und gründlicher sorgen sie anschließend für Nachwuchs – das ist wohl gott- oder evolutionsgewollt!

Bescheiden wie ich damals war rechnete ich mir meinem Mäusetagebuch **nur** eintausend Punkte an. Alle Teilnehmer unserer Mörderbande wurden befragt und schätzten die Opfer des heutigen Tages, ehe sie sich zur Kaffeetafel niederließen, auf 5.000 bis 8.000 Stück! Weil die Witterung trocken blieb, standen die Getreidehocken drei Tage und Nächte zum auswittern auf dem Acker. Da kehrten viele Mäuse zurück, denen Fitten, Nelli und ich in der Dunkelheit, mit Taschenlampen bewaffnet, noch einmal ans Fell gingen. Nelli war zu seinem ursprünglichen Jagdgebaren zurückgekehrt, aß keine Mäuse mehr, zermalmte sie aber desto eifriger zwischen seinen Raubtierzähnen. An zwei Abenden erlegten wir drei insgesamt 90 Mäuse. Klar, dass auch ein paar geschützte Arten wie Zwerg- und Waldmäuse dabei waren! Das Mäusejahr 1946 schloss ich mit der Tagebuchbilanz von 2.500 Mäusen ab, das Jahr 1947 mit 3.500.

* * * * *

Es ist unerlässlich, dass ich mich für die Folgejahre in Sachen Mäuse wesentlich kürzer fasse als bisher geschehen: um Wiederholungen zu vermeiden. Ich erinnere an dieser Stelle daran, dass ich ja „überall“ auf Fittens Hof meine Fallen stehen hatte und daran, dass ich in mehr oder weniger regelmäßigen Abständen den Mäusebestand bei Lindemanns und Kruses kontrollierte und bekämpfte; die Arbeit brachte im Jahr etwa 300 Mäusetode ins Tagebuch. Herr Kruse war so nett, mir zu meinem 18. Geburtstag eine Torte zu vermachen, die er mit ausgeschnittenen Fotos von Mäusen dekorierte. Ein Bastler aus Kattenvenne entwarf und bastelte nach meinen Angaben eine Riesen-Korbfalle in einem Durchmesser von 50 Zentimetern mit zwei Einlässen und einem Auslass im Boden.

„In ihr können sich zwanzig bis dreißig Mäuse fangen“, sagte er, „dann brauchst du nicht jeden Tag zu kontrollieren.“

Ich hatte ihm erzählt, dass meine Zeit mit steigendem Alter knapper würde und ich mich auf einen endgültigen Beruf konzentrieren müsse: Bücher über Landwirtschaft lesen, Arbeitsgeräte studieren, Aussaat und Ernte durchgehen und auch den wirtschaftlichen Teil eines Betriebes kennenlernen.

„Für 1948 steht einiges an“, prophezeiten Insider, wie sie nun hießen, also Kenner der Lage, „es wird neues Geld geben und in ein paar Monaten danach werden Nachkriegselend und Hungerzeiten der Vergangenheit angehören.“

Meine Eltern planten jetzt den Wegzug von hier, „sobald wir eine Wohnung in der Stadt gefunden haben“.

So war meines Bleibens bei den Hs., wo August und Bernhardine inzwischen ihre Löffel abgegeben hatten, ein sichtbares Ende gesetzt. Doch zuvor kam meine Riesenfalle zum Einsatz. Ich testete sie draußen in der Kutschenremise, wo alles nach Mäusen roch, die Katzen sich bevorzugt aufhielten und Nelli seine Nase nicht aus Mauselöchern herauszuhalten vermochte. Ich stellte sie auf den Sitz der Kutsche und verschloss diese so, dass Katzen nicht einsteigen konnten. Beködert war diese große Falle mit alten Brötchen, Wurstenden, Äpfeln und Kuchenresten derart, dass gefangene Tiere es hier ein paar Tage aushalten konnten. Dann fuhr ich in die Stadt, um mich zum Herbst 1948 für die Landwirtschaftsschule anzumelden.

Ich übernachtete bei meiner „alten Freundin“ von der Jüdefelder Straße, Cilly Meyer, die mir geschrieben hatte, „sie würde sich sehr freuen, den alten Mäusejäger erneut kennenzulernen“. Sie hatte also den Krieg überlebt, ihre Straße nicht, diese würde auch nicht wieder aufgebaut werden. Mit ihr besuchte ich unser Haus bis 1948, seine Hülle stand noch, es war aber bis auf den Keller herunter ausgebrannt, der Keller war ausgeräubert und die ganze Straße sollte ebenfalls nicht wieder errichtet werden. Wehmütig und gedankenverloren stand ich vor unserem ehemaligen Plantschbecken, das so mancher Maus ein recht nettes Leben vermittelt hatte, bis sie dieses aufgeben musste. Dann besuchte ich noch den Zoo, der im Aufbau begriffen war und nun durch Hermann Reichling geleitet wurde. Er hatte von seinem Vorgänger Heinz Randow etwas über mich erfahren und ermunterte mich, „du kannst jederzeit bei uns hier anfangen“. Verlockend das und wert zum Überlegen!

* * * * *

Zurück am Abend. Und sofort zur Großfalle hinüber: sie war sozusagen leer, wenn ich davon absah, dass eine übermäßig dicke und fette Maus darin hockte und justemalen ihren rosa Nachwuchs gebar; einfach so, auf das nackte Holz des Fallenbodens! Futter befand sich nicht mehr in der Falle. Erst war meine Enttäuschung so groß, dass ich den ganzen Klumpatsch an die frische Luft befördern wollte.

„Doch halt! Bist du ein Tierquäler oder ein Tierforscher?“

Fitten erzählte mir, dass er noch gestern einmal heimlich zur Falle geschaut hatte und sie „vollbesetzt mit einem halben Dutzend Mäusen“ vorgefunden habe.

„Also ein Fall von Kannibalismus?“

Jawohl! Hatte ich nicht schon einmal vorm Krieg erlebt, dass sich Mäuse bei Raumenge und Überpopulation selbst auffressen? (Soll übrigens beim Menschen auch vorgekommen sein!)

Mein Abschied von Kattenvenne „wurde mit Tränen benetzt“, vor allem von Nelly, der ja nichts von Abschied wissen konnte; ich sah ihn nie wieder! Auch glaubte ich, dass meine Laufbahn als Mäusetöter der Nation beendet sei, und ließ all mein Tötungswerkzeug an Ort und Stelle. Mitte 1948 fand die schon erwähnte Währungsreform statt, die für Stunden nur alle Deutschen finanziell gleichschaltete. Ende September war unsere Familie komplett, - außer unserem Ältesten -, wieder in der Heimatstadt vereint und ich bezog ab Oktober die örtliche Landwirtschaftsschule. Sie war in einer alten Baracke untergebracht aber voll funktionsfähig. Alle Schüler waren Bauernsöhne, Schülerinnen gab es noch nicht, die einst die väterlichen Höfe erben sollten.

Darunter halbe Analphabeten, welche Nordrhein-Westfalen vereinfacht Nortreinwestfahlen schrieben. Für mich geplant war, diese Schule im ersten Halbjahr bis Ende März 1949 durchzumachen und dann für den 1. April ein Lehrlingsjahr auf einem bäuerlichen Lehrhof zu absolvieren. Natürlich musste ich glauben, mit dem Problem Mäuse vorläufig nichts mehr zu tun zu haben, darum zog ich die Endbilanz meines Tagebuches: In den Jahren von 1938 bis 1948 sind mir 13.000, - in Worten dreizehntausend -, Mäuse zum Opfer gefallen, das sind jährlich 1.625 und täglich 4,5; so gerechnet gar keine imposante Zahl, oder? Computerfachleute mögen hochrechnen, wieviel potentiellen Nachwuchs ich damit verhindert habe...

* * * * *

In der 35-köpfigen Klasse begrüßte uns Schulleiter Meier-S. höchstselbst, stutzte aber, als er meinen Namen aus der Liste ablas. Seit der Währungsreform, als die Mark wieder Wert besaß, hatte ich gelegentlich Mäuseartikel veröffentlicht. Damals waren sowohl Tageszeitungen als auch Lokalblätter an derartigen Artikeln „aus dem täglichen Leben“ interessiert und bezahlten Honorare, die zwar nicht fürstlich ausfielen, aber für einen armen Schlucker und Lehrling, der noch auf Vaters Tasche lag, doch ein akzeptables Zubrot darstellten – hier 20,-, dort 15,- und dann 25.- DM waren für mich gut zu gebrauchen.

Schulleiter Meier-S. beäugte mich noch einmal interessiert und wie mir schien fachmännisch und hielt mich bei Schulschluss zurück:

„Sie“, - kein Du mehr – „sind also der berühmte Mäusekiller?“

Killer? Ach ja, die Zeit der Anglizismen war angebrochen!

„Ja, Herr Direktor, wie man’s so nennen mag.“

„Morgen ist Samstag und schulfrei“, erklärte er, „wollen Sie mich morgen einmal nachmittags zum Kaffee und Kuchen besuchen?“

Wollte ich wohl.

Er wohnte am westlichen Stadtrand, fast dörflich in einem 1939 erbauten Eigenheim, das dringend einer Renovierung bedurfte. Ich erkannte mit Kennerblick, dass hier allerlei Mäusegetier fröhliche Urständ feiern müsste und er mich wohl engagieren wollte, dem ein Ende zu bereiten. Der Kleingarten nebenan sah aus, als wenn er mehr Mäuse als Kartoffeln hervorbringen würde. So war es auch.

„Meine Frau und ich“, berichtete der Schulleiter, „lieben zwar Garten, Pflanzen und Tiere, sind aber absolute Laien und außerstande, so genannten Schädlingen den Garaus zu machen. Was wir an Gemüse auch anbauen, die verdammten Mäuse fressen es uns weg.“

Weil das Wetter warm und nett war, setzten wir uns in den Pavillon des Gartens, um dem Nachmittagskaffee zu frönen. Wieder einmal, dachte ich, füttert man dich freundlich ab, damit du den Mäusen an den Kragen gehst. Ja, sie waren da und wussten natürlich nicht, dass auch ich da

war. Ich entwickelte meinen Plan zwischen Bienenstich und Butterkuchen:
„Ich habe alle meine Fallen und sonstigen Utensilien in Kattenvenne beim Bauern gelassen. Geben Sie mir 30,- Mark, damit ich Fallen kaufen kann, und ich werde Ihre Rasselbande an Wühl- und sonstigen Mäusen auszurotten versuchen. Damit Sie keine Gewissensbisse davontragen, werde ich die meisten Mäuse lebendig fangen und dem hiesigen Zoo übergeben."
Ich hatte inzwischen die alte Verbindung zum Zoo wieder aufgenommen und war lebhaft willkommen geheißen worden.

Zu meiner großen Überraschung war Cilly Meyer unmittelbare Nachbarin von Meier-S., sie sah und hörte mich hier und kam herüber. So schwatzten wir von alten Zeiten und Frau Meier-S. war so teilnahmsvoll, Cilly nach dem Grund ihrer andauernden Ehelosigkeit zu fragen. Ich horchte auf, weil mir einfiel, dass ein naseweiser Schüler kürzlich im Unterricht unseren Tierkunde-Lehrer Richard Herzberg, der eben Begattung und Besamung von Rindviechern durchnahm, mit der Feststellung einzuschüchtern versuchte, „was wissen Sie als Junggeselle denn davon!" Das war ein dicker Hund, nichtwahr? Und der Schüler entschuldigte sich im Hinblick darauf, dass Lehrer doch mehr an guten Zeugnisnoten beteiligt sind als Schüler...

* * * * *

Alle zwei Probleme löst ich mit Bravour. Erstens den Mäusebefall im Garten des Schulleiters. Jeden Freitag nach Schulschluss radelte ich zu ihm hinüber und verseuchte seinen Garten und die zugehörigen Schuppen mit insgesamt zehn neuen Korbfallen, welche wieder mit Altbewährtem bestückt wurden: MS, Lakritz, Karamellbonbons, Schokolade und Leberwurst, alles Sachen, die auch in einem Gemüse- und Blumengarten betörende Gerüche verbreiten. Und die Mäuse konnten nicht widerstehen! Als ich am Samstagmorgen so gegen 10 Uhr kontrollierte, konnte ich 25 lebende Mäuse im wahren Sinn des Wortes einsacken, denn in einigen Fallen drängten sich zwei oder drei Tiere. Ich ließ mir von dem knickerigen Schulleiter kein Geld geben, sondern verkaufte diese Mäuse sofort im Zoo, den ich anradelte.

Dort verbrachte Hermann Reichling seine letzten Tage als Direktor und, wie ich hörte, war Ludwig Zukowsky, Jahrgang 1888, aus Leipzig als neuer Direktor vorgesehen. Den kannte ich, weil ich seine Bücher „Carl Hagenbeck“, „Unterwegs zu Jaguar und Kondor“, „Mit Lasso, Falle und Netz“, „Tiere als Hausgenossen“ und seine Zigarettenalben kannte oder besaß. Diese 25 Mäuse wurde ich für 50 Pfennig das Stück im Handumdrehen los, und man verlangte nach mehr. Der alte Vorkriegswärter des Reptilienhauses lebte und arbeitete noch an Ort und Stelle. Es war inzwischen ein Freilandterrarium eingerichtet worden, dessen Insassen bald in den Winterschlaf gehen würden: Kreuzottern, Horn- und Sandvipern, die sich erst noch einmal richtig vollfressen sollten – ab mit den Mäusen zu ihnen: In vierundzwanzig Stunden waren sie alle gebissen und schleunigst verschlungen worden.

„Unsere Tag- und Nachtgreife“, sagte Herr Reichling, „benötigen dringend lebende Nahrung. Wir versuchen sie mit toten Mäusen, an Zwirnsfäden gezogen, zu täuschen, das gelingt selten.“

„Die nächste Mäuseladung“, sagte ich, „kippen wir einfach in ihre Voliere. Da werden Sie sehen, wie die Jagd hochgeht.“

Und ob! Weil ich nachmittags schulfrei hatte und die Schularbeiten mir von der Hand liefen wie am Schnürchen, besuchte ich meine zehn Fallen bei Meier-S. jeden Tag und brachte 20 bis 30 Mäuse alle zwei Tage in den Zoo. Der erste Dank war die fällige Jahreskarte und das Versprechen einer solchen für 1949.

Ein denkwürdiges Erlebnis war die Freilassung der Mäuse in den beiden getrennten Volieren für Tag- und Nachtgreife: Die armen Mäuslein, die sich nach der Freilassung erst einmal über die neue Umgebung zu orientieren wünschten und unsicher umhertippelten, wurden schnurstracks von scharfen Krallen gegriffen, abtransportiert und im Ganzen heruntergewürgt. Zoobesucher, die nicht dahintergekommen waren, wie hier manipuliert wurde, hatten hier nichts gegen Lebendfutter einzuwenden. Bis zum Ende des Jahres 1948 fanden derart über 250 Mäuse den Heldentod...

* * * * *

Zweitens das Problem zweier unverheirateter Menschen:

„Sie konnten zueinander nicht kommen..."

„Hol mich doch am Freitagmittag zum Schulschluss ab", bat ich Cilly, „ich warte im Raum 2a auf dich."

„Prima, dann ladt ich dich ins Cafè ein."

Lehrer Richard Herzberg war ganz entzückt, als ich ihn am Schluss der letzten Stunde bat, einmal meinen Bericht über meine Mäusefeldzüge anzuhören und darüber in der Tagespresse zu berichten. Ich hatte noch keine hundert Wörter von mir gegeben, als es an der Tür klingelte und Cilly unaufgefordert eintrat. Ich weiß nicht genau, ob Amors bekannte Pfeile sofort Volltreffer gewesen waren, aber sein Dauerbeschuss fand nun im Bahnhofscafè statt. Cilly und Richard, so glaubte ich, müssen mit Pfeilen gespickt sein. Wie dem auch war: Beide, sie schon 43, er noch 45, fanden wie Tristan und Isolde, Romèo und Julia und Siegfried und Krimhilde zueinander und blieben, im Gegensatz zu diesen, zeitlebens glücklich und auch nicht allein...

In Cillys Garten fing ich von Oktober 1948 bis März 1949 dreihundert Mäuse, die allesamt hungrigen Zootieren zugutekamen. Da war Ludwig Zukowsky, ein wirklich netter Fünfzigjähriger mit reicher Tiererfahrung, schon im Amt.

* * * * *

Das erste Lehrjahr

Am 1. April 1949 begann ich mein zweites Lehrjahr beim Großbauernhof W. in Ringel, das zu Lengerich gehört aber nahe bei Kattenvenne liegt. Zum Begriff „zweites Lehrjahr" muss ich jetzt erklären, dass die hiesige Landwirtschaftskammer meine drei Jahre bei H. als ein Lehrjahr anerkannte. Jedenfalls wollte ich eine Lehre abschließen, um für später etwas Reales in der Hand zu haben.

„Wenn du so weitermachst", sagten Vater und Mutter und meinten damit mein Äußeres, „wirst du bald ein Bauern-Erb-Töchterlein finden, das dir gefällt und die Holz vor der Tür hat."

Oh, immer noch diese falschen Propheten! Großbauer W. bewirtschaftete mit Ehefrau, unverheirateter Schwester, zwei Töchtern, zwei Eleven (Lehrlinge), ein paar Knechten und Mägden 600 Morgen Ackerland, Weiden, Wiesen und Forsten und einen Viehbestand von Pferden, Rindern und Schweinen. Die landwirtschaftliche Technisierung stand auf dem Sprung in diese bäuerliche Größenklasse, aber noch waren preiswerte Arbeitskräfte vorhanden. Zwei von ihm abhängige Kleinkatner oder Heuerfamilien mussten gegen Naturalien und sonstige Vergünstigungen bereitstehen, in Ernte- und Bestellzeiten auszuhelfen. Landwirtschaftliche Lehrlinge waren damals die billigsten Arbeitnehmer, denn niemand unter 18 wurde angenommen, und der so genannte Lehrherr brauchte kaum irgendwelche Qualifikationen in Pädagogik und Lehrfähigkeit nachzuweisen. Zum Familienanschluss der Lehrlinge war er allerdings verpflichtet, die so genannte Lehrlingsvergütung betrug 1948 bis 1950 ganze 20 DM bei freier Station und ohne Sozial- und Krankenversicherung – ein feines Geschäft das!

Ich gedachte das durchzustehen und will mich hier über mehr nicht auslassen. Ich berichte ab hier bis ins Jahr 1954 fast ausschließlich über Mäuse. Wieder meinte ich sicher, mich von Mäuseverfolgungen verabschieden zu können – weit gefehlt das! Vorgestellt hatte ich mich schon früher und dabei hatte meine feine „Mäusenase“ festgestellt, dass auch in diesem schon beinahe bürgerlichen Haushalt Mäuse nicht fehlten. Und siehe da: Kaum schlug ich in meinem stillen Kämmerlein am ersten Abend die Bettdecke zurück, da versuchte Hausmaus Nummer 1 meines neuen Wirkungskreises das Weite zu suchen. Ich packte sie blitzschnell und warf sie zum Fenster hinaus, das freilich im ersten Stock des Hauses lag – da konnte es keine Rippenbrüche und Fußverstauchungen geben.

Ich schwieg am anderen Morgen höflich darüber, als jedoch Tante H., Schwester des Chefs, von ihrem mäusefreien Haus sprach, antwortete ich konsequent das Gegenteil. Sie hatten im Vorjahr schon von mir gehört, denn Fittens Hof lag keine halbe Stunde Fußweg entfernt, und wer weiß, was für Märchen über mich kolportiert worden waren. Am nächsten Sonntag, an dem ich nur Aufsichtsdienst zu versehen hatte, radelte ich zu Fitten und holte alle meine dort gelagerten Mausefallen ab. Dabei war auch meine bewährte Riesen-Korbfalle zum Lebendfang.

Mäuse überall. „Was machst du mit den gefangenen Mäusen?“, wollte Tante H. wissen.
„Wir können sie im Schweinekessel kochen“, sagte ich galant, „Sauen mögen so etwas gern und werden ziemlich schnell fett davon.“

„Ich weiß Besseres“, versicherte sie eifrig, „und bin Mitvorsitzende des Tierheims von Lengerich, wo Unmengen von Katzen auf Nahrung warten.“
Ich berichtete ihr von ähnlichen Umständen, die ich schon zu Hause in der Stadt kennengelernt und gemeistert hatte, und plötzlich sprang der Funke von dieser spröden, etwas altjüfferlichen Frau auf mich über und wieder zurück. Ich überlegte, wie ich sie noch mehr für mich einnehmen könnte und fügte hinzu, dass ich früher pro abgegebener Maus 5 bis 10 Pfennig „Unkostenbeitrag“ bekommen hätte, auf den ich aber ein Jahr lang verzichten könnte, weil mein Sparbuch ganz „stramm gefüllt sei“. So einigten wir uns. Tante H. telefonierte(!) mit der Leiterin des Tierheims und stellte alles klar. Wieder einmal konnte ich Menschen für eine Sache begeistern, die ihnen bisher vollkommen fremd war.

Zuerst musste ich die beiden erwähnten benachbarten Heuerfamilien von ihren Hausmäusen befreien, die „ihnen die Haare vom Kopf fraßen und auch vor Säuglingen nicht halt machten“: die sechsköpfige Familie Fahrenhorst und die achtköpfige Großfamilie Teepe. Ihre Häuser waren abbruchreif und boten damit allen Mäusen eine feine Bleibe. Beim Chef setzte ich am zweiten Tag durch, dass deren arbeitsfähigen Leute das große ehemalige Wasserbecken in der Größe von 2,50 x 5,00 Meter, das sich neben dem Haupthaus befand, instandsetzten und „lebenswert“ gestalteten. Dort sollten alle lebend gefangenen Mäuse „auf Vorrat“ untergebracht werden. Der 60-jährige Chef W. geriet ganz aus dem Häuschen, als er mein Vorhaben begriffen hatte.

Mit der Routine, die mir inzwischen in Fleisch und Blut übergegangen war, stellte ich die normalen Korbfallen und am nächsten Tag ein Dutzend neue, die der Chef gespendet hatte, in fast jedem Versteck der verwinkelten Häuser auf und bestückte sie mit allem, was diese Hausmäuse noch nie genascht hatten: natürlich mein geliebtes MS, dazu steifen Honig, sogar teures Nougat in sparsamen Stückchen, Fischabfälle von Anglern des Hauses, die neuen Erdnüsse, Fettstreifen von Koteletts und Zentimeterstücke der Lakritzrollen vom letzten Kirmes – alle Luxushappen für anspruchsvolle Mäusefamilien.

Meine Großfalle kam auf dem Kornboden des Haupthauses zum Einsatz, weil von dort wohl die Eroberung des Hauses durch Mäuse ausging; welche sich dort gewiss einigermaßen einseitig ernährten. Desto mehr mussten sie auf Obst wie Pflaumen, Birnen, Äpfel, Hasel- und Walnüsse ansprechen, die hier reichlich vorhanden waren. Ich richtete die Großfalle so ein, dass die Mäuse nicht zu ihr hochsteigen mussten, grub sie nämlich so ins Korn ein, dass nur die Korbfalle, - ganz harmlos aussehend -, vorhanden zu sein schien.

Die komplette Familie samt Gesinde, wie man damals noch formulierte, wurde vom Jagdfieber gepackt, als ich die Aufstellung der Fallen abgeschlossen hatte. Auch in mein Schlafzimmer hatte ich eine Schlagfalle aufgestellt – die mich prompt gegen Mitternacht durch ihren Schlagknall weckte. Dann träumte ich weiter von riesigen Mäusearmeen, eine Million Mann stark, die mich im Bett überfielen und bis auf den letzten Rest meiner Fingerknochen aufaßen. Doch das Debakel der Nacht traf natürlich nicht mich, sondern des Hofes alteingessene Mäusegesellschaft. Nicht nur ich allein kontrollierte noch vor dem Frühstück die aufgestellten Fallen, sondern auch all jene Hofbewohner, deren Hochspannung eben dieses Kontrollieren wichtiger erschien als ein Frühstück. Es war eine Schreckensnacht der Hausmäuse gewesen. Alle Bemühungen aus deren Sicht, so stellte ich es mir fantasiehaft vor, diesen Bauernhof eines guten Tages als Alleinherrscher bewohnen zu dürfen, war um ein Jahrzehnt von mir und meinen Helfern hintertrieben worden.

Einhundertfünfzig (150) Mäuse, darunter nur zehn tote, waren in die Fallen gegangen und die 140 lebenden wanderten in die Vorratshaltung des ehemaligen Wasserbeckens. Alle Skeptiker, die sich höhnisch feixend im Hintergrund gehalten hatten, verkrochen sich nun schweigend. Tante H. gab der Tierheimleiterin Nachricht, welche in Begleitung eines Reporters des „Tecklenburger Boten“ erschien, die Mäuse „für meine lieben Kätzchen“ abholte und mich dem Zeitungsmann vorstellte.
„Nur gegen Knete“, beschied ich diesen vorab, „ich habe schließlich auch ziemlich hohe Unkosten.“
Er zog einen Fünfziger aus der Tasche...

* * * * *

Mäuse fürs Tierheim. In den Folgetagen und Nächten konnten „wir“ noch soviele Mäuse fangen, dass die hiesige Population arg in Bedrängnis geriet und Lengerichs Heimkatzen sich mit etwa 500 Mäusen dick- und vollfressen konnten. Wer nun glaubt, ich hätte bei W. nichts anderes getan als Mäusefangen, der irrt sich natürlich. Alles machte ich „nebenbei“, denn so groß war bäuerliche Großzügigkeit nie, dass wichtige Arbeiten verzögert werden durften. Als ich über Weihnachten und Silvester 1949 und Neujahr 1950 zu Hause Urlaub machen durfte, hatte sich meine Bilanz des Mäusetagebuches um 1.300 Eintragungen erhöht.
„Unsere Greifvögel warten auf frisches Fleisch“, sagte Zoodirektor Ludwig Zukowsky, „ihnen hängen die toten Hühnerküken zum Schnabel heraus.“
Da hatte ich den Salat! Nichts lief mehr ohne mich! Ich wollte aber auch nicht die Initiative aus den Händen geben, indem ich den Zooleuten das Mäusefangen überließ – sie kamen gar nicht auf den Gedanken, selbst Fallen aufzustellen. So tat ich es weiterhin zwischen dem letzten Weih-

nachtstag und Neujahr. Tatorte waren die Gärten, Hausränder, Keller, Schuppen und Unterstände auf den Grunstücken von Cilly Herzberg und Schulleiter Meier-S. Die mit Vogelfutter wie Sonnenblumenkerne, Hafer, Meisenknödeln und Erdnüssen angelockten Wintermäuse, die ihre grauen Wintermäntel angezogen hatten, waren rein närrisch auf diese Leckerbissen und krochen in die Korbfallen, als seien diese die Vorstufe zum Mäuseparadies. (Ziemlich närrisch, dieser Vergleich – oder?)

So konnte ich in diesen wenigen Tagen bis 1950 insgesamt 200 Mäuse im Zoo abgeben, für die mir Herr Zukowsky, - „hab noch nie so'n fleißigen jungen Mann gesehen!" -, 100 DM zusteckte. Für alle jungen und alten Menschen, die das Abenteuer lieben, war die Verfütterung dieser Mäuse ein, nun ein Abenteuer zuzusehen. In der großen Voliere lebten nur Taggreife, weil Nachtgreife traditionell unleidlich, ungesellig und über Tag sehr langweilig anzuschauen sind. Die großen Greife wie Adler, Kondor und alle Geier interessierten sich nicht für kleine Happen und wurden mit rohem Fleisch gefüttert. Aber die kleinen und mittleren! Falken, Milane, Bussarde, auch Kolkraben unter ihnen, Habichte und einige unbekanntere Exoten, die erstaunlich lange hungern konnten, wussten wohl, dass sie nicht lange abwarten sollten, ehe das Mäusevolk sich in Verstecken verkrümelte. Turmfalken stießen im Sturzflug zu, Wanderfalken, die Luftkampfjäger sind, lernten schnell, Bussarde und Milane gingen zu Boden, verfolgten flüchtige Mäuse und schlugen ihnen ihre Griffel in den Nacken – „Soforttod" sagte der Vogelpfleger.

Bei den Eulen ging der Mäusetod moderater vor sich: Erst musste die Dämmerung eingetreten sein, ehe diese Tagschläfer erwachten und mit schief gehaltenen Köpfen, wobei die Augen spähten und die Gehöre lauschten, die Krabbeltiere am Boden entdeckten und in lautlosem Flug über ihnen waren – kurzes Piepen, vergebliches Strampeln

– „morte est!“ Taggreife rupfen ihr Futter, Nachtgreife schlingen sie kopfvoran unzerteilt in ihre Kröpfe. Nach einer Verdauungszeit werden die unverdaulichen Teile der Mäuse, Fell, Knochen und Zähnchen, als so genannte Gewölle wieder ausgespien und düngen die Erde:

„Der große Kreislauf der Natur dient allein dem Leben nur!“

(Nach einer koreanischen Weisheit)

* * * * *

Noch drei Monate bis zum Ende des zweiten Lehrjahres. Das dritte war mittlerweile vereinbart und sollte auf dem Lehrbetrieb W. (wieder das W!) in Lengerich-Exterheide, im Weichbild der Kreisstadt Tecklenburg, absolviert werden. Das erste Halbjahr vom 1. April bis zum 30. September, dann im Winterhalbjahr der zweite Durchgang der Landwirtschaftsschule in der Stadt, danach vom 1. April bis wiederum zum 30. September Vollendung des dritten Lehrjahres. Zwischendurch die Lehrlingsprüfung im Sommer. Erste Zweifel, auf dem rechten Zukunftsweg zu sein, rumorten im Hinterstübchen des Gehirns.

Ich würde nur dann durchhalten, kalkulierte ich, wenn ich die Initiative des Handelns in Händen behielt und mich nicht von obskuren Lehrherren und ihren schrappigen, halsstarrigen und antiquierten Gemahlinnen unterkriegen ließ.

„Wer Abertausende Mäuse in deren Himmel befördert hat“, sagte die weise und liebe Cilly Herzberg auf einem Kinderwagenspaziergang, „der kann mit allen Leuten fertigwerden.“

Als ich am 20. März 1950, - es war noch Urlaub abzugelten -, zur Freude des heimischen Mäusevolks und zum Kummer des Küchenlehrlings Ruth K. den Hof verließ, hinterließ ich bei Tante H. gute Erinnerungen an mich und, vermutlich aber unbewiesen, eine aufatmende Mäusepopulation. Mein Tagebuch erhielt die Eintragung von 1.800 erlegten Mäusen, womit sich die Gesamtzahl auf 14.800 erhöhte – wohin sollte das noch führen, wenn ich derart weitermachte!

Das letzte Lehrjahr

Ein Lehrhof voller Mäuse. Hof W. in Exterheide war wieder ein kleinerer mit hundert Morgen. Dort lebten Großmutter W., 75, ihr Sohn Wilhelm W., 45 nebst Ehefrau, 42, deren einziger Sohn Friedhelm, 24 und in der Regel zwei Lehrlinge zwischen 20 wie ich und 19 wie Werner S. aus dem nicht fernen Lotte. Dazu kam als Aushilfe Nachbarstochter Gisela V., 19, welche hoffte, einmal unter den wechselnden Lehrlingen den fürs Leben zu ergattern. Das Klima war archaisch bis diktatorisch und konnte nicht verbergen, dass die Grundfarbe Braun nur oberflächlich übertüncht war. Bisher waren immer Lehrlinge bäuerlichen Herkommens eingestellt worden, gehorsame Knaben gleich Knechtkindern, die von der weiten Welt nicht viel mehr als Vieh, Hirten, Mägde und Pfaffen gesehen hatten. Mäuse kannten sie nur vom Hörensagen und dass sie gern in Gummistiefeln übernachteten oder dort ihre Kinder aufzogen.

Ich kann hier im Zuge einer Mäusegeschichte nicht darauf eingehen, wie ich diese Familie kleinkriegte, die so stark tat und so weich war und mich am Ende meiner Lehrzeit gern als „zweiten Sohn und Erben“ adoptieren wollte – was hatten sie bloß an mir für einen Narren gefressen! Natürlich muss ich mit Mäusen beginnen, sie waren ja bisher die Würze meines jungen Daseins geworden. Zehn Minuten Schnüffelei beim ersten Rundgang durchs Haus, unauffälige Observierung mittags der von Großmutter, ab sofort

kurz Oma genannt, gefertigten Bratkartoffeln und die Tatsache, dass Kater Felix, pechschwarz und 4, mir eine Maus zu Füßen legte – da hatte ich es intus, in ein Haus geraten zu sein, in dem eine Mäuseinvasion stattgefunden hatte.
„Oma, warum hast du soviel Kümmel in die Kartoffeln getan?“
Kümmel als Essenszugabe kannte sie nicht, nur den flüssigen, an dem Hinnerk selig sich totgesoffen hatte; ihr Mann natürlich!
„Dann sind diese kleinen schwarzen Dinger an den Kartoffeln Mäuseküttel“, sagte ich und fischte zwei heraus, und fügte erklärend hinzu, „macht aber nichts, Oma, sind nicht giftig, enthalten Kohlehydrate und außerdem bin ich, wie man landläufig sagt, der beste Mäusekiller des Kreises Tecklenburg.“
Sie alle schwiegen, löffelten und gabelten, schienen betroffen und indigniert zu sein.
„Damit nichts von diesem starken Mäusebefall zur Landwirtschaftskammer durchdringt“, sagte ich ergänzend, „schlage ich vor, auch auf diesem Hof Mäuse zu verfolgen, die ich dann vom Lengericher Katzenheim abholen lassen kann.“
Vorgeschlagen – nicht debattiert – doch bedacht – und genehmigt!

* * * * *

Obwohl, - jedermann mag das einsehen -, Mäusefangen noch nicht in den Lehrplan der Landwirtschaft-Ausbildung aufgenommen war, verbrachte ich vom 1. April bis zum 30. September 1950 viele Minuten, Stunden und Tage mit diesem Beruf, der wohl mehr eine Berufung war. In Gemeinschaftsarbeit mit Kater Felix, Hofhund Spitz Fiffi und meiner umfangreichen Fallensammlung gelang es mir, das

Haupt- und Wohnhaus in vier Wochen mäusefrei zu machen.

Dabei spielten sich Dramen ab, die August von Kotzebue (Dramatiker) erfunden haben könnte. Hier ein paar Kostproben und Beispiele. Meine Großfalle hatte in einer Nacht in der Wohnküche, ganz raffiniert aufgestellt, ein Dutzend Hausmäuse sammeln können, die ich nun behutsam nach draußen tragen und in einer großen Blechtonne unterbringen wollte. Da sprangen mich Felix und Fiffi simultan so mordgierig an, dass ich die Chose fallenließ und der Deckel sich von der Falle löste. Im Nu wuselte die Küche von Mäusen. Wenn ein Dutzend Mäuse wuselt, sieht das Dutzend wie zwei oder drei und der Fußboden entsprechend stark besetzt aus. Zwar unterstützten mich Felix und Fiffi, die Mäuse entweder einzufangen oder totzumachen, was nur bei wenigen gelang, aber die Panne war passiert. Herr W., seit Hitlers Tod so etwas wie ein Berufspessimist, wollte die Mäusejagd abblasen. Aber plötzlich kreischte seine Frau auf wie von Mäusen gebissen: Drei hatten ihr Schlafzimmer erreicht, erkletterten ihr Bett und versteckten sich unter ihrem Kopfkissen. Dafür war ich Fachmann: Ich warf mich mit meinen fünfzig Kilo Gewicht aufs Kissen, klemmte die Täter ein und formte das Kissen zu einem Ball – da gab's kein Entkommen mehr: Tod in den Federn! Vier weitere Mäuse waren ins Esszimmer geflüchtet. Ich schloss es sofort und stellte vier Totschlagfallen mit Schinken bestückt auf – am anderen Morgen waren auch diese Mäuse ums Leben gekommen.

Oma W. galt noch als vollwertige Arbeitskraft, denn in der Erntezeit bereitete sie das Mittagessen, vorzugsweise ihre famosen und sehr dünnen Reibekuchen, die in der Sommerhitze gut ankamen und mittags lieber gegessen wurden als schwere Gerichte wie Kartoffelmus mit fetter Soße und Bratwurst. Aber Oma sah nicht mehr gut, was sich erst dadurch richtig offenbarte, dass sie das Plumbsklo auf der Diele nicht immer rechtzeitig fand. Bekanntlich wird der Teig der Reibekuchen, geriebene Kartoffeln hauptsächlich, vorher angesetzt und bis zum Backen stehengelassen. Da machte Felix eine Jagd auf Jungmäuse, die Fiffi aufgestöbert hatte: fünf lütte (kleine) Mäusekinder, unterm lichtem Fell noch zartrosa, doch schon so versiert, dass sie vom Tisch her in die Teigschüssel (ohne Deckel!) sprangen, abtauchten und erstickten.

„Es ist süß und ehrenvoll, am guten Essen zu ersticken!"

(frei nach Christoph Martin Wieland)

Sie wurden von Oma nicht entdeckt, in je einem Reibekuchen eingebacken und erst beim Mittagessen serviert...

* * * * *

Meine bedeutendste Mäuseschlacht. Aus Zeitgründen und wegen fehlender Technik war die vorjährige Roggenernte hier noch nicht ausgedroschen worden, und zu meiner Verwunderung befand sich das Getreide im Giebel des Wohnhauses gelagert. Ich sprach den Chef darauf an:

„So ist es kein Wunder, dass Ihr Haus von Mäusen bevölkert ist wie ein Ameisenhaufen von Ameisen. Es wird noch mehr als ein Dutzend Jahre dauern, bis Ihr Getreide wie in den Staaten schon lange üblich beim Ernten sogleich gedroschen wird. Da lohnt sich noch der Bau einer neuen Scheune, wo jetzt diese Bruchbude steht."

Der Lehrherr schluckte diese Belehrung durch einen Lehrling, und beide zuckten nicht mit der Wimper.

Die Dreschmaschine rückte Mitte April auf den Hof. Ich brauche nicht noch einmal zu wiederholen, wie das Dreschen nun vor sich ging. Ich konnte die Familie auf meine früheren Erfolge verweisen und verlangte, von der eigentlichen Zureichungsarbeit freigestellt zu werden und einen Gehilfen, außer Fiffi natürlich, zugeteilt zu bekommen. Dieser sollte mit einem unten verbreiterten Knüppel auf die Mäuse einschlagen, während ich, weiterhin am Lebendfang interessiert, mit einer Art von Fangnetz arbeiten wollte: Schwuppdiwupp, dieses den Mäusen übergestülpt, in einen Bottich entleert und so weiter.

Es wurde die Mutter aller Schlachten! Zu lange, vom Spätsommer bis jetzt ins Frühjahr, hatten die Haus-, Feld-, Wühl- und Waldmäuse hier umtriebig gefeiert und – geschätzt – mehr als tausend Kindern das Leben geschenkt und es diesen ermöglicht, noch eine nächste und übernächste Generation in ihre begrenzte Welt zu setzen.

„Man kann jedes Mäuseehepaar", hatte mir der Zoodirektor erläutert, „pro Jahr mit zwölf hochrechnen, um auf die Zahl seiner Vermehrung zu gelangen – vorbehaltlich der natürlichen Abgänge."

In alten Schlachtenschilderungen findet man häufig die Floskel „und es war ein Hauen und Stechen" – fürwahr, das fand hier statt. Der eigentliche Dachraum, in dem das Getreide lagerte, war baulich in besserem Zustand als andere Räume, die ich kennengelernt hatte. Das bedeutete hier, dass es für die nun allmählich bloßgestellten Mäuse keine echte Fluchtmöglichkeit gab, keine Nage- oder Bohrlöcher, kein defektes Mauerwerk, das man erklettern konnte. Als die letzte Garbe von der Maschine geschluckt war, lag der Holzfußboden nackt vor uns und einer entsetzten Mäuse- und Rattengesellschaft. Ja, sechs Ratten hatten sich hier eingenistet, weil das Nahrungsangebot, Getreide und wohl auch frische Jungmäuse, reichlich vorhanden war. Es waren drei Hausratten (Rattus rattus) und drei Wanderratten (Rattus norvegicus), welche sich nun zum letzten Gefecht in einer Raumecke versammelt hatten. (Ich dachte instinktiv an die allen höheren Schülern bekannte Schlacht bei den Thermopylen 480 vor der Zeitenwende!)

Ja, mir war bekannt, dass Ratten sich, können sie nicht mehr entkommen, entschlossen, wild, giftig zischelnd und Nagezähne bleckend zum letzten Kampf stellen. Felix und

Fiffi, durchaus mutige Einzelkämpfer, hatten sich schon blutige Nasen geholt und hielten diese sechs Ratten erfolgreich im Belagerungszustand. Das bemerkte Ws. Sohn und Erbe, griff sich eine zweizinkige Strohgabel und stach eine nach der anderen ab – wer noch nie den Todesschrei von Ratten gehört hat, kann ihn weder kennen noch imitieren, denn sein Gehör weigert sich, solch entsetztliche Töne voller Dissonanzen ins Gehirn weiterzuleiten.

Einen Schlachtenmoment waren wir Mäusejäger verwirrt und abgelenkt, dann trieb die Schlacht dem Höhe- und Endpunkt zu. Ich schaufelte ganze Mäuseladungen in Bottiche und Blecheimer, Felix und Fiffi griffen wieder ein, die von der direkten Drescharbeit jetzt freigestellte niedliche Gisela trat hinzu – oh-wehe, wäre sie doch endgültig abgetreten! Denn zwei kapitale Waldmäuse, natürlich total verbiestert, sahen ihre zwei wollbestrümpften wohlgeformten Beine als Kletterbäume an: Husch-husch, sie fetzten senkrecht empor und waren im Nu bei ihrem Allerheiligsten angekommen – nun kreischten keine Ratten mehr, aber Gisela intonierte eine bäuerliche Arie vollen symphonischen Weltuntergangs und Endzeitstimmung, die freilich im maskulinen Gelächter unterging.

„Mäuse inne Buchs is nich der richt'ge Jux!"

(sagt man in Köln am Rhein)

Bald ging alles Gepiepe gefangener und unter Stöcken und Schaufeln zermalmter Mäuse dem Ende entgegen. Aufatmen, Bierchen trinken, Bilanz ziehen: Genau vermochte ich meine lebende Beute nicht zu zählen, aber es waren mindestens 400 Mäuse; die kleinen Leichen, die jemand in Reih und Glied auf dem Fußboden auszubreiten begann, beliefen sich auf genau 230 und wurden einem Nachbarn übereignet, der sie verfüttern wollte. Mein Chef mutierte heute mir gegenüber vom Pessi- zum Optimisten und

drückte mir, seinen Geiz erfolgreich überwindend, ein Monatssalär in die Hand.
„Was diese Ratten und Mäuse hier im letzten Halbjahr mit Ihrem Getreide angerichtet haben“, klärte ich ihn auf, „erreicht gewiss und gut und gerne eine vierstellige DM-Zahl.“
Dieser Rechnung stimmte er zu. Die Leiterin des Lengericher Tierheims, inzwischen benachrichtigt, kam angefahren und wünschte vom Chef, mich zur großen Mäusefütterung mit ins Heim zu nehmen.
„Dort machen wir dann ein paar nette Fotos von Ihnen“, flüsterte sie mir zu, „den Katzen und Mäusen und geben diese Bilder der Zeitung. Das Honorar kassiere ich dann und gebe es Ihnen für Ihr Sparbuch. Einverstanden?“
„Einverstanden.“

* * * * *

Eine Gartensanierung. Erwähnenswert in Sachen Mäuse in diesem Halbjahr bis zum 30. September ist noch die Reinigung des von Wühlmäusen verluderten Hausgartens nebenan.
„Auch von dort“, erklärte ich, „werden viele Mäuse ins Haus gekommen sein und sich eingenistet haben – auch Mäuse beschreiten den ‚Weg des geringeren Widerstandes’, wie ein antiker Schlaumeier gesagt haben soll.“
Frau W. begrüßte meinen Vorschlag, denn zu ihrem Kummer hatten früher die Wühlmäuse jeden ihrer Versuche, aus dem Garten Zwiebeln, Salat, Petersilie und Schnittlauch zu ziehen, nutzlos gemacht. Ein Anlocktest mit Mais und Sonnenblumenkernen, Neuheiten für jede anständige Wühlmaus, schlug über alle Maßen gut aus. Meine Großfalle hatte ich inzwischen repariert und wurde nun, in die Erde eingegraben, fängisch aufgestellt. MS konnte keine Maus in Exterheide kennen, auch Erdnüsse, gar gesalzene

nicht, und mit Katjes, die jetzt aufkamen, konnten sie auch noch keinen „mündlichen“ Kontakt gehabt haben.

Diese Lockmittel schienen es hier in sich zu haben. Als ich bei Eintritt der Dämmerung mit Hilfe einer Taschenlampe beobachtete, sah ich Mäuseprozessionen zu diesen Leckereien ziehen und eine Maus nach der anderen, sogar in guter Ordnung, in die Großfalle klettern und hinunter in den Pott fallen. Da konnte ich in aller Ruhe schlafengehen! Am anderen Morgen war selbst der Chef gespannt, wie die Mäusenacht ausgefallen war und folgte mir mit Ehefrau und Oma in den Garten. Fünfzig Mäuse gerieten in Panik, als ich die Falle aus der Erde zog und sie im Licht der Morgensonne meinen Zuschauern präsentierte. Einige hatten sich bereits gegensetig totgebissen und angeknabbert, ab im Großen und Ganzen war die Aktion ein großer Erfolg. Felix und Fiffi sprangen miauend und bellend an die Falle und wollten wohl ein Blutbad anrichten. Der Chef kam auf die Idee, angeregt vom erwähnten Nachbarn, diese Mäuse nun selbst zu verwerten, also zu kochen und den Schweinen zu servieren, doch Frau W. legte sich zum ersten Mal mächtig ins Zeug und drohte, „dann in Zukunft Vegetarierin zu werden oder meinen Geist ganz aufzugeben!“ Das konnte er sich nicht leisten und so gingen alle diese Mäuse den normalen Weg in die Pfoten und Mägen der Katzen des Tierheims. Eine Woche lang brachte meine Falle beachtliche, aber langsam sich verringernde Erfolge im Garten, dann schien dieser mäusefrei zu sein. Als ich am 1. April 1951 hier wieder zum Dienst erschien, quetschte mich Frau W. in ihre Arme und verkündete:
„Noch nie sind meine Gartenpflanzen so schön angewachsen wie heute!“
Siebenhundert Mäusen hat mein Sommeraufenthalt hier das Leben gekostet. Damit stieg meine Tagebuchbilanz auf die stolze Summe von 15.500!

* * * * *

Das zweite Schulhalbjahr

Es dauerte vom 1. Oktober 1950 bis zum 31. März 1951. Die bäuerliche Belegschaft war gleichgeblieben, niemand war abgesprungen, keiner dazugekommen. Direktor Meier-S. befragte mich launisch:
„Wieviel Mäuse haben Sie in der Zwischenzeit abgemurkst?“
„Tausende“, log ich dreist, „und was machen Ihre zu Hause, Herr Direktor?“
„Sie feiern fröhliche Urständ und warten auf Sie.“
Aha, dachte ich, komme ich denn nie von diesem Problem los! Tatsächlich hatte ich nichts dagegen, wieder gefragt zu sein. Und der andere Direktor, Ludwig Zukowsky nämlich? Meine Eltern, - ich wohnte wieder zu Hause -, waren im letzten Halbjahr immer wieder „ermahnt“ worden, mich sofort wieder in den Zoo zu schicken, „denn unsere Tiere schreien und rufen nach ihm und seinen herrlichen Appetithappen“.
Also nicht nur die beiden Direktoren schrien nach mir, sondern auch Cilly Herzberg, ihr Mann und einer der Tierhändler in der Stadt, den ich schon früher, - man erinnere sich! -, gut gegen Geld bedient hatte.

So kam es, dass ich für mein „Hobby“, wie man es nun allenthalben nannte, mehr tat als für die Schule. Ein Beispiel kurz, warum ich die meisten Themen dieser Landwirtschaftsschule für ziemlich doof hielt: In Physik versuchte Studienrat Peter M. uns zu erklären, warum die Vorteile eines gummibereiften Ackerwagens gegen einen herkömmlichen mit Eisenrädern beschlagenen sich je mehr verringerten, desto bergiger, also steiler der Weg oder die Straße würden. Kapiert? Im übrigen vertraten hier alle Lehrer, ob mit ohne ohne Dr., den Grundsatz, (habe ich schon einmal erwähnt!), dass die deutsche Landwirtschaft nie vollmechanisiert werden würde – Schwamm drüber!

Die beiden Gärten des Schulleiters und Cillys reinigte ich bis Ende Oktober von ihren vierbeinigen Untermietern, genau hundert an der Zahl, wofür ich 20 DM, vier Kaffeetrinken und sechs Abendessen kassierte, so dass ich mich nach einem mehr lohnenden Nebenerwerb umsehen konnte: Mäuse für wirklich zahlende Kundschaft zu organisieren. Mit dem Fahrrad klapperte ich ein paar stadtnahe Landwirte ab und sagte ihnen, dass ich lebende Mäuse für wissenschaftliche Zwecke fangen wollte. Einer wurde Feuer und Flamme und verwies mich auf seinen Speicher, „der von Mäusen stinkt wie feuchte Unterhosen". Danach, denn er hatte heute Geburtstag, musste ich an seinem Festessen teilnehmen, an dem auch Louisa, seine Tochter und 20, teilnahm. Sie schien mir anzusehen, dass ich tatsächlich eine Art von Wissenschaftler sein müsste, und solche standen beim einfachen Volk im Ruf, sattsam zu verdienen. Ich bemerkte bald, dass sie das gewisse Etwas, das Jünglinge nun einmal lieben, an sich hatte. Doch lösten sich die Rätsel über sie schneller auf als der runde Bienenstich auf dem Tisch: Nur wenn sie den Mund geschlossen hielt, gab es weder Banalitäten zu hören noch den Duft faulender Zähne oder entzündeter Mandeln zu riechen.

Auf dem Hof selbst bekam ich Möglichkeiten zum Mäusefang, und im angrenzenden Mischwald ebenfalls, denn in versteckt auf dem Waldboden angebrachten Fallen fingen sich besonders in den Wintermonaten viele Mäuse. Auf dem Hof befand sich ein Zementbottich mit Deckel und Abflussloch – ideal zum Aufbewahren lebender Mäuse, wenn man den Abfluss mit einem Drahtgitter verschloss. Der Bauer war einverstanden, dass ich auf seinem Gelände frei schalten und walten könnte und bemerkte nebenbei, dass Louisa nur zu Wochenenden zu Hause sei –

famos, dann würde ich eben samstags und sonntags nicht vorbeikommen!

Alle meine Anstrengungen, den erwähnten Händler und meinen Zoodirektor Ludwig Zukowsky mit lebenden Mäusen zu beliefern, lohnten sich außerordentlich und brachten mir DM ein, „die sich gewaschen hatte“ und sich bis in Jahre hin zinsartig vermehrte. Bei Meier-S. fing ich bis zum Schulschluss 150 Mäuse, in Cillys Garten 250, in den Gebäuden des Bauernhofes 200, in seinem Waldstück durch zehn Dauerfallen allein 500; machte summa summarum 1.200 zu durchschnittlich 20 Pfennig das Stück und erhöhte meine „ewige Bilanz“ im Tagebuch auf 16.700 Mäuse. Ende März 1951 verließ ich die Schule mit durchschnittlich guten Noten, entschwand grußlos aus Louisas Blickfeld und wurde von Vater nach Exterheide zu den Ws. gefahren. Als diese den Dienstwagen Marke Mercedes einfahren und wieder abfahren sahen, war ich in meinem Ansehen bei ihnen um hundert Grad aufgerückt:

„Automobile machen Leute!“

(Soll der alte Daimler gesagt haben...)

* * * * *

Das letzte Lehr-Halbjahr

Nur eine Person hatte im Winter meiner Absentia (Abwesenheit) mehr oder weniger nachgetrauert: Frau Helga von der Aar, 46 und Leiterin des Lengericher und Tecklenburger Tierasyls.

„Wo kein Fänger ist gibt’s auch keine Mäuse!“

Sagte ihr Bauer W. lakonisch in einem Anflug von Weisheit. Ein neuer Getreideschuppen war inzwischen gebaut worden, ein alter Kutschschuppen, der nicht zur Garage für den funkelnagelneuen Deutz-11-PS-Traktor taugte, wurde soeben abgerissen.

„Du kommst just zurecht", sagte W., „denn es scheint eine umfangreiche Mäusekolonie in dem Gerümpel zu geben."
Felix strich maunzend um meine Beine, Fiffi sprang bellend an mir empor: „Endlich bist du gekommen! Wo warst du solange? Geh nicht wieder fort!"
Feststellung, Frage, Befehl – keine Antworten! Ich hatte mir nun doch einige Fachbücher mitgenommen, denn für Juli oder August stand die landwirtschaftliche Prüfung an. Damals war es so, dass ein Lehrling, heute Auszubildender oder kurz Azubi geheißen, mit der bestandenen Prüfung noch Lehrling blieb, bis das vereinbarte dritte Lehrjahr zu Ende war: Das war bei mir erst am 30. September des Jahres der Fall – „äußerst ungerecht", monierte ich schon damals, „und sehr arbeitgeberfreundlich."

Das vom Chef benannte Gerümpel erwies sich tatsächlich als eine Hochburg der Hausmäuse. Fiffi stocherte seine spitze Nase in den Kram und hatte plötzlich eine Maus am Wickel, die ihn biss, aber er war tapferer als der Schäferhund vorzeiten und schüttelte sie kunstgerecht tot. Felix war wie alle Katzen kein echter Mäusejäger, denn er fing nur für seinen Magen, der bei drei Mäusen voll war, aber Fiffi geriet bei zahlreichem Mäusebefall in Rage und konnte ein halbes Dutzend in einem Aufwasch totbeißen. Viele Mäuse gingen nun beim Aufräumen zugrunde, weil der eingesetzte Traktor unter seinen Rädern alles Lebende zermalmte. Diesen Traktor durfte ich schon fahren, solange er auf privatem Grund blieb und kein öffentlicher Weg zu kreuzen war. So machte ich erste Bekanntschaft mit sinnvoller Mechanik und die beiden Pferde freuten sich, wenn sie beim Pflügen schweren Bodens im Stall oder auf der Weide bleiben durften.

Die beim Abbruch angefallenen toten Mäuse zählte ich meiner Bilanz zwar nicht zu, rechnete sie aber dem Tierheim mit 10 Pfennig das Stück an: Denn die Leiterin hatte leichtsinnig vor meinen Ohren anklingen lassen, dass der Spendeneingang reichlich flösse und DM reichlich vorhanden wäre. Meine Mäuseeuphorie war keineswegs abgeflaut, sollte aber bis zum Ende der Lehre wenig angeregt werden. Es gab keine Mäuse oder ihre Küttel im Essen mehr, denn Oma hatte sich breitschlagen lassen, eine Brille zu tragen.

Weil Frau von der Aar nach Katzenfutter drängte, „denn die Leute fangen an, Jungkatzen nicht mehr zu ersäufen, aber ins Heim zu bringen“, sei der Bestand nunmehr am Rand der Fütterungsmöglichkeiten angelangt. Chef W., der nach außen gern den Weltmann hervorkehrte, war einverstanden, wenn ich um den Hof herum und auf den Äckern, die mit Getreide besät werden sollten, meine Fallen aufstellte.

„Da fange ich hauptsächlich die schädlichen Feldmäuse“, erklärte ich ihm, denn für alle Landwirte, die ich kennengelernt habe, waren auch für ihn Mäuse gleich Mäuse ohne Arten und Unterschiede: „Spitzer Kopf, vier Beine, langer Schwanz – Nager bleibt Nager und damit basta!“ Bis zum Ende meiner Lehrzeit hier konnte ich das Tierheim mit 500 Mäusen bedienen.

* * * * *

Zwischen bestandener Prüfung und meinem Abgang im September fand noch eine Mäuseschlacht bekannten Musters statt: beim Abfahren der Blätterhaufen der Zuckerrüben, welche dem der Runkelrübenblätter glich. Da waren Fiffi und ich noch einmal in unserem Element und bissen kaputt und stampften in die Erde Heerscharen von Feldmäusen, welche den trockenen Sommer zur Massenvermehrung genutzt hatten. Ein altes Exterheider Sprichwort besagt:

„Schlägst du im Herbst die Mäuse tot,

hast du im Sommer Butterbrot!"

Als die Feldmäuse sich in den Blätterhaufen einnisteten, vernachlässigten sie ihre unterirdischen Baue und Gänge und hatten nun wenig Fluchtmöglichkeiten. Fiffi, als relativ kleiner aber wendiger Hund, war ein richtiger Giftköter gegen Mäuse geworden und biss in zehn Minuten 20 Stück tot, ehe er sich ermattet niederlegen und erholen musste. Mir ging es nicht viel anders, denn andauerndes Hin und Herhüpfen, Verfolgen, Zuschlagen und auch Danebenschlagen strengt mehr an als bedächtiges Fallenaufstellen. Ich überholte aber Fiffi mit 30 Totschlagungen. Das Tierheim konnte auch Tote gebrauchen, wenn sie nicht zu lange in der Sonne geschmort hatten. Mehr als 550 Mäuse konnte ich bei meinem Abgang hier mir nicht gutschreiben und kam so in der vorläufigen Endbilanz meines Tagebuchs auf 17.500.

„Vorläufig?"

Fragte ich mich selbst, als ich an meine neue Arbeitsstelle, diesmal als „Landwirtschaftlicher Gehilfe", dachte und in Gedanken noch einmal meine Vergangenheit durchging und die Zukunft ins Auge fasste. Einer der landwirtschaftlichen Schlauberger der Kammer hatte mir geraten, die Gehilfenzeit durchzumachen, die Meisterprüfung zu bestehen und dann in den Höheren Dienst zu gehen – ein langer Weg das für einen ungeduldigen jungen Mann. In der Rumpelkammer meines Gehirns rumorten schon anderen Zukunftsideen – doch davon in Kürze mehr!

Sich zu verabschieden war nie meine Stärke, aber Tränen unterdrücken doch! Oma weinte ihre vorletzten Tränen, denn der Sensenmann stand schon hinter ihr. Alle anderen sagten zum Abschied entweder „Wir vermissen dich sehr" oder „ohne dich ist's halb so schön" und dergleichen mehr, Felix bekam von meinem Abschied nichts mit, aber Fiffi wohl: Er verfolgte den Mercedes, mit dem Vater mich abholte, bellend und weinerlich-jauchzend bis ins Grenzgebiet des Grundstücks...

* * * * *

Die letzten Mäusejahre – Abschied und Ausblick

Den ganzen Oktober 1951 verbrachte ich zu Hause und bediente noch einmal, - das letzte Mal -, meine Mäusekundschaft mit frischer Ware, ohne ihr zu verraten, dass es eben das letzte Mal sein sollte. Hundert Mäuse mussten ihr freies Leben in freier Natur mit einem kurzen Dasein in Vogelvolieren und Futterboxen eines Händlers vertauschen.

Für den 1. November war ich zu Bauer W., (der dritte dieses Buchstabens!), in Obermehnen verpflichtet. Wo dieses Kaff liegt? Es ist keine richtige Ortschaft, nur eine Bauerschaft vor dem Wiehengebirge und gehört zur Gemeinde Blasheim im früheren Landkreis Lübbecke. Zweihundert Morgen fruchtbaren Lößbodens, ähnlich wie in der Soester oder Magdeburger Börde werden von der fünfköpfigen Familie bewirtschaftet, ein Gehilfe meiner Art ist stets mit dabei, aber zum Leidwesen des Bauern immer schwieriger zu bekommen. Man bedenke, dass jetzt die Zeit des industriellen Aufschwungs der Bundesrepublik anbrach und dass frühere Hilfskräfte, Knechte und Mägde lieber in Fabriken wie VW, nur ein Beispiel, gingen und bei geregelten Arbeitszeiten gut verdienten, statt sich an Erntetagen von achtzehn Stunden krummzuarbeiten.

So hatte die Familie W. ein wenig reagiert und folgendes zugelassen: Melkmaschine, Radio im Kuhstall, Arbeitsgeräte mit Elektroantrieb, Ackerwagen mit Gummibereifung, im Haushalt Kühltruhe und Kühlschrank,

Waschmaschine, Badezimmer und Zentralheizung. Mein erstes Zubettgehen nach meiner Ankunft verlief wie bei mir üblich und Usus: Eine Zubettgehmaus krabbelte unter mein Kopfkissen und musste unter meinem Gesamtgewicht ihr Leben aushauchen. Ich fand sogleich das Loch zum Einschlüpfen in mein Zimmer und stellte eine Schlagfalle davor: Prompt knallte die Falle um Mitternacht zu und die tote Maus verstopfte solange den Eingang, bis ich am Morgen geweckt wurde, um mich bildhaft sehr wirksam als erfolgreicher Mäusekiller der Familie zu präsentieren. Diese, die Familie nämlich, tat sehr betrübt, stand sie doch bei Insidern im Ruf, ein Musterhof zu sein.

Der sechste Mäusefeldzug. Schon am zweiten Tag des November ging es hinaus auf einen brachliegenden Acker von einem Hektar, den eine chemische Fabrik zu einem großangelegten „Mäuseversuch" ein Jahr lang gepachtet hatte. Es ging gegen Wühlmeise, die sich ja auf Getreideäckern für Weizen besonders wohlfühlen. Mit einem Kleinbagger zum Ausheben von Gräben hatte man vor ein paar Tagen festgestellt, dass hier auf einen Kubikmeter Erde zwei Mäusenester kamen, und rechnen wir statt Kubik- jetzt in Quadratmetern von 20.000 bei zwei Hektar, so müssten sich hier im Boden 40.000 Mäusenester befinden. Das verschlug selbst mir die Sprache.

So befand ich mich momentan in der paradoxen Situation, - wo ich doch zum Ende meiner „Mäusezeit" zu kommen gedachte -, an einer großen Vergiftungsaktion gegen Feldmäuse teilzunehmen. (Ich schiebe hier kurz ein, dass ich mir die anfallenden Toten nicht anrechnete!) Ich habe anfangs ja schon berichtet, an einer mehr amateurhaften Mäuseaktion mit Giftweizen beteiligt gewesen zu sein, wo ich die Giftkörner „per Hand" in die Mauselöcher einrieseln ließ.

Hier ging's moderner zu: Die mit einem neuartigen Gift präparierten Körner wurden in eine so genannte Giftweizenlegeflinte, - welch ein Unwort! -, getan, eine Art Röhre, die sich beim Aufstoßen auf den Erdboden so öffnete, dass vier bis sechs Weizenkörner sie verließen und in das Mauseloch einrieselten. Der Naturschutz hatte darauf bestanden, dass Giftweizen nicht einfach ausgesät werden durfte, sondern im Untergrund verschwinden musste. Bauer W., 45 und ich, wir kalkulierten, dass in der kühler gewordenen Jahreszeit die Mäuse hübsch daheimgeblieben seien und freudig das Extrakraftfutter annehmen würden.

Nach zwei Tagen waren wir durch. In der folgenden Nacht beging ich das Feld und leuchtete mit der Taschenlampe umher: Nichts huschte zu meinen Füßen. Am nächsten Tag, so verlangte es das finanzierende Unternehmen, musste der Kleinbagger einige Stichproben machen. Er schaufelte neben Drahtwürmern und Engerlingen nur tote Mäuse hervor. Wie sangen doch in Römerzeiten, etwa von 9 bis 200 nach der Zeitenwende, die hiesigen blonden Maiden, (Germanenmädels), beim Hopstanz ihr feines Liedchen:

„Morgenrot und Abendrot beleuchten mancher Mäuse
Tod.“

* * * * *

Die siebte und letzte Mäuseschlacht. Ich habe sie nicht herbeigesehnt, diese Schlacht, und gehofft, sie sei hier auf dem Hof schon geschlagen worden: nämlich das Abdreschen des gelagerten diesjährigen Getreides.

„Ich habe nicht gedacht“, sagte ich der Familie W., „dass hier noch gedroschen werden muss“, und fügte schwindelnd hinzu, „denn wo ich bisher beschäftigt war, wurde schon mähgedroschen.“

„Es ist auch das letzte Mal“, erklärte Bauer W.

„Kennen Sie einen Abnehmer für lebende Mäuse?“, fragte ich.
Das musste ich natürlich erklären, und tatsächlich, in Lübbecke gab es einen zoologischen Betrieb, der verzweifelt lebende Wildmäuse suchte, er zahle bis 1 DM für das gesunde Stück. Dieser Mann war mein Mann. Wir telefonierten mit ihm und machten den Termin:
„Morgen gegen Ende des Dreschtages.“
Mir war, als bahne sich ein großes Ereignis an!

Das Korn lagerte in einem separat stehenden schwarzweißen Fachwerkhaus, das nicht unterkellert und auch sonst so marode war, dass alle Mäuse der Umgebung aus Holzhausen, Preußisch-Oldendorf und Blasheim hier ihr Stelldichein aufgebaut haben müssten. Ich musste jetzt damit herausrücken, was die Familie noch nicht wusste: meine Fähigkeiten als größter Mäusejäger der hiesigen Gegenwart. Der Chef war ganz begeistert, hier etwas Ruhm und Ehre mitkassieren zu dürfen, und stellte mich für morgen von anderen mithelfenden Tätigkeiten frei.

* * * * *

Ehe es losgeht, muss ich ein Geständnis machen: Dass mich zu der kommenden Schlacht nur noch der gute Mäusepreis beeindruckte. Ich brauchte nämlich Geld! Zu Hause, vor der Abreise nach hier, hatte ich mir meine Nase an drei Schaufenstern der Innenstadt plattgedrückt, hinter denen überaus lockende und verlockende Angebote präsentiert waren: Kameras, Fotoapparate, Knipskästen! Von 10 Mark aufwärts bis 1.000 Mark für Leicas, 1.200 Mark für Rolleis und 2.000 Mark für Hasselblads. Zeitgleich mit diesen Beobachtungen hatte ich Tier- und Jagdzeitschriften und obligate Bücher dazu studiert, intensiv durchgeblättert und so in mich aufgenommen, dass ich im Geiste schon, wohl mehr in Träumen, mich als Autor dieser Bilder und Texte sah – eine Fatamorgana?

Zurück zur Realität! Ich stellte Mäusefangeimer parat, alte aber dichte Holzfässer aus dem Schuppen, ein praktisches Kehrblech samt Handfeger und meine Gummistiefel. Mischlingsrüde Totila, aus Spitz und Dackel gezeugt, wurde mir zur Jagd angeboten, aber ich brauchte diesmal keine Totbeißer, sondern geschickte Handfänger. Dort, wo in einer Außenwand des Speichers schon ein handgroßes Loch war, sperrte ich einen Anglerkescher vor, um die am Beginn der Drescharbeiten schon flüchtenden Mäuse abzufangen.

Und das war gut so. Als zoologischer Laie muss man wissen, das Mäuse und Ratten sehr lärmempfindlich sind, nichts ist ihnen unangenehmer als plötzlich losbrechender Lärm dort, wo es wochenlang ziemlich stickum zugegangen ist. Eine Dreschmaschine ist ein Lärm- und Radauapparat erster Garnitur, denn es drehen sich Zahn- und Schwungräder, es hämmern Pleuel- und Zugstangen, harte Hölzer klopfen die Kornähren weich und leer, Gebläse pusten Staub in die Luft und Schüttelroste scheppern hin und her und her und hin. Dazwischen Arbeitsbefehle aus staubtrockenen Mündern und Flüche über zu schwere Säcke.

Bei kurzlebigen Tieren wie Mäusen kann man nicht von „Erfahrungen ein Leben lang" sprechen und dass sie sich von Dreschjahr zu Dreschjahr an den Lärm gewöhnen können – sie leben halt nicht lange genug, um wirkliche Erfahrungen zu sammeln. Dafür entwickelten sie den sechsten oder siebten Sinn für aufkeimende Gefahren und allen Krach überhaupt.

Noch war die Maschine nicht fünf Minuten gelaufen, da erschien der erste vierbeinige Flüchtling vor mir im Loch und huschte in der Kescher. Ihm folgten ganze Familien, die ich, nach Abschließen des Fluchtlochs, in die bereitgestellten Holzfässer umlud. Damit die Mäuse sich dort nicht allzusehr in die Wolle kriegten, hatte ich den Boden vorher mit Holzwolle, Altlaub und Stroh ausstaffiert. Bis zur Hälfte des Dreschtages riss der Strom der Mäuseflüchtlinge nicht ab, so dass ich die restlichen Fässer und Kästen heranrollen musste: So kamen bis 14 Uhr gezählte 430 Mäuse zusammen.

Dann musste ich ins Getreidehaus, wo nur noch wenige Lagen Garben zu dreschen waren. Ich habe schon früher dargelegt, dass sich alle Mäuse, - hier gab's keine Ratten -, zum Schluss auf dem Boden drängelten und in höchster – tatsächlich höchster! – Todesangst einen Fluchtweg suchten. Den hatte ich versperrt. Während nun die letzten Garben ihren Weg in die Maschine fanden und die fleißigen Zubringer und Zubringerinnen aufzuatmen begannen, schaufelte, schippte und karrte ich einen grauen beweglichen Mäuseteppich in die Vorratsbehälter. Viele besonders flinke oder mutige Mäuse entkamen dennoch, aber meine Ernte konnte sich sehen lassen: Hier sammelte ich geschätzte 400 Mäuse zusammen, so dass der nun zu Ende gehende Tag 830 Mäuse einbrachte.

Chef W. und seine komplette Familie, nun am Abendbrottisch vereint, konnten sich nicht einkriegen vor Staunen. Natürlich hatten sie schon etliche derartige Dreschtage erlebt und veranstaltet und dabei „massenhaft“ Mäuse gesehen, aber geschätzt, gezählt, eingefangen oder getötet hatte sie noch niemand – man nahm halt alle Malessen mit christlich-prostestantischer Gediegenheit hin. Der Lübbecker Mäusezüchter oder –händler kam pünktlich und staunte nicht schlecht, dachte auch wohl, „so einen Stadtjungen“ wie mich übern Löffel zu balbieren, täuschte sich aber:
„Fünfhundert Märker oder ich lasse alle Mäuse wieder frei!“
Er zuckte erst und zückte dann...

* * * * *

Damit ist, - es tut mir selbst „von Herzen weh“ -, die Geschichte meines Mäusekrieges beendet. In die Tagebuch-Endbilanz trug ich, abgerundet, die Summe von 18.000 getöteten oder gefangenen Mäuse ein. So errechnete ich einen Durchschnitt von cirka 3,1 Mäusen pro Tag – verdammich nochmal: Das schien keine große Leistung gewesen zu sein!

Ich blieb noch eine Weile etwas unentschlossen bei W. am Wiehengebirge, kaufte mir von den genannten 500 Piepen eine Spiegelreflexkamera Marke „Exakta-Varex“ (aus der Ostzone) und fotografierte statt Mäuse hunderte Obermehner Zweibeiner: Weil justemalen jetzt die neuen Personalausweise der Bundesrepubklik ausgegeben und Passbilder dazu benötigt wurden – weit und breit kein Kamerabesitzer in Sicht! So sprang ich ein. Dann wollte ich fort, heim, um einen neuen Start zu versuchen, doch bat man mich, solange zu bleiben, bis der Sohn des Hauses seine Angebetene ins Haus geführt hatte. Die pompöse Bauernhochzeit durfte ich fotografieren und übte mich derart in solch lukrative Veranstaltungen, dass ich noch öfter zu solchen eingeladen wurde. Die letzten nun wirklich letzten Mäusefänge zählten in meiner Statistik nicht mehr. In Zukunft würde ich alle Arten von Mäusen, auch ausländische und exotische nur noch „schießen“: mit Kameras, Objektiven und Blitzlichtern...

E n d e

Außerdem von Walther Rohdich erhältlich:

Flinte, Forke und Skalpell
Landarzt in Deutschland

Soldat und Menschenfreund
Ein historischer Roman aus dem 18. Jahrhundert

Das Hitler-Attentat vom 8. November 1939
Wenn es gelungen wäre ...

Das Hitler-Attentat vom 20. Juli 1944
Wenn es gelungen wäre ...

Pimpfe, Pauker und Propheten
Jugend in Deutschland, 1930 bis 1948

„Als die Ostfriesen frech geworden ...“
Eine politische Zukunftsvision

Weites Land – raues Volk
Eine harte Ostfriesengeschichte

Die ganz neue Darstellung der Schöpfung
Interpretiert, gefasst, aufgeblättert und kommentiert von Walther Rohdich

Abenteuer-Hunde in beiden Weltkriegen
(erscheint in Kürze)